## DANKSAGUNG

Ich danke meiner lieben Mutter dafür, dass sie mir das Wichtigste gegeben hat: mein Leben. Weiterhin danke ich meinem Freund Michael Weisgerber für seine Anregungen und Inspirationen, dieses Buch zu schreiben. Ein ganz besonderer Dank gilt meiner geliebten Frau Maggy, die mich mit ihrer liebevollen und herzlichen Art immer wieder bei der Umsetzung unterstützt und motiviert hat.

Ich danke von Herzen allen, die mich beim Lektorat und bei den Korrekturen unterstützt haben. Einen speziellen Dank auch an Hanns-Friedrich Beckmann, der das Cover gestaltet und das Skript in die Buchform gebracht hat.

Danke an euch alle!

Von Herzen Uwe

Uwe Trevisan

# Warum das Sein so unerträglich sein kann

## Der Weg zur Freiheit und zum bewussten Leben

 tredition®

## IMPRESSUM

© 2013 Uwe Trevisan

Herausgeber: Uwe Trevisan
Autor: Uwe Trevisan
Umschlagbild: ©peppi18, Gestaltung: Hanns-Friedrich Beckmann

Verlag: tredition GmbH, Hamburg
ISBN· 978-3-8495-4574-1
Printed in Germany

Bibliografische Information der Deutschen Nationalbibliothek:
Die Deutsche Nationalbibliothek verzeichnet diese Publikation in der Deutschen Nationalbibliografie; detaillierte bibliografische Daten sind im Internet über http://dnb.d-nb.de abrufbar.

# INHALT

**VORWORT** . . . . . . . . . . . . . . . . . . . . . . . . . . . . . . . . . . . . . . . . . . . . . . . . 9

### 1. WARUM MEIN SEIN SO UNERTRÄGLICH WAR

Der längste Weg war der Weg zu mir! . . . . . . . . . . . . . . . . . . . . . . . . . . . . 10
Der Verlust der Stille . . . . . . . . . . . . . . . . . . . . . . . . . . . . . . . . . . . . . . . . 12
Den Widerstand aufgeben! . . . . . . . . . . . . . . . . . . . . . . . . . . . . . . . . . . . 14
Wegweiser! . . . . . . . . . . . . . . . . . . . . . . . . . . . . . . . . . . . . . . . . . . . . . . . 15
Gefahr oder Chance? . . . . . . . . . . . . . . . . . . . . . . . . . . . . . . . . . . . . . . . . 16
Gegenwart . . . . . . . . . . . . . . . . . . . . . . . . . . . . . . . . . . . . . . . . . . . . . . . 19
Gedicht „Hier und Jetzt" . . . . . . . . . . . . . . . . . . . . . . . . . . . . . . . . . . . . . 20

### 2. DENKEN UND SEIN! – GEHT DAS?

Warum „DAS SEIN" so unerträglich sein kann . . . . . . . . . . . . . . . . . . . . 21
Außer sich SEIN – bei sich SEIN . . . . . . . . . . . . . . . . . . . . . . . . . . . . . . . 23
Alles, was wir ERLEBEN, ist unser LEBEN! . . . . . . . . . . . . . . . . . . . . . . . 24
Ich will alles, und zwar JETZT, oder Lebensfreude auf Bestellung . . . . . . . . . . . . . 26
Das Haus des Lebens . . . . . . . . . . . . . . . . . . . . . . . . . . . . . . . . . . . . . . . 28
Ursache – Wirkung . . . . . . . . . . . . . . . . . . . . . . . . . . . . . . . . . . . . . . . . . 29
Denken – Ursache – Wirkung . . . . . . . . . . . . . . . . . . . . . . . . . . . . . . . . . 30
Gedanken erschaffen die Realität! . . . . . . . . . . . . . . . . . . . . . . . . . . . . . 30
Du bist nicht dein Denken! . . . . . . . . . . . . . . . . . . . . . . . . . . . . . . . . . . . 31
Denken ist das Problem! . . . . . . . . . . . . . . . . . . . . . . . . . . . . . . . . . . . . . 32
Das, was Du denkst, bestimmt dein Leben! . . . . . . . . . . . . . . . . . . . . . . . 33

### 3. SEI DU DIE VERÄNDERUNG – VERÄNDERUNG IST MÖGLICH!

Zukunft – Vergangenheit – Gegenwart . . . . . . . . . . . . . . . . . . . . . . . . . . 34
Das Leben hat seine eigenen Wecker . . . . . . . . . . . . . . . . . . . . . . . . . . . 39
Kein Problem in Sicht! Was Schlimmeres gibt es nicht! . . . . . . . . . . . . . . 41
Erwartung = Ent-Täuscht . . . . . . . . . . . . . . . . . . . . . . . . . . . . . . . . . . . . 44
Alles, was Du besitzt, besitzt irgendwann dich! . . . . . . . . . . . . . . . . . . . . 46
In dem Moment, wo Du bei dir ganz ankommst, kommt alles bei dir an . . . . . . . . . 48
Mut zur Veränderung . . . . . . . . . . . . . . . . . . . . . . . . . . . . . . . . . . . . . . . 49
Sei Du die Veränderung, die Du dir wünschst! . . . . . . . . . . . . . . . . . . . . . 50
Dankbarkeit . . . . . . . . . . . . . . . . . . . . . . . . . . . . . . . . . . . . . . . . . . . . . . 52
Das Schöne im Leben sehen und wahrnehmen . . . . . . . . . . . . . . . . . . . . 53

## 4. Die Lebensbühne

Deine Bühne . . . . . . . . . . . . . . . . . . . . . . . . . . . . . . . . . . . . . . . . . . . . 56
Rollen auf der Lebensbühne . . . . . . . . . . . . . . . . . . . . . . . . . . . . . . . 61
Woanders ist es besser. . . . . . . . . . . . . . . . . . . . . . . . . . . . . . . . . . . 66
„Die Eigentlich Leute". . . . . . . . . . . . . . . . . . . . . . . . . . . . . . . . . . . . 67
Liebe deine Tätigkeit, habe Spaß daran!. . . . . . . . . . . . . . . . . . . . . 69
Die Süße des Lebens verdienen. . . . . . . . . . . . . . . . . . . . . . . . . . . . . 70
VIP . . . . . . . . . . . . . . . . . . . . . . . . . . . . . . . . . . . . . . . . . . . . . . . . . . . 72
Ein Niemand sein . . . . . . . . . . . . . . . . . . . . . . . . . . . . . . . . . . . . . . . 75
Warten. Worauf? . . . . . . . . . . . . . . . . . . . . . . . . . . . . . . . . . . . . . . . 76

## 5. Überzeugungen und Glaubenssätze

Du bist was Du glaubst. . . . . . . . . . . . . . . . . . . . . . . . . . . . . . . . . . . 80
Zu sein Wer oder Was ich bin . . . . . . . . . . . . . . . . . . . . . . . . . . . . . . 82
Wie findest Du dich? . . . . . . . . . . . . . . . . . . . . . . . . . . . . . . . . . . . . 84
Negative Glaubenssätze. . . . . . . . . . . . . . . . . . . . . . . . . . . . . . . . . . 87
Positive Glaubenssätze . . . . . . . . . . . . . . . . . . . . . . . . . . . . . . . . . . 89
Die Energie folgt der Aufmerksamkeit! . . . . . . . . . . . . . . . . . . . . . 89
Die Leute sollten … . . . . . . . . . . . . . . . . . . . . . . . . . . . . . . . . . . . . 90

## 6. Selbstbild

Die große Lüge über dein Selbstbild . . . . . . . . . . . . . . . . . . . . . . . . 93
Der Zweifel. . . . . . . . . . . . . . . . . . . . . . . . . . . . . . . . . . . . . . . . . . . . 96
Fehler machen ist erlaubt! . . . . . . . . . . . . . . . . . . . . . . . . . . . . . . . 100
Vergleichen, das große Problem? – Wer liebt es schon,
mit anderen verglichen zu werden?. . . . . . . . . . . . . . . . . . . . . . . . 101
Wenn ich noch einmal zu leben hätte! . . . . . . . . . . . . . . . . . . . . . 103
Perfektion . . . . . . . . . . . . . . . . . . . . . . . . . . . . . . . . . . . . . . . . . . . 104
„Lerne im Leben möglichst viele Dinge nicht zu tun." . . . . . . . . . . 105
Bloßstellen oder blamieren . . . . . . . . . . . . . . . . . . . . . . . . . . . . . 107

## 7. Denken verursacht Stress

Die Tücken des Denkens . . . . . . . . . . . . . . . . . . . . . . . . . . . . . . . . 112
Wenn Du denkst, dass Du denkst, dann denkst Du nur, dass Du denkst! . . . . . . . . 114
Nicht die Dinge, die geschehen, sind das Problem,
sondern wie wir darüber denken und urteilen!. . . . . . . . . . . . . . . 117
Wer hat Recht? . . . . . . . . . . . . . . . . . . . . . . . . . . . . . . . . . . . . . . . 119
Methoden der Einflussnahme . . . . . . . . . . . . . . . . . . . . . . . . . . . . 122
Kritik. . . . . . . . . . . . . . . . . . . . . . . . . . . . . . . . . . . . . . . . . . . . . . . . 125
Schuld . . . . . . . . . . . . . . . . . . . . . . . . . . . . . . . . . . . . . . . . . . . . . . 128

**8. VERANTWORTUNG**

Verantwortung für dein Leben!. . . . . . . . . . . . . . . . . . . . . . . . . . . . . . . . . . . . . . 129
Egal, was Du im Leben tust, Du trägst die Verantwortung dafür! . . . . . . . . . . . . . . . . 131
Automaten. . . . . . . . . . . . . . . . . . . . . . . . . . . . . . . . . . . . . . . . . . . . . . . . . . . 132

**9. OPFER ODER SCHÖPFER?**

Schuld und Vergebung . . . . . . . . . . . . . . . . . . . . . . . . . . . . . . . . . . . . . . . . . . . 137
Die Schlange und das Seil . . . . . . . . . . . . . . . . . . . . . . . . . . . . . . . . . . . . . . . . . 139
Wie wir Furcht und Schrecken in uns wecken! . . . . . . . . . . . . . . . . . . . . . . . . . . . . 140
Angst als Schutz? . . . . . . . . . . . . . . . . . . . . . . . . . . . . . . . . . . . . . . . . . . . . . . . 141
Die falsche Brille. . . . . . . . . . . . . . . . . . . . . . . . . . . . . . . . . . . . . . . . . . . . . . . . 143
Andere sind dafür verantwortlich, wie ich mich fühle!. . . . . . . . . . . . . . . . . . . . . . . 145
Ich ärgere mich über mich selbst! . . . . . . . . . . . . . . . . . . . . . . . . . . . . . . . . . . . . 148
Früher war alles besser. . . . . . . . . . . . . . . . . . . . . . . . . . . . . . . . . . . . . . . . . . . . 151
Warum ist am Ende des Geldes noch so viel Monat übrig? . . . . . . . . . . . . . . . . . . . . 154
Festhalten und fixiert sein . . . . . . . . . . . . . . . . . . . . . . . . . . . . . . . . . . . . . . . . . 156
Du bist schuld! Die Opferrolle!. . . . . . . . . . . . . . . . . . . . . . . . . . . . . . . . . . . . . . . 157
Täter und Opfer ziehen sich an!. . . . . . . . . . . . . . . . . . . . . . . . . . . . . . . . . . . . . . 163
Alles sollte anders sein!. . . . . . . . . . . . . . . . . . . . . . . . . . . . . . . . . . . . . . . . . . . 166
Durchhalten als Überlebensstrategie . . . . . . . . . . . . . . . . . . . . . . . . . . . . . . . . . . 167
Von großen und kleinen Sorgen . . . . . . . . . . . . . . . . . . . . . . . . . . . . . . . . . . . . . 170

**10. DES LEBENS FREUDE**

Auf dem Berg. . . . . . . . . . . . . . . . . . . . . . . . . . . . . . . . . . . . . . . . . . . . . . . . . . . 173
Das Leben macht Spaß und Freude! . . . . . . . . . . . . . . . . . . . . . . . . . . . . . . . . . . . 174
Lebensweisheit von Charlie Chaplin . . . . . . . . . . . . . . . . . . . . . . . . . . . . . . . . . . . 175


Mein letztes Wort an dich, lieber Leser/liebe Leserin . . . . . . . . . . . . . . . . . . . . . . . 177
Über den Autor . . . . . . . . . . . . . . . . . . . . . . . . . . . . . . . . . . . . . . . . . . . . . . . . . 178
Literaturhinweise . . . . . . . . . . . . . . . . . . . . . . . . . . . . . . . . . . . . . . . . . . . . . . . 179
Über tredition . . . . . . . . . . . . . . . . . . . . . . . . . . . . . . . . . . . . . . . . . . . . . . . . . . 180

Ich habe für dieses Buch die „Du-Form" gewählt, weil es im Gegensatz zu der „Sie-Form" persönlicher ist. Aus Respekt und Wertschätzung jedem einzelnen Leser gegenüber schreibe ich bewusst das „Du" groß. Mit der „Du-Form" will ich das Herz jedes einzelnen Lesers erreichen und ihn an meinen Gedanken und Gefühlen teilhaben lassen.

Ich beginne dieses Buch mit einem wichtigen Ausschnitt aus meinem Leben, um ein besseres Verständnis dafür aufzubauen, warum mein SEIN so unerträglich für mich war. Das ganze Buch ist mit meinen Erfahrungen und mit der persönlichen Note meines Lebens angereichert.

Die direkten Personennamen aus den Geschichten und Beispielen habe ich bewusst ausgelassen, um die Anonymität der jeweiligen Personen zu bewahren.

Ich erzähle oft von meinen „Teilnehmern" – damit meine ich meine Teilnehmer aus den verschiedenen Ausbildungs- und Seminargruppen.

Alles, was ich hier schreibe, ist meine persönliche Erfahrung und Wahrnehmung.

Ich bin kein Gelehrter und habe auch nicht studiert. Allerdings hat ein weiser Mann einmal gesagt: „Geh' mit den Fragen des Lebens nicht zu einem Gelehrten, sondern zu einem Erfahrenen".

Ich lade dich dazu ein, herauszufinden, wer Du bist und wo Du in deinem Leben gerade wirklich stehst. Ich möchte dir zeigen, was alles dazu geführt hat, dass mein SEIN so unerträglich für mich war und wie ich die Fülle und Leichtigkeit im Leben gefunden habe. Meine Lösung war, dass ich mich selber gefunden habe, mit allem was in mir steckt und was ich heute bin.

Jeder Mensch geht seinen eigenen Weg. Und wie immer auch dein Lebensweg sein wird, eins ist klar: Du gehst ihn von hier aus los, in diesem Moment. „JETZT".

Ich wünsche dir offene Augen und Ohren beim Lesen dieses Buches und dass dein Herz erkennt, was für dich stimmig ist.

## 1. WARUM MEIN SEIN SO UNERTRÄGLICH WAR

### Der längste Weg war der Weg zu mir!

Ich spüre wie ich langsam erwache, mein Geist kehrt zurück in meinen Körper. Meine ersten Gedanken, noch bevor ich die Augen öffne, sind: „ Danke große Macht, dass es nicht die letzte Nacht war, nach der ich ohne Schmerzen und Beschwerden erwache. Und Danke für alles, was das Leben mir präsentiert, damit ich daraus lernen kann."

Ich öffne meine Augen und sehe, dass alles gut ist. Neben mir liegt die Frau meines Herzens. Auf dem Boden neben dem Bett schaut mich mein kleiner Hund mit seinen dunklen Augen an. Er springt hoch auf das Bett und kuschelt sich an mich, während meine Katze Polli mich von ihrem Kratzbaum aus mit einem zufriedenen Schnurren begrüßt. Meine Frau legt ihren Arm auf meine Brust und seufzt in völliger Zufriedenheit. Ich mache mir (wie an jedem Morgen der letzten 15 Jahre) bewusst, dass ich so viel Fülle in meinem Leben habe und dass ich heute genau dort bin, wo ich mich hin gewünscht, hin gedacht und hin gebracht habe.

Ich habe eine erfüllende Arbeit, die mich an jedem Morgen der letzten fünfzehn Jahre mit Freude aus dem Bett holt. Ich nenne es auch Berufung, denn da kommt dieser Begriff ja auch her. Heute weiß ich, was es bedeutet, zu etwas berufen zu sein, was einem das Herz erfüllt.

Mein Leben ist genauso, wie ich es haben will; es gibt nichts, was ich anders haben will. Denn mein Leben sehe ich wie ein Musikstück, das ich komponiert habe. Du lernst die Noten, übst die Griffe, und am Anfang klingt es noch nach gar nichts. Zudem ist es auch noch anstrengend. Doch mit der Zeit, nach einer langen Übung und dem Zusammensetzen der Noten, ist dieses wunderbare Stück entstanden mit dem Titel: Mein Leben in der Verantwortung!

Weißt Du denn schon, wie dein Musikstück (deine Berufung) in deinem Leben heißt?

Weißt Du, warum Du jeden Morgen aufstehst? Voller Freude und Neugier auf diesen Tag, der einzigartig und voller neuer Abenteuer ist? Oder bist Du nur hier, um deine Zeit abzusitzen mit irgendwelchen Beschäftigungen? Doch diese machen dich nicht froh, sondern lenken nur ab. Sie ‚helfen' dir, deine Zeit auf Erden rumzukriegen.

Mein Leben war eine einzige Achterbahn. Angefangen in der Kindheit bis zu jenem Tag vor gut 15 Jahren. Bis dahin habe ich die meiste Zeit meines Lebens damit verbracht (wie so viele Menschen), mich mit Problemen des Alltags herumzuschlagen. Ich habe mich selber schlecht behandelt durch zu viel Essen, Fernsehen, Sport, Drogen, Alkohol und was sonst noch so aufregend war.

Da war immer diese Leere und Langeweile in mir, die ich versucht habe zu füllen.

Ich wusste nicht, wo der richtige Platz für mich auf dieser Erde war. Liebe war für mich immer nur mit Verlust verbunden und Vertrauen war für mich ein Fremdwort. Ich habe scheinbar mein Leben kontrolliert und wollte viel Geld verdienen, um genug Sicherheit zu erlangen. Ja! Sicherheit! Das war ein Thema, bei dem es in Wirklichkeit nur darum ging, von anderen geliebt und akzeptiert zu werden.

Aus dieser Haltung heraus habe ich immer den Unterhalter und Partyclown gespielt und war dadurch natürlich beliebt. Ich habe immer versucht mich anzupassen und mich so zu verhalten, dass andere mich mögen und toll finden. Das hat dazu geführt, dass ich gar nicht bei mir war und ich es mit mir alleine nicht mehr aushalten konnte. Ich brauchte ständig Leute um mich herum und viel Bestätigung durch sie.

Nach außen, wenn andere in der Nähe waren, habe ich immer gute Laune, Stärke und Kraft präsentiert! Bloß keine Schwäche zeigen! Indianer weinen nicht! Schwäche ist etwas für Mädchen! Dieser ganze Quatsch hinderte mich daran, ich selbst zu sein. Wenn es mir dann schlecht ging, zog ich mich zurück, um alleine zu sein und um zu leiden. Somit konnte keiner sehen, wie es mir wirklich ging. Alle Menschen in meinem Umkreis dachten nur, ich wäre immer gut drauf.

Ich habe im Verlauf meiner Selbstverleugnung zu allen möglichen Mitteln gegriffen. Um mein Leben zu kontrollieren, habe ich alles übertrieben und für meinen Körper und Geist regelmäßig gesunde Grenzen nicht beachtet.

Grenzen habe ich für mich immer überrannt und mich meistens mit zu viel Arbeit und übertriebenem Sport überfordert. Ich habe die Waffen auf mich gerichtet, indem ich mir immer mehr zugemutet habe. Mein ganzes Leben hatte ich so eingerichtet, dass ich meistens unter Strom stand. Hinzu kam, dass ich auch noch eine Lebenspartnerin ausgesucht hatte, die eine Perfektionistin war und mich in meinem ungesunden Lebenswandel ‚unterstützte‘. Mein inneres Programm lief weiter (ich bin schuld, nicht liebenswert, streng dich an, u.s.w.).

Gemeinsam hatten meine damalige Partnerin und ich viel erreicht. Finanziell waren wir richtig gut betucht und konnten uns alle Wünsche erfüllen. Das Geschäft lief großartig und ich habe mich mit allen Kräften reingehängt, von morgens um 7:00 bis nachts um 24:00 Uhr. Ich hatte eine neue Droge, durch die ich nicht fühlen musste, was in mir so leer war. Ich dachte, ich gebe jetzt meinem Leben ein Denkmal, in dem ich etwas ganz Großes schaffe.

Tja, für einige klingt das nach normalem Alltag. Aber glaubt mir, das ist es nicht.

Ich fühlte mich selbst am Ende gar nicht mehr und funktionierte nur noch. Ich definierte mich über Leistung und Besitz. Ich lachte über die anderen und glaubte, dass ich etwas Besseres bin. Ich sei größer, erfolgreicher, klüger, einfach besser.

Bis es dann passierte!

## Der Verlust der Stille

Ich war in voller Aktivität: Ich war in der Textilbranche selbstständig, am Wochenende als DJ tätig und habe noch eine Ausbildung zum Kaufmann für Bürokommunikation gemacht. Und das alles gleichzeitig!

Dann bekam ich einen Hörsturz, mit anschließenden starken Ohrgeräuschen. Also ging ich zum Arzt und habe da vor Ort einige Infusionen bekommen und das Geräusch war nach einigen Tagen weg.

„Na also! Geht doch!" – habe ich gedacht. Und anstatt das alles als eine Warnung und ein Zeichen der Überforderung und des falschen Weges zu sehen (was ich damals natürlich noch nicht wusste), bin ich wieder voll durchgestartet. Jetzt erst recht!

Dann kam der nächste Hörsturz und diesmal mit einem Hörverlust auf der rechten Seite und doppelt so starken Ohrgeräuschen auf beiden Seiten, die dann eine lange Zeit geblieben sind.

Das war der Beginn von meinem großen Leiden! Ich konnte wegen der Geräusche keine Nacht mehr richtig schlafen. Dann habe ich Angst bekommen, dass ich verrückt werde. Ich bin zu allen möglichen Ärzten gerannt, doch keiner konnte mir helfen.

Als Nächstes kamen in regelmäßigen Abständen die Panikattacken, gefolgt von zwei bis drei richtigen Nervenzusammenbrüchen. Ich hatte jetzt richtig Stress und wollte das alles nicht annehmen. Ich wollte unbedingt zurück in mein altes Leben. Es sollte alles wieder so wie früher werden. Mit dieser Haltung baute ich innerlich einen starken Widerstand auf gegen das, was das Leben mir zeigen wollte. Die Folgen waren weitere Panikattacken und Nierenkoliken, gefolgt von Nierensteinen. Das alles nur, weil ich den Sprung ins eigentliche Leben nicht machen wollte.

Im Grunde hat meine Seele laut um Hilfe gerufen und wollte  nur gehört werden. Sie wollte mir den Weg in die Freiheit zeigen.

Du kannst dir vorstellen, dass es nun richtig bergab ging. Ich war in wenigen Tagen von Hundertneunzig auf Null. Es war für mich unfassbar und unverständlich. Wieso gerade ich? Was soll das, lieber Gott? Ich wollte in meiner Verzweiflung mit Gott und dem Leben handeln, einen Pakt schließen, der hieß: „Bitte lass mich wieder so werden wie früher! Lass mich in mein altes Leben zurückkehren."

Aus heutiger Sicht bin ich froh, dass mir diese Bitte nicht erfüllt wurde.

In dieser Zeit bekam ich schwere Depressionen, mein Leben war eine einzige Verzweiflung, nirgendwo Verständnis oder Unterstützung.

Es traf mich all das, was ich abgelehnt hatte und wogegen ich mich absichern wollte: Schwäche, Hilflosigkeit, Verlust, Schmerz, Einsamkeit, starke Gefühle.

In dieser Zeit ging es mit allem bergab. Ich konnte meine Arbeit nicht mehr ausführen. Sobald ich in die Räume kam, setzte eine Angst und Unsicherheit ein. Ich fühlte, wie der Boden unter mir schwankte.

Meine bis dahin angeblich guten Freunde waren nicht mehr für mich da. Sie begegneten mir mit  großem Unverständnis und Ratlosigkeit.

Tinitus! Was ist denn das? Kein Arzt und auch kein anderer Mensch kann sich ohne die eigene Erfahrung vorstellen, was dies bedeutet, welchen Einfluss es auf dich hat.

Das Problem an der Sache „Tinitus" ist, dass man dir nicht ansieht, wie du leidest. Du siehst aus wie immer, na ja, zumindest am Anfang. Nach ein paar Tagen ohne einen richtigen Schlaf und der Verzweiflung siehst du dann etwas älter aus, als du eigentlich bist. Aber dein Ohr ist ja noch dran! Allerdings wird dir, besonders während der Stille in der Nacht, bewusst, dass es im Ohr pfeift und rauscht. Es ist so, als wäre in deinem Ohr ein Radio installiert, das ständig nach einem Sender sucht und nichts als Frequenzrauschen findet.

Du lenkst deine gesamte Aufmerksamkeit auf diese Geräusche und bist ihnen ausgeliefert. In diesem Zustand glaubte ich, in der Hölle zu sein. Nein, noch schlimmer! Im Fegefeuer. Keine Ruhe mehr, kein Frieden! Mir wurde bewusst, dass ich meine Chance auf Ruhe und den inneren Frieden im Leben vertan hatte.

Ich betete und flehte Gott um Hilfe an. Auch die Ärzte bat ich um Rat. Ich erinnere mich besonders an die Aussage eines Ohrenarztes nach der letzten Infusion: „Da kann ich leider nichts mehr für Sie tun, Sie müssen jetzt stark sein. Wir hatten letztens einen Patienten, der sich wegen der Geräusche aus dem Fenster gestürzt hat."

Na prima! Mein Ehrgeiz war am Boden und die Verzweiflung gestärkt.

Das hatte der Arzt echt gut gemacht.

Jeder weitere Tag auf dieser Erde war für mich das reinste Überlebenstraining. Die Geräusche ließen sich nicht kontrollieren und niemand konnte sich in mich hineinversetzen. Kein Arzt und auch sonst keiner.

Für meine damalige Frau war das alles zu viel und so dauerte es nicht lange, bis auch die Beziehung zu Ende war.

Ich war wochenlang arbeitsunfähig und hatte am Ende kein Geld mehr.

Das Gesparte hatte ich aus Angst vor Verlust falsch investiert. Der eine oder andere Ratschlag des Bankberaters hatte dazu geführt, dass irgendwann alles weg war.

Ich kam zu dem Punkt, an dem mir alles genommen wurde, was ich absichern wollte.

Ich erinnere mich noch genau an diesen Tag. Ich saß alleine auf der Terrasse in tiefer Verzweiflung, Trauer und Schmerz.

Ich saß vor den Scherben meines Lebens: Eine gescheiterte Beziehung, keine Freunde und keine Unterstützung. Die Verzweiflung und der Druck in mir waren sehr groß. Ich war mental und körperlich ganz unten angekommen, ich war schwach, krank und voller Ängste und in absolut tiefer Verzweiflung. Ich hätte niemals gedacht, dass es mich so schlimm treffen könnte.

## Den Widerstand aufgeben!

Ich war bereit! Ich dachte: „OK, dann war es das. Ich gebe den Kampf auf, ich will nicht mehr. Lass mich doch einfach sterben, lieber Gott."

Auf einmal fühlte ich einen Frieden in mir, den ich so lange vermisst hatte. Ich war bis jetzt ja damit beschäftigt, gegen mich selbst zu kämpfen. Und das mein ganzes Leben lang.

Es war wie eine Botschaft aus dem Inneren, die mich plötzlich erreichte. Der ganze Druck fiel von mir ab und es war auf einmal still.

Die Stimme meines Herzens sprach zu mir. Ein leises Flüstern, das endlich von mir gehört wurde. Die Stimme war liebevoll und doch traurig. Sie versuchte doch schon so lange zu mir durchzudringen. Sie wollte mir sagen, was gut für mich ist, und dass ich auf sie hören soll. Aber ich war taub und habe den Herzensruf nicht gehört.

Ich verstand, dass ich mein ganzes Leben nur versucht hatte, jemand zu sein, der ich nicht bin, zu tun, was ich nicht will und verschwendete dafür meine Lebensenergie. Ich war nicht wirklich ich selbst.

Ich war jemand anders: Eine Marionette, ein Automat, der einfach draufl, slebte und auf alles, was passierte, nur völlig unbewusst reagierte.

Das war mir bis dahin alles nicht bewusst. Doch ab hier fühlte ich, dass sich etwas veränderte. In mir war eine innere Gewissheit.

Ich hatte losgelassen. Ich wusste noch nicht, was sich veränderte. Aber da war der Funke in mir, den ich schon vorher in schmerzvollen Situationen gespürt hatte. Diese Stimme, die mir als Kind in einsamen Stunden Trost und Hoffnung gespendet hatte.

Die Stimme meines Herzens! Ich fühlte mich geborgen und im Frieden.

Da war dieses Wissen in mir, dass ich es schaffen kann und einen Weg finden werde.

# Wegweiser!

Plötzlich klingelte es an der Tür und ein alter Freund, den ich seit 5 Jahren nicht mehr gesehen hatte, stand vor der Tür. Früher waren wir einmal beste Freunde, doch die Umstände hatten uns auseinander gebracht. So musste jeder von uns seine eigenen Erfahrungen machen, bis zu diesem Moment. Er sagte, dass er die letzten Tage intensiv an mich denken musste. Er fand im Telefonbuch meine Adresse und fuhr sofort zu mir.

Wir haben lange geredet. Das alte Vertrauen stellte sich wieder ein. Endlich war jemand einfach für mich da. Das führte dazu, dass ich endlich erzählen konnte, wie es mir ergangen war. Ich erzählte von meiner Einsamkeit und wie hilflos ich mich nun fühlte.

Von diesem Tag an hatte ich endlich wieder einen Freund, einen Freund, der mich unterstützte.

Doch es geschah noch mehr. Ich war körperlich und vor allem mit meinen Nerven durch diese lange Belastung und den Stress so am Ende, dass ich an einem Abend einen Heulkrampf bekam. Meine damalige Freundin fuhr daraufhin mit mir zu einem Arzt. Wir hielten an einem Arztschild an, wo sich eine Naturheilpraktikerin niedergelassen hatte (Zufall?). Wir gingen hinein und es war sofort anders. Diese Ärztin war anders. Ich konnte spüren, dass ich am richtigen Ort war. Sie hatte genau das, was mir bei so vielen anderen Ärzten fehlte. Sie zeigte Empathie, Verständnis und Fürsorge. Sie gab mir das Gefühl, ernst genommen zu werden. Sie hörte mir zu und zeigte mir meinen Weg der Heilung.

Zunächst einmal ging es darum, mich komplett zu untersuchen. Sie wollte sicher sein, dass keine körperlichen bzw. organischen Erkrankungen vorlagen, die zu alldem geführt hatten. Also wurde ich schnell und einfach von verschiedenen Ärzten aus verschiedenen Fachrichtungen untersucht.

In dieser Zeit behandelte die Ärztin mich mit Akupunktur, was mir Linderung verschaffte. Im weiteren Verlauf hatte sie mich an einen Kollegen überwiesen, der Neurologe war und sich mit traditioneller Chinesischer Medizin beschäftigte.

Nach der letzten Untersuchung stand nun fest, dass ich keine ernsthaften organischen Erkrankungen hatte. Es gab keinen Tumor und auch sonst nichts Schlimmes. Ich brauchte Ruhe und musste irgendwie lernen, mit meiner neuen Lebenssituation umzugehen.

Mein behandelnder Neurologe gab mir einen guten Rat: Ich sollte mal Joga ausprobieren.

Joga? Das war für mich immer so ein spiritueller Blödsinn! OMMM.....

Trotzdem wollte ich es nicht unversucht lassen. Ich bin einer Zeitungsanzeige über eine skandinavische Jogaschule, die ich „zufällig" entdeckt hatte, nachgegangen. Ich rief dort sofort an und fuhr kurz darauf mit meiner 300 PS Corvette vor den Schuleingang. Vor der Tür standen all diese „Ökos" mit ihren Fahrrädern (man stelle sich dieses Bild vor). Mein altes Denken verurteilte gleich mal alle. Doch es kam alles anders als erwartet. Ich wurde von all diesen Menschen liebevoll und freundlich aufgenommen. Ich kam mit einer großartigen Lehrerin namens Harie Prenn zusammen, die mir den neuen Weg aufzeigte. Ich war endlich da, wo ich sein konnte, wie ich bin. Unter den Menschen, die mich nicht verurteilten.

Als die erste Yogastunde vorbei war, versammelte sich eine kleine Gruppe vor dem Eingang, um über die Dinge des Lebens zu reden. Und ich stand mitten drin. Auf einmal wurde ich ganz still und stellte fest, dass meine Ohrgeräusche fast verschwunden waren. Es war wie ein Wunder! Mir wurde blitzartig bewusst: Dies ist eine Möglichkeit, zu mir zu kommen! So konnte ich in meinem Körper und in meinem Geist etwas verändern. Ich wusste plötzlich, dass ich mir selber helfen konnte. Ich hörte endlich auf meine innere Herzensstimme.

Ich glaube, dass wir als Kinder diese Stimme hören können und mit ihr verbunden sind. Später, als Erwachsene, sind wir zu sehr im Verstand, im Kopf und die Stimme des Herzens wird immer leiser. Wenn Du nicht anhältst und nach innen gehst, dann kann es dir wie mir passieren. Du hörst die Stimme nicht mehr und kannst dadurch in deine persönliche Krise geraten.

## Gefahr oder Chance?

Das Chinesische Schriftzeichen für Krise besteht aus zwei Teilen: Der eine Teil symbolisiert die Gefahr, der andere die Chance.

Eine Krise bietet dir daher zwei Möglichkeiten, um dein Leben zu gestalten:

1. Gefahr: durch die Krise glaubst Du, dass Du ein armes Opfer bist und vom Leben gestraft wirst. Du bist am Ende und versinkst im Selbstmitleid, z. B. mit Alkohol, Drogen, usw.

2. Chance: Du kannst die Krise als eine Chance zur Veränderung und zu deinem neuen Wachstum sehen.

Und somit kam ich an den Punkt der wichtigsten Entscheidung in meinem Leben.

Krankheit (Gefahr) oder Leben (Chance)?

Was glaubst Du, wofür ich mich entschieden habe?

*„Für die Chance meines Lebens!"*

Mit diesem Buch möchte ich dich an meinen Gedanken und Erfahrungen teilhaben lassen.

Vielleicht bringt es dich auch dazu, dein Leben zu überdenken. Vielleicht denkst Du ja, dass die Krise mir ja auch geholfen hat. Das stimmt! Die Krisen sind dazu da, uns aufzuzeigen, wo das Leben nicht mehr im Fluss ist.

Leider lernen wir in den meisten Fällen erst, wenn das Kind in den Brunnen gefallen ist, wie man so schön zu sagen pflegt.

Bei näherer Betrachtung würde ich sagen, dass es beim Thema Krise nur zwei Möglichkeiten gibt zu lernen. Freiwillig oder durch Schmerz.

Aber wer lernt schon freiwillig?

Heute bin ich auf dem rechten Ohr fast taub und die Geräusche sind immer noch da. Allerdings weiß ich erst durch die Erfahrung der Krise, was Hören bedeutet. Vor allem habe ich gelernt, mir selber zuzuhören und zu fühlen, was in meinem Leben von Bedeutung ist und was ich brauche. Ich akzeptiere und nehme an, was das Leben mir präsentiert. Heute ist da einfach eine Stille in mir und ich fühle mich wohl mit mir. Die Geräusche höre ich zwar noch, doch ich verbinde sie mit keinerlei Gedanken mehr oder irgendwelchem Leiden. Heute weiß ich, was innerer Frieden bedeutet und ich kann es einfach genießen, am Leben zu sein.

Wenn Du also bewusst akzeptierst, was dir das Leben präsentiert, wenn Du weiterhin bereit bist zu schauen, was in deinem Leben wirklich passiert, dann bleibt nur noch die nötige Entschlossenheit für die Veränderung.

Für die Veränderung, die dein Leben braucht, um mehr Glück und Freude zu spüren. Der letzte Schritt ist die Entscheidung und dann das verantwortungsvolle Handeln. Das bedeutet, dass Du dich für dein Leben einsetzt und alles dafür tust, dass es genauso wird wie es dein Herz sich wünscht und nicht dein Kopf.

Frage dein Herz immer, wie es für dich richtig ist, denn es kennt die Antwort.

Was mich damals betraf, so lebte ich nur in meinem Kopf und zwang mich in alles hinein, ohne auf mein Herz zu hören. Ich hörte die Stimme meines Herzens zwar ab und zu, jedoch war mir das viel zu kindisch. Ich hatte schon als Kind sehr früh gelernt, diese Stimme mit allen möglichen Genussmitteln zu betäuben. Also zu viel von allem, was mir schadete.

Das war mein Ersatz für fehlende Liebe in meinem Leben, die Liebe zu mir selber und zu anderen.

Schon als kleines Kind hatte ich gelernt, dass ich nicht liebenswert bin. Immer hing es davon ab, ob ich mich brav und nett verhielt oder nicht.

Ich erlebte all diese Dinge in meinem Leben, über die ich hier schreibe, bekam es zu spüren. Ich weiß genau, wie es sich anfühlt, schutz- und wehrlos zu sein und als Opfer durch die Welt zu laufen. In meiner Kindheit wurde ich regelmäßig geprügelt und geschlagen, mit und ohne Grund. In meiner Familie waren alle sehr aggressiv und mit sich und ihrem Leben unzufrieden. Das führte dazu, dass ich all diesen Unmut auf meiner Haut fast täglich spüren durfte.

Neben den Schlägen waren das Bloßstellen und die Erniedrigungen an der Tagesordnung. Was mich sehr prägte war die Tatsache, dass ich immer Gewalt mit dem Hintergrund vermittelt bekam, dass ich ja selber schuld bin und somit Schläge verdient hatte.

Als Kind glaubst Du deiner Familie alles, besonders deinen Eltern.

Wem denn sonst? Sie sind deine Lehrer und Vorbilder, von ihnen lernst Du, wie das Leben am besten funktioniert und was richtig und falsch ist. Egal, was Du als Elternteil tust, deine Kinder lernen durch das Verhalten der Erwachsenen.

Oder wie man in Köln so schön sagt: „Eigene Kinder kommen selten auf fremde Leute" oder „Der Apfel fällt nicht weit vom Stamm".

Weil ich meinen Eltern und ihren Botschaften glaubte und dies als Kind für wahr hielt, waren die wichtigsten Programme meiner Kindheit früh installiert: Du bist nicht liebenswürdig, nicht gut genug, Du bist schuld. Das waren schon mal drei von den vielen Glaubenssätzen und Überzeugungen, die mich jahrzehntelang begleiteten.

Ich glaube heute ganz fest daran, dass kein Kind Schläge oder Gewalt verdient hat. Wenn Eltern ihre Kinder mit dieser Haltung bestrafen, installieren sie genau diese falschen Glaubenssätze und auch die empfangene Gewalt in ihnen. Später, als Heranwachsende und Erwachsene, werden sie sich zumeist ungeliebt und schuldig fühlen (Schuldprogramm). Die Gefahr ist groß, dass sie sich gegenüber anderen Personen so verhalten, wie sie es von ihren Eltern gelernt haben.

*Übrigens: Gerade als ich diesen letzten Absatz schreibe, springen hinter mir zwei Kinder in den Pool und das Wasser spritzt mir auf meinen Laptop. Meine Frau schaut ganz entsetzt und ich muss schmunzeln. Manch Erwachsener würde jetzt ausflippen und losmeckern, jedoch hätte ich mich ja auch etwas weiter vom Pool wegsetzen können.*

*Aber keine Sorge, lieber Leser, mein Laptop hat den Anschlag überlebt und somit konnte ich das Buch zu Ende schreiben.*

Heute habe ich verstanden, dass ich als Kind wenig Einfluss auf mein Leben hatte und dass ich die Botschaften der Erwachsenen, die mich betrafen, für wahr hielt. Ich glaubte diese Botschaften lange und lebte in diesem Glauben weiter.

Erst als ich durch die Krise erwachte und den Weg zu mir selbst beschreiten konnte, wurde ich wirklich frei.

Was das für mein Leben bedeutete?

Erwachsen zu werden und die volle Verantwortung für alles in meinem Leben zu übernehmen.

Die Verantwortung für mein Denken, Fühlen, Sprechen und Handeln, und vor allem für mein geistiges und seelisches Wohlbefinden.

Ein weiterer wichtiger Schritt war die Vergebung und das Verständnis, dass alles im Leben einen Sinn hat und dass wahrer Frieden nur in mir selbst entstehen kann, ohne die Last der Vergangenheit oder der Zukunft.

Was dieser Weg alles beinhaltet, möchte ich dir nun in den nächsten Kapiteln mitteilen.

## Gegenwart

Was genau ist das? Es ist einfach dieser Moment, mit allem was jetzt, in diesem Moment, da ist. Dein Leben findet jetzt statt, nicht vorher und auch nicht nachher. Alles, was vorher war, ist vorbei und bleibt Vergangenheit und die Zukunft ist noch nicht da. Wenn ich mit Leuten bei einem Vortrag sitze, erkläre ich es gerne folgendermaßen:

*Die einzige Wirklichkeit ist, dass Du jetzt hier auf diesem Stuhl sitzt. Bitte mach dir das bewusst, fühle den Stuhl auf dem Du sitzt und spüre, wie Du ein- und ausatmest. Sei dir bewusst, dass wir alle gemeinsam die gleiche Luft in diesem Raum atmen und dass wir mit allem jetzt und hier verbunden sind. Du sitzt jetzt einfach nur da, mehr nicht. Alles andere sind Gedanken, Gedanken an vorher oder nachher.*

*Das Einzige, wofür Du in diesem Moment Sorge tragen kannst, ist der nächste Schritt, die nächste Handlung. Mach dich völlig frei von allen Vorstellungen und sei einfach nur hier. Denken ist Vergangenheit.*

Dann frage ich, ob irgendjemand jetzt, in diesem Augenblick wirklich ein Problem hat, außer vielleicht Schmerzen? Die Antwort ist meistens Nein. Denn die Probleme macht unser Verstand selber.

Unser denkender Verstand will immer vor der Gegenwart fliehen und uns mit Gedanken beschäftigen. Nur selten erlaubt er Momente totaler Gegenwärtigkeit.

Gegenwart bedeutet HIER zu sein. Nicht nur körperlich, sondern mit allem was ist, ohne Urteile und Ablehnung.

## Gedicht „Hier und Jetzt"

*Komm ins Hier und Jetzt.*

*Es ist der Ort,*

*an dem alles ist, wie es ist.*

*Der Ort, an dem alle Gefühle richtig sind, egal was du fühlst.*

*Der Ort, an dem es keine Probleme gibt.*

*Hier und Jetzt.*

*Dort bist du in Sicherheit,*

*vor all den Lügen und Täuschungen,*

*die du dir selber machst.*

*Dort findest du die Geborgenheit und die Gewissheit zu leben.*

*Wach auf und komm zurück!*

*Nach Hier und Jetzt!*

*Für immer und ewig,*

*verbunden mit dir und dem Leben.*

Uwe Trevisan

## 2. DENKEN UND SEIN! – GEHT DAS?

### Warum „DAS SEIN" so unerträglich sein kann

Es gibt so viele Ansichten und Aussagen über das Sein, und immer wieder stellt sich die Frage: Was ist denn das SEIN?

Für die meisten Menschen ist diese Frage kaum zu beantworten, da sie ja genau davor auf der Flucht sind und in ihrem Denken das Rezept für das SEIN unerträglich ist.

Viele Menschen laufen durch den Tag und verhalten sich, als wären sie ständig auf der Flucht oder in einer Gefahr. Immer muss was los sein oder getan werden. Wenn nichts los ist oder getan werden kann, dann beschäftigt sich unser Verstand mit Sorgen und Problemen.

Warum fliehen wir vor dem SEIN?

Nun, zunächst müssen wir verstehen, wie wir das machen und warum? Dazu möchte ich mit dir ein kleines Experiment machen.

*Setz dich auf einen Stuhl, mache alle Geräte aus, den Fernseher, das Radio und so weiter. Wenn es jetzt einigermaßen still ist, bleib fünfzehn Minuten einfach sitzen und beobachte, was in dir geschieht. Tu einfach gar nichts.*

*Und: Wie war es?*

*Wahrscheinlich haben deine Gedanken die Kontrolle übernommen und gefragt: „Wieso sitze ich hier herum, was soll der Blödsinn? Ich könnte dieses oder jenes tun. Das ist doch Zeitverschwendung. Ich halte das nicht aus! Macht doch keinen Sinn. Usw."*

*Wie waren deine Gefühle?*

*Völlig ruhig und entspannt?*

*Wahrscheinlich waren es Langeweile, Unruhe, Ärger und was sonst noch so hochgekommen ist.*

*Was hast Du getan? Hast Du die Übung abgebrochen? Oder es gar nicht erst versucht? Wenn ja, warum?*

*Frage dich doch einmal, warum es so schwierig ist, einfach nur DA ZU SEIN.*

*Ich frage dich: Wenn Du einfach nur da bist, auf deinem Stuhl, wem begegnest Du dann?*

*Wahrscheinlich kennst Du die Antwort:*

*Dir selbst! Wer bist Du denn so Schlimmes, dass Du vor dir selbst flüchtest?*

*Und siehe, was alles geschieht, während Du einfach mit dir da sitzt.*

*Dein Verstand versucht dich ständig von dir wegzubringen mit Gedanken über die Situation, in der Du dich befindest. Er bewertet sie und dreht in deinem Kopf Filme.*

*Das heißt übersetzt: Du bist zwar jetzt hier, aber deine Gedanken sind woanders.*

Bei mir war das auch so. Ich war immer woanders in meinen Gedanken und immer auf der Flucht vor mir selbst. Allerdings wusste ich nichts davon. Es war für mich normal, so zu leben und mich permanent mit allem Möglichen zu beschäftigen, nur nicht mit mir selbst und meinem Leben.

Warum sind wir die meiste Zeit unseres Lebens auf der Flucht vor uns selbst?

Wir lernen schon sehr früh, mit unserer Aufmerksamkeit im Außen zu sein. Dort sollen wir lernen, arbeiten, das Leben kontrollieren und uns absichern. Wir sind die ganze Zeit in Aktion und nur selten kommen wir zur Ruhe. Die Stimme im Kopf, der Verstand, fordert ständig mehr Leistung und treibt uns an. Sie kritisiert und macht uns Angst, sie gibt dir Schuld und macht dich schlecht.

Deshalb ist es ja auch kein Wunder, dass wir uns ständig ablenken um sie nicht zu hören. Wenn Du dann dasitzt und der Stimme zuhörst, glaubst Du, verrückt zu werden. Was sagt die Stimme? „Streng dich an! Du bist zu dick! Hässlich, kompliziert, faul usw." Ja, wir alle kennen diese Stimme, und sie hat schon so manchen in den Wahnsinn getrieben.

Also: Was tun?

*Dieses Buch soll dir dabei helfen, deinen Verstand mit seinen Tricks kennenzulernen und dein Leben freier zu leben. Du kannst lernen, deinen Verstand zu beobachten, ohne dich von ihm herumkommandieren zu lassen. Dadurch wirst Du in deinen Entscheidungen frei und unabhängig.*

Alle Schwierigkeiten und sogenannten Probleme, die Du hast, werden in deinem Kopf produziert. Das ist zunächst schwierig einzusehen. Und das kann ich richtig verstehen. Am Anfang habe ich es auch nicht geglaubt. Doch heute bin ich davon überzeugt.

Das unbewusste Denken, auf das ich immer wieder hinweise, steuert uns in die Krise und in Lebensdramen. Stattdessen könnte ein bisschen mehr Bewusstheit und Klarheit sofort alles verändern. Ich möchte dir anhand vieler einfacher Beispiele aus dem täglichen Leben aufzeigen, wie unser Verstand die Kontrolle übernimmt und dafür sorgt, dass wir in Schwierigkeiten geraten, ohne es selbst zu bemerken. Die Art und Weise, wie wir über bestimmte Situationen denken, führt zu den Problemen, die wir haben. Ich selbst war der Knecht meines Verstandes und habe mich ihm gebeugt. Ich habe für eine Menge Unfrieden in meinem Leben gesorgt. Dann verstand ich, dass ich Einfluss auf mein Denken und somit auch auf mein Handeln habe.

Ich war mit meiner Aufmerksamkeit immer nur im Außen, bei den Anderen, und bei dem, was geschieht. Ich habe die Fehler immer nur außerhalb gesucht. Und genau da liegt das Problem.

## Außer sich SEIN – bei sich SEIN

Wenn Du mit deiner Aufmerksamkeit immer nur im Außen bist und Du für alles, was in deinem Leben geschieht, außerhalb die Ursachen und die Verantwortlichen suchst, dann bist Du wörtlich gesehen „außer dir". Das geschieht auch, wenn wir wütend sind und die Menschen in unserer Umgebung beschimpfen oder für unseren Ärger verantwortlich machen.

Dann sagen die Anderen oft: „Er war total außer sich." Das heißt, Du bist nicht bei dir. Du verlierst die Kontrolle, weil Du die Ursache an der falschen Stelle suchst.

Bei dir sein, heißt: Du schaust zuerst bei dir nach. Du fragst dich: *Was hat das mit mir zu tun? Was sind meine Wünsche und Bedürfnisse? Was will das Leben mir beibringen?*

Das Leben besteht nämlich aus einer Reihe von Lektionen, die Du lernen sollst. Und meistens sind diese Aufgaben direkt vor deiner Nase.

Wenn Du wach bist und dich für deine Lektionen öffnest, oder wenn das, was ich hier schreibe, dein Bewusstsein erreicht, dann zeigt sich dir sofort, was als Nächstes dran ist. Das Leben ist immer für dich! Es will dir den richtigen Weg zeigen. Du musst nur lernen, wieder auf die Stimme in deinem Herzen zu hören. Du musst lernen, zuzuhören und zu beobachten, was in dir abläuft. Die Stimmen in deinem Kopf erzählen dir eine Menge Unsinn, den Du nicht einfach glauben solltest.

Achte doch selbst einmal darauf, wie schnell bestimmte Gedanken in deinen Kopf kommen und dir das Leben schwer machen. Sicherlich hast Du solche Momente schon erlebt, in denen Du dir gewünscht hast, dass die Gedanken verschwinden sollen. Du brauchst deinen denkenden Verstand tagsüber auf der Arbeit, um bestimmte Abläufe zu überdenken. Doch wenn Du nach Hause zu deiner Familie kommst, braucht dein Kopf einen Knopf zum Abschalten. Da ist dein Verstand nicht mehr wichtig, hier brauchst Du dein Herz und deine Liebe, um erfolgreich zu sein.

Für zwischenmenschliche Beziehungen ist der denkende Verstand ungeeignet. Der Verstand ist immer berechnend und kann keine Freundschaften und Liebesbeziehungen knüpfen. Deshalb musst Du die Kontrolle übernehmen und der Herr (oder Frau) im Haus sein und nicht der denkende Verstand.

## Alles, was wir ERLEBEN, ist unser LEBEN!

Wahrscheinlich denkst Du: Na klar, was sonst.

Was bedeutet es denn wirklich?

Es bedeutet nichts anderes, als dass wir unser eigenes Erleben erschaffen. Und das tun wir ganz alleine, unabhängig davon, was im Außen geschieht.

Ich lade dich zu einem kleinen Experiment ein.

Suche dir einen Gegenstand, zum Beispiel eine Uhr. Schau dir den Gegenstand mal genau an und stell dir folgende Fragen: Welche Form hat er? Wie fühlt er sich an? Könnte man ihn verkaufen? Wem könnte er gefallen? Wie gefällt mir dieser Gegenstand?

Du hast dir nun ein vollständiges Erleben von diesem Gegenstand geschaffen. Nur Du und niemand anderes. Nicht deine Mutter und auch nicht dein Vater oder sonst noch jemand. Nur Du ganz alleine.

Ist das nicht toll? Wir machen unser eigenes Erleben über Menschen, Dinge und Situationen!

Was heißt das für dich? Es bedeutet, dass Du dein Erleben selbst bestimmen kannst und dass Du die Verantwortung dafür trägst. Frei nach dem weisen Spruch:

„Nicht die Dinge, die geschehen, sind schlimm, sondern unser Denken und Bewerten darüber."

Da ist doch was dran! Findest Du nicht auch? Nimm dir mal Zeit für diesen Gedankengang und mach das Experiment mit Menschen oder anderen Gegenständen. Du wirst feststellen, dass Du es bist, der sich das Erleben zu allem macht. Das ist toll! Denn damit erhältst Du auf alles Einfluss und kannst dein Erleben jederzeit überprüfen.

Klingt einfach, ist es aber leider nicht. Du kannst es zwar jetzt machen, aber ich garantiere dir, dass es keine 20 Minuten dauert und Du hast es im Alltag vergessen. Dein Verstand wird dich sofort wieder in Beschlag nehmen und dir erzählen, dass alles, was Du erlebst, durch andere verursacht wird. Und das führt dich sogleich wieder in den ganz normalen Wahnsinn des Alltagsgeschehens, in dem Du wie ein Automat reagierst und wiederholst.

Ich möchte dir dabei helfen, etwas mehr Licht und Klarheit in dein Bewusstsein zu bringen und dir anhand meiner Erfahrungen eine Richtung aufzeigen.

Ob es dir gefällt oder nicht, das Leben präsentiert dir ständig deine Lektionen und Du wirst sie so lange wiederholen, bis Du es endlich anders machst und deine Aufgabe löst, anstatt ständig in dieselbe Falle zu tappen.

Du siehst genau, was deine Freunde und Verwandten falsch machen: Klaus sollte sich endlich mal mehr um seine Frau kümmern; Gaby sollte sich endlich selbständig machen; Brigitte sollte sich doch endlich von ihrem Freund trennen, der sie schlecht behandelt, usw. All deren Lebensaufgaben erkennen wir sofort. Allerdings wenn es um dich selbst geht, entsteht sogleich etwas wie geistige Blindheit.

Du stellst dir dann wahrscheinlich die Drei Goldenen Fragen:

Warum passiert das ausgerechnet mir?

Warum bekomme ich im Leben keine leichteren Aufgaben?

Wann hat all das endlich ein Ende?

Tja, zu der ersten Frage kann ich dir folgende Antworten aus meiner Erfahrung geben: Das Leben hat keine Lieblingsschüler. Jeder Mensch bekommt seine Lektionen serviert, und zwar in unterschiedlicher Stärke, von sanft bis knüppeldick. Je nachdem, wie schnell er bereit ist zu sehen, was er gerade lernen soll.

Zu der zweiten Frage kann ich dir sagen: Da muss ich dich leider enttäuschen, die Aufgaben werden niemals leichter, sondern werden immer anspruchsvoller. Es gibt allerdings noch Trost. Wenn Du die Aufgaben bewältigst, wirst Du wachsen, stärker werden und alles Nötige haben, um in die nächste Schulklasse des Lebens zu wandern. Ja, stell dir das mal vor! Es gibt eine Lebensschule. Du kannst im Lebens-Gymnasium lernen und leben oder ewiger Hilfsschüler bleiben. Ich hoffe, dass dieses Buch dir helfen wird, den Weg in die nächste Klasse zu schaffen.

Die dritte Frage kann ich dir mit einer kleinen Geschichte aus meinen Seminaren beantworten: Eine Teilnehmerin stellte mir eine ähnliche Frage. Sie beklagte sich über ihr Leben und dass alles so anstrengend sei, seit sie angefangen hat, sich mit ihrem Leben zu beschäftigen. Sie sieht nur noch Baustellen und fragt sich, wann das endlich aufhört. Sie würde sich am liebsten in eine Höhle verkriechen oder an einen anderen Ort abhauen und alles hier liegen lassen.

Ich sagte zu ihr: „Kein Problem, es gibt einen Ort, wo alles friedlich ist, wo es keine Probleme und Sorgen gibt, alles ist völlig im Frieden."

Sie schaute mich an und sagte:

„Wo ist dieser Ort? Da muss ich sofort hin." „Kein Problem." - sagte ich zu ihr. „Gleich hier um die Ecke."

Daraufhin sind wir gemeinsam losmarschiert und nach zehn Minuten und nur fünf Straßen weiter waren wir da. Sie stand wie vom Donner gerührt und schaute mich sprachlos an.

Was glaubst Du, wo wir waren?

Richtig! Auf dem Friedhof. Denn das ist der einzige Ort, an dem endlich Frieden herrscht. Genau hier hat das Leiden und die Anstrengung zunächst einmal ein Ende für dieses Leben. Und wenn wir dem Gesetz der Wiedergeburt glauben dürfen, geht es ja im nächsten Leben in derselben Klasse weiter. So lange, bis Du dein Studium beendet hast und erleuchtet bist. Ob das stimmt, kann ich dir allerdings nicht sagen, da ja bekanntlich noch keiner von dort zurückgekommen ist, um uns zu berichten. Aber für hier und jetzt stimmt das wohl.

Zurück zur Geschichte: Die besagte Teilnehmerin musste auf einmal laut lachen. Es war irgendwie die Ironie, die doch so wahr ist.

Wir alle haben verschiedene Arten, auf die Lebensaufgaben zu antworten.

Der eine sagt sich: „Das Leben ist voller Überraschungen und ich mache das Beste daraus." Das ist eine immerhin positive Einstellung, die vieles leichter machen kann.

Der andere sagt: „Das Leben besteht aus einer Reihe von Lektionen und ich schaue, was ich gerade lernen soll. Ich werde alles Nötige tun, um diese Aufgabe erfolgreich zu bewältigen, damit ich sie nicht wiederholen muss." Das ist in der Tat die beste Einstellung, eine schmerzfreie, die ich bevorzugen würde.

Aber es gibt ja noch eine dritte und weit verbreitete Einstellung. Da fragen sich die Betroffenen: „Warum passiert das ausgerechnet mir? Womit habe ich das bloß verdient, das Leben ist ungerecht!" (Opferrolle).

Du siehst, die dritte Einstellung führt in ein Leben voller Schwierigkeiten und Probleme. Was ist denn diese Einstellung? Es ist die Art, wie wir über das Erlebte denken und urteilen. Diese Einstellung lähmt dich und raubt dir die Energie, die Du benötigst, um dich mit der anstehenden Situation auseinanderzusetzen. Du bist sozusagen handlungsunfähig, da Du dich auf das Klagen über deine Situation konzentrierst.

Mit einer gedanklich offenen Haltung bist Du in der Lage, einen Weg zu finden und die Antworten, die Du dazu brauchst, können sich dir offenbaren. Die Energie in dir kann frei fließen und ist nicht eingeschränkt. Bleib offen und erwarte, dass sich dir ein Weg zeigt.

## Ich will alles, und zwar JETZT, oder Lebensfreude auf Bestellung

So lauten die neuesten Versprechen oder Werbeslogans großer Firmen, die ich neulich gesehen habe. Da steht also: Bestellen Sie JETZT und bezahlen Sie später, in einem Jahr oder später. Also: Bestellen, bekommen, auspacken, und schon ist die Lebensfreude da.

Zumindest für die ersten Tage oder Monate. Aber kein Problem, wenn die Lebensfreude nachlässt, kann man ja etwas Neues bestellen. Und wenn dann in einem Jahr die Zahlungsaufforderung kommt, ist es schnell vorbei mit der Lebensfreude und dem Spaß. Da droht dann der Gerichtsvollzieher oder die Mahnung. Auf einmal entpuppt sich das Katalogversprechen und ist nicht mehr so freundlich.

Dazu gibt es das schöne Sprichwort:
„Viele Menschen nehmen für den Einkauf von Dingen das Geld, das sie nicht haben, für die Sachen, die sie nicht brauchen, um damit anderen zu imponieren, die sie nicht mögen."

Ich will ALLES und zwar JETZT!

Dabei weiß doch jeder Bauer um das Gesetz von SÄEN und ERNTEN.

Falls Du es noch nicht kennst, frage den Bauern in deiner Stadt. Gerne erkläre ich dir das auch.

Zunächst wird der Boden aufgewühlt und vorbereitet. Das nennt man Anstrengung. Dann wird die Saat in die Erde gesät und drei bis vier Monate abgewartet. Das nennt man Loslassen. Dann wird geerntet. Das nennt man Belohnung.

Stell dir mal vor, Du würdest Sonnenblumenkerne in die Erde säen und diese nach fünf Tagen wieder ausbuddeln. Was hast Du dann wohl in der Hand?

Matschige Sonnenblumenkeime. Oder Du wartest zwei Wochen und siehst, wie die erste Blüte aus dem Boden kommt. Gehst Du dann hin und ziehst daran, damit es schneller geht? Sicherlich nicht. Du musst warten und dich an jedem Zentimeter erfreuen, bis die Blume sich zur vollen Blüte entfaltet hat. Und das wird sie in ihrem eigenen Tempo machen, egal, ob Du die Pflanze anbrüllst und ihr sagst: „Beeil dich, mach schneller."

Ja, genauso ist das mit dem Leben. Wir sagen: Wenn meine Frau netter wäre, dann würde ich ja...; wenn mein Chef freundlicher wäre, dann...; wenn ich mehr Geld hätte, dann würde ich mich selbständig machen, usw.

Einige Menschen wollen sich nicht bemühen, sondern immer die schnelle Befriedigung und den schnellen Erfolg haben. Viele versuchen etwas und wenn es nicht direkt funktioniert, geben sie auf.

Wie das Wort schon besagt - VERSUCHEN. Wenn es dann mit dem Versuch nicht klappt, gibt es ja immer noch das tolle Sprichwort als Trost:

„VERSUCH MACHT KLUG!"

Und schon ist die Welt wieder ein schöner Ort. Du könntest aber auch wieder den Bauern fragen, der würde dir dann noch ein Geheimnis verraten.

Wenn Du zehn Sonnenblumenkerne in eine Reihe pflanzt, werden vielleicht drei davon erst gar nicht aufgehen. Drei weitere werden von den Vögeln aus der Erde gepickt und gefressen. Die letzten vier Kerne schaffen es bis zur vollen Entfaltung in Richtung Sonne.

Was heißt das für dich? Es bedeutet, dass Du vielleicht viele Anläufe nehmen musst und mehrere Hebel für dein Unternehmen in Bewegung setzen musst. Tue alles, was Du tun kannst und dann warte ab. Lass los. Wenn Du tief in dir fühlst, was dich erfüllt und Du mutig bist und die Anstrengung nicht scheust, alles dafür zu tun, dann wird die Zeit der Ernte kommen. Allerdings erst, wenn der richtige Zeitpunkt da ist.

Jedes Wachstum braucht seine Zeit, so ist es von der Natur vorgesehen.

Schau dir den Baum an. Er wächst langsam und die Natur hat dafür gesorgt, dass er seine Wurzeln tief in das Erdreich stecken kann. Je höher der Baum wächst, desto dicker und stärker sind seine Wurzeln im Erdreich verankert. Wenn der Baum einen Verstand besitzen würde, dann könnte er auf die Idee kommen, den mühsamen Prozess mit den Wurzeln einfach zu lassen, um nur rascher nach oben zu wachsen. Das würde vielleicht schneller gehen, allerdings würde der erste Windstoß ihn umschmeißen.

Viele wollen den schnellen Weg nach oben und wundern sich, wenn der erste Windstoß des Lebens sie umwirft.

## Das Haus des Lebens

Ich habe einmal eine kleine Geschichte von einem alten Mann gehört, der durch ein Dorf kam und ein brennendes Haus sah. Das Dach war schon teilweise eingestürzt und es regnete. Da sah der alte Mann durch das halb eingestürzte Dach in der Mitte des Hauses einen jungen Mann sitzen.

Der alte Mann rief den jungen Mann mit den Worten: „Komm schnell heraus, es brennt und das ganze Haus wird bestimmt bald einstürzen." Daraufhin schaute der junge Mann zu dem älteren auf und sagte:

„Nein, ich kann nicht herauskommen. Draußen regnet es und ich bin erkältet. Meine Mutter hat mir immer gesagt, ich soll bei einer Erkältung im warmen Haus bleiben."

Stell dir das mal vor! Da brennt „das Haus" und er bleibt sitzen, weil seine Mutter ihm beigebracht hat, bei einer Erkältung zu Hause zu bleiben.

Vielleicht sitzt Du ja auch in einem brennenden Haus, spürst, wie es immer heißer wird und glaubst, dass Du dort bleiben musst, weil das Leben für dich nichts Gutes bereithält. Aber vielleicht solltest Du mal hinausgehen und dich umschauen, was das Leben dir so bietet. Und wenn dein altes Haus niedergebrannt ist, dann baust Du dir ein neues, ein stabileres und schöneres Haus, mit vielen Räumen in deinem Herzen.

Jeder Statiker und Architekt weiß, dass ein neues Haus zuerst ein stabiles Fundament bekommen muss, auf dem dann aufgebaut wird. Und genau so ist es mit deinem Leben.

Du kannst dein Leben so gestalten, wie Du es dir im Herzen wünschst.

Allerdings leben die meisten hier nach dem Slogan: Das Leben ist eine Instantsuppe. Deckel auf, heißes Wasser drüber, nach fünf Minuten fertig.

Aber die Suppe schmeckt künstlich, nicht natürlich und es entspricht nicht deinem wahren Leben. Geh zurück an den Anfang und beginne von vorne, anstatt den ganzen alten Ballast deiner Gedanken und Konditionierungen mitzuschleppen.

Buddha hat dazu gesagt: „Wenn du dich verlaufen hast, gehe zurück an den Anfang der Quelle." Ja, das ist gut. Wenn Du dich verlaufen hast, ist es auch gut, zum Ausgangspunkt zurückzugehen. Zurück zu dir.

Wenn Du damit beginnst, eine Jacke mit dem falschen Knopf zuzuknöpfen, werden alle Knöpfe falsch sein und am Ende ist die Jacke schief. Also, was musst Du tun? Richtig, Du musst alle Knöpfe wieder öffnen und von vorne beginnen. Mit dem ersten richtigen Knopf und dann weiter, bis die Jacke richtig zugeknöpft ist.

Was heißt das für dein Leben? Du musst zurück zum Ursprung deines Lebens, zu deinem wahren Selbst, zu der Quelle deiner Weisheit und Inspiration. Von hier aus kannst Du dein Leben beginnen und niemand muss dir sagen, wo es langgeht und was für dich richtig ist.

Du bist sozusagen in allem authentisch und entscheidest über dein Leben.

Das klingt doch gut, oder? Stellen sich nur die Fragen: Wie kommst Du dahin? Was brauchst Du dafür?

Was Du brauchst ist einfach zu beantworten und doch im Alltag schwer zu erreichen, weil der Verstand alles tut, um zu verhindern, dass wir uns selbst begegnen. Du brauchst Bewusstheit und Gegenwart. Doch schauen wir uns mal an, wie wir im Alltag so funktionieren und uns die klare Sicht auf das Leben versperren.

## Ursache – Wirkung

Die meisten Menschen erleben nur die Ursache. Also das, was mit ihnen geschieht. Sie glauben, das sei der Grund (Wirkung), warum jetzt alles so ist, wie es ist. Wer das glaubt, hat natürlich keinen Einfluss auf das, was wirklich geschieht.

Beispiel:

Heute erzählte mir eine Freundin, dass sie morgens aufgewacht ist und gute Laune hatte. Sie fühlte sich richtig gut. Eigentlich optimal. Allerdings war da schnell diese Stimme in ihrem Kopf, die sagte:

„Da kommt bestimmt gleich was, freu dich nicht so früh."

Mit der Erwartung, dass bestimmt noch etwas passieren wird, fuhr sie dann zur Arbeit. Kaum angekommen stellte sie fest, dass sie keinen Parkplatz fand. „Wusste ich's doch!" Sie fand die erste Bestätigung und dachte weiter: „Das fängt ja gut an, mal sehen, was noch so passiert." Sie hatte also ihre ganze Aufmerksamkeit auf das, was noch passieren kann, gerichtet.

Als sie das Büro betrat, kam eine genervte Kollegin und sagte wütend:

„Wird ja auch Zeit, dass du endlich kommst."

Jetzt fühlte sie sich erst recht bestätigt und glaubte, dass die Ursachen (kein Parkplatz; die genervte Kollegin) Gründe dafür waren, dass der Tag für sie nicht gut gelaufen ist. Dabei fing doch alles so gut an. Aber sie wusste ja, dass das nicht lange halten würde!

Das Ganze stellt sich allerdings bei näherer Betrachtung anders dar.

## Denken – Ursache – Wirkung

Am Anfang steht immer der Gedanke. Wir kriegen das nur meistens nicht mit. Die Stimme im Kopf arbeitet ununterbrochen. Sie urteilt, verurteilt, klagt an, treibt uns an. Dahinter steckt der tiefe Glaube, nicht gut genug zu sein oder das Gute nicht verdient zu haben.

Aber wer schaut da schon hin?

Alles, was auf dieser Welt geschaffen wurde, jeder Teller oder jedes Auto, wurde doch zuerst gedacht. Oder? Ich erinnere mich gerne noch an die ersten Folgen von Raumschiff Enterprise in schwarz/weiß. Da hatten alle so ein kleines Gerät dabei, den Kommunikator (Handy). Ein kleiner Kasten, etwa in der Größe einer Zigarettenschachtel, mit dem sich die Mitglieder der Crew unterhielten, wenn sie auf fremden Planeten waren.

Wer hätte damals gedacht, dass heute fast jeder so ein Ding in der Tasche hat und dass diese Dinger bei weitem mehr können, als damals bei Enterprise?

## Gedanken erschaffen die Realität!

Da wird einem doch schnell klar, wie wichtig es zu wissen ist, was jeder so denkt. Vor allem, was ich selber so denke. Denn wenn die Qualität meiner Gedanken mein Leben bestimmt, dann will ich da mitreden. Oder?

Stellt sich nur die Frage: Wie geht das?

Unser Verstand, das Gehirn, saugt ständig Informationen auf und arbeitet ununterbrochen Tag und Nacht, egal, ob Du schläfst oder wach bist. Wir hören ein Lied und singen es den ganzen Tag einfach weiter, weil es noch bei uns im Kopf ist. Selbst wenn Du schlafen willst, macht der Verstand weiter. Das kennst Du bestimmt auch.

Bei Liedern ist das nicht so tragisch. Wenn dein Verstand dich allerdings mit Sorgen quält oder mit den Gedanken an die Zukunft, ob alles klappt und Du erfolgreich sein wirst, ist das nicht mehr so lustig.

Du brauchst mehr Bewusstheit und Achtsamkeit um zu sehen, was in deinem Kopf so passiert.

## Du bist nicht dein Denken!

Denken läuft automatisch ab, den ganzen Tag lang und es bewegt sich in verschiedene Richtungen. Meistens zwischen Zukunft und Gegenwart.
Wir fühlen uns aufgrund unserer Gedanken so, wie wir uns fühlen und nicht wegen dem, was passiert.

Das bedeutet, dass es die Art und Weise ist, wie wir über Menschen, Dinge und Situationen denken. Es gibt nur einen Weg, da heraus zu kommen: Du musst Bewusstheit und Klarheit über dich und deine Gedanken erlangen.

Das Problem ist also nicht die Situation, sondern was Du darüber denkst.

Halte einfach mal einen Moment an und frage dich: Stimmt das, was ich denke, wirklich? Was erzählt mein Verstand mir gerade wieder für eine Geschichte? Könnte es auch andere Möglichkeiten geben?

Sei dir darüber im Klaren, Du bist nicht dein Denken. Denken läuft automatisch ab. Du kannst aber lernen, deine Gedanken zu beobachten.

Nimm dir einfach jetzt zwei Minuten Zeit und schließe deine Augen.

Gehe mit deiner Aufmerksamkeit ganz nach innen, zu deinem Atem.

Jetzt warte auf deinen nächsten Gedanken. Liege auf der Lauer, wie ein

Gedankenjäger; warte, bis er kommt, damit Du ihn fangen kannst.

Und? Was für ein Gedanke ist zu dir gekommen? Wahrscheinlich keiner. Bei den Meisten, mit denen ich diese Übung mache, kommt kein Gedanke.

Du warst der achtsame Beobachter und hast an der Tür zu deiner Pforte beobachtet, wann der Gedanke kommt.

Du kannst lernen, deine Gedanken wie ein Zuschauer im Kino zu beobachten. So, wie Du die Wolken am Himmel beobachten würdest.

Stell dir vor, die Gedanken sind die Wolken und der Himmel ist dein unendlicher Geist. Stell dir vor, Du bist wieder ein Kind und Du liegst im Gras und siehst, wie die Wolken (deine Gedanken) am Himmel vorbeiziehen.

Wenn Du die Übung mit geschlossenen Augen öfter machst, wirst Du feststellen, dass an einigen Tagen viele Wolken (Gedanken) unterwegs sind. Manchmal sogar düstere und schaurige Wolken. Aber davon bleibst Du völlig unberührt, Du schaust nur zu. An anderen Tagen wirst Du feststellen, dass kaum Wolken (Gedanken) am Himmel sind und Du genießt diese Klarheit, den freien Blick in den Himmel.

Mit der Zeit wirst Du feststellen, dass die Wolken immer weniger werden und der Himmel klarer. Dein Kopf wird klar und Du bekommst mit, was dein Verstand gerade macht.

Um bei dir das Ziel dieser Übung vertiefen zu können, stell dir die folgende Frage:

Wer ist es denn hier, der mich beobachtet?

Es ist dein wahres Selbst, was Du in Wirklichkeit bist. Frei von dem Einfluss der Gedanken. Stell dir vor, Du könntest alle Gedanken vorurteilsfrei ziehen lassen; wäre das nicht beruhigend?

Sobald wir uns mit unserem Denken identifizieren, ist es schon passiert.

Du fängst an, dir wegen der vielen Wolken Sorgen zu machen und überlegst, wie Du sie vertreiben kannst. Oder Du ärgerst dich, dass die Wolken dir die Sicht auf den Himmel versperren.

Du siehst! Genau da setzt dein denkender Verstand wieder ein und vertreibt dich aus der Gegenwart, mit Ärger und Sorgengedanken.

## Denken ist das Problem!

Denkst Du jeden Tag viele negative Gedanken, erlebst und fühlst Du viel Negatives?

Es geht leider sehr schleichend, so dass Du es kaum mitbekommst. Irgendwann stellst Du fest, dass Du ein sorgenvoller oder pessimistischer Mensch geworden bist. Deine Freunde sagen dann zum Beispiel:

„Mach dich locker, denk doch nicht immer so negativ." Es ist wie eine krankhafte Gewohnheit geworden, in allem etwas Schlechtes zu sehen.

Deshalb sind die meisten Schlagzeilen einer Zeitung negativ. Schau dir mal genau die Titel der Vorderseiten an.

Wenn Du deinen Verstand unter Kontrolle hast und dein Denken nutzbar machst, wenn Du es brauchst, dann ist alles in Ordnung und dein Leben funktioniert. Wenn dein Verstand allerdings die Kontrolle über dein Leben übernimmt, wird es schwierig werden.

Du bemerkst es erst dann, wenn Du etwas Falsches gemacht hast, wenn es schon zu spät ist. Dieser Prozess läuft schleichend und Du bekommst es gar nicht mit. Du fragst dich dann hinterher, wie das möglich war.

Wenn Du morgen früh wach würdest und zwanzig Kilo schwerer wärst, dann würdest Du laut aufschreien und sofort zum Arzt laufen mit den Worten: „Hilfe Herr Doktor, ich bin zu dick!" Du würdest sofort etwas unternehmen.

Allerdings läuft es nicht so plötzlich ab. Jedes Jahr zwei Kilo mehr, macht in fünf Jahren zehn Kilo. Genauso ist es mit dem Denken. Wir denken am Tag so um die 50.000 Gedanken. Es gibt auch Menschen, die auf das Dreifache kommen. Allerdings geht es hier um die Qualität und nicht um die Quantität unserer Gedanken.

## Das, was Du denkst, bestimmt dein Leben!
Wenn sich von den 50.000 Gedanken 40.000 mit Sorgen, Ärger, Angst, Unsicherheit und vielen anderen negativen Dingen beschäftigen, sieht es nicht mehr so gut aus. Das muss dein Verstand erst einmal alles verdauen.

Negative Gedanken sind wie faule Eier. Wenn Du faule Eier essen würdest, hättest Du Durchfall und würdest dich vergiften. Jetzt denkst Du bestimmt: „Ich bin doch nicht blöd und esse faule Eier."

Bestimmt tust Du das nicht. Aber sich jeden Tag mit negativen Gedanken (faulen Eiern) zu beschäftigen, hat auf Dauer dieselbe Wirkung. Wir vergiften unser Denken, unseren Geist und irgendwann fühlt sich der Mensch minderwertig, ungeliebt, zu dumm, zu blöd, also auch hilflos, unglücklich, traurig, einsam usw. Er fühlt sich einfach krank im Hirn und im Körper.

Er landet dann vielleicht in der geschlossenen Anstalt oder beim Psychiater. Doch das Problem sind die faulen Eier! Und wenn er damit statt zum Psychiater ins Krankenhaus geht, wird man ihm sofort einen Einlauf verpassen und ihm den Magen auspumpen, damit all die faulen Eier aus ihm herauskommen. Das ist mit Sicherheit der bessere Weg. Die schlechten Eier kommen heraus und in Zukunft werden nur frische Eier, die von glücklichen Hühnern gelegt wurden, gegessen, also Bio Eier.

Es ist die Qualität, die den Unterschied macht. Je natürlicher, desto besser.

## 3. Sei Du die Veränderung – Veränderung ist möglich!

### Zukunft – Vergangenheit – Gegenwart

Das Leben der meisten Menschen findet in der Zukunft oder in der Gegenwart statt!

Ich habe mal gehört, dass die meisten Menschen mit ihren Gedanken zu 40% in der Zukunft und zu 40% in der Vergangenheit leben, dazwischen sind immerhin 20% Prozent Gegenwart. Hierzu möchte ich dir im Verlauf dieses Buches anhand einiger Beispiele verdeutlichen, wie das abläuft. Ich möchte dir Möglichkeiten aufzeigen, wie Du diesen Kreislauf durchbrichst und mehr Ruhe und Frieden findest.

Doch jetzt mal zu der Bewegung unserer Gedanken.

Was bedeutet das genau?

Vierzig Prozent Zukunft heißt, dass wir diesen Teil mit z. B. folgenden Gedanken füllen: *Wenn ich die Prüfung geschafft habe; die Stelle bekommen habe; den richtigen Partner gefunden habe; 10.000 Euro auf der hohen Kante habe; das Haus abbezahlt habe; die Kinder groß habe; zehn Kilo abgenommen habe; usw., dann werde ich glücklich sein, bzw., dann fängt mein Leben an.*

Das heißt also, dein Leben beginnt in der Zukunft? Schau in dich hinein und siehe, ob das so ist! Wie viele dieser Gedanken hast Du in deinem Leben? Und wann findet denn dein Leben nach deiner Einteilung statt?

Ist es denn nicht so, dass Du eine Sorge weniger hast, sobald Du ein Ziel erreicht hast? Du kannst dich dann kurz entspannen und freuen? Einen, Tag, eine Woche oder einen Monat? Und kurz danach hast Du die nächste Sorge (Ziel) am Hals. Damit kommen wir zu den wichtigen Erkenntnissen der Zukunftsgedanken und zwar, dass es immer um weitere Sorgen geht. Du denkst den ganzen Tag daran, ob alles gut geht und Du es schaffst. Dein Verstand beschäftigt sich die ganze Zeit damit. Manchmal sogar bis tief in die Nacht. Du kannst nicht schlafen, es quält dich und Du kannst diese Maschine (deinen Kopf) nicht abstellen.

Dein Verstand spielt ständig Situationen durch, die dich in Unruhe und Angst versetzen. Er erzeugt Bilder mit Horrorvisionen, was alles in der Zukunft schiefgehen könnte. Diese Visionen sind sehr real, Du siehst es und Du fühlst es. Dann geht der nächste Film los. Du willst das auf keinen Fall in der Zukunft erleben und bekommst Ängste, die deinen Schlaf alles andere als unterstützen. Jetzt fängt dein Kopf an, die Gegenmaßnahmen durchzuspielen, auf der Basis von Angst vor gerade erlebten Zukunftsgedanken. Und ehe Du dich versiehst, ist die Nacht rum. Du bist erschöpft, geschlaucht und fühlst dich, als wenn Du die ganze Nacht gekämpft hättest.

Na ja, immerhin stimmt das mit dem *gekämpft*. Du hast die halbe oder ganze Nacht gekämpft, nämlich nur mit dir und der Zukunft, ansonsten war ja niemand da.

Jetzt kann es sein, dass Du auch noch wütend oder ärgerlich auf dich selbst wirst, weil Du es nicht geschafft hast, diesen Wahnsinn abzustellen und zur Ruhe zu kommen. Siehst Du! Schon haben wir das nächste Problem!

Du stellst dir vor, wie Du dich in der nächsten Nacht unruhig umherwirfst und nicht schlafen kannst. Du erlebst es wieder und wieder, mit allen Gefühlen und Bildern, obwohl es ja noch gar nicht stattfindet.

Du machst dir den Film so gut, dass Du es dann auch noch glaubst. Das hat zur Folge, dass Du die nächsten Nächte oder Tage weiterhin mit den Sorgengedanken beschäftigt bist.

Tolles Konzept, oder?

Der Verstand erschafft sich alle Probleme und Sorgen selbst. Wenn Du dann voller Sorgen bist, will dein Verstand auch noch eine Lösung mit dir über das selbst erschaffene Problem suchen.

Jetzt kannst Du dir vielleicht auch vorstellen, warum viele Menschen in ständiger Angst und Sorge leben. Sie verschwenden mindestens 40% ihres Lebens damit, Zukunftsängste zu produzieren. Sie bereiten sich ständig auf die selbst konstruierten Gefahren in der Zukunft vor, während das Leben **jetzt** stattfindet.

Denke bitte über Folgendes nach: Du machst dir Sorgen, dass etwas Bestimmtes in deinem Leben passieren könnte und *das* raubt Dir deine Energie. Du hoffst und bangst, dass es nicht eintritt. Das ganze vielleicht ein Jahr lang. Nehmen wir mal an, es passiert dann wirklich. Was sagst Du dann? *Hab ich es doch gewusst!*

Nehmen wir an, es trifft nicht ein! Was sagst Du dann? *Glück gehabt!*

Schau mal, da hast Du dir ein ganzes Jahr lang einen Film gemacht, der dich gequält und dir deine Kraft geraubt hat, aber im Grunde kannst Du gar nicht wissen was passiert. Ich habe mal dazu eine schöne Zeile gelesen:

*„Nimm Dir jeden Tag eine halbe Stunde Zeit für Deine Sorgen und mach in dieser Zeit ein Schläfchen."*

Jetzt kommen die 40% Vergangenheit, die in den Köpfen der Menschen ablaufen und die sie als unnötigen Ballast mit sich herumtragen. Es sind Gedanken wie z. B.: *Hätte ich doch bloß damals... diesen Mann nicht geheiratet; andere Eltern gehabt; eine bessere Ausbildung, einen Schulabschluss gemacht; mehr Geld gespart; mich gewehrt;*

*dieses Haus nicht gekauft; andere Kinder gehabt; diese Krankheit oder Beeinträchtigung nicht bekommen; und was sonst noch...*

Mit solchen und ähnlichen Gedanken beschäftigt dein Verstand 40% deines Lebens.

Bestimmt kennst Du einige Menschen, meistens ältere, die noch in der Vergangenheit leben. Diese Menschen machen Aussagen wie, *früher war alles besser*. Oder sie erzählen immer wieder, was der Nachbar vor vielen Jahren Schlimmes gemacht hat. Sie erinnern sich an das, was damals Schlimmes passiert ist, dass sie jetzt noch darunter leiden usw...

Tja, Du siehst, es gibt auch hier Extreme, wo Menschen zu viel Vergangenheit oder zu viel Zukunft in ihrem Verstand besitzen.

So, jetzt aber zu den anderen 20%, der Gegenwart.

Natürlich erlebt der normale Mensch auch am Tage Phasen der Gegenwart. Wenn er z. B. mit etwas beschäftigt ist, was seine gesamte Aufmerksamkeit in Anspruch nimmt, wenn er in seinem Körper und Geist total anwesend ist (präsent).

Was heißt das denn nun, dieses Wort Gegenwart und Sein?

Es heißt nichts weiter, als mit dem, was Du gerade tust oder fühlst, ganz da zu sein. Jetzt denkst Du vielleicht: *Aber das bin ich doch!*

Ja, so 20 % des Tages, aber die meiste Zeit bist Du zwar körperlich hier, aber doch mit deinen Gedanken woanders.

Mach doch mal selber einen Test, den ich auch früher immer wieder ausprobiert habe. Nimm dein Handy und setz dir einen Wecker, der alle 60 Minuten klingelt. Wenn es dann klingelt, frage dich, was Du gerade denkst, ob Du wirklich ganz da bist; schau, was Du tust. Wenn Du im Auto sitzt, dann fühle deinen Atem, das Lenkrad in deiner Hand, rieche den Duft, der gerade da ist, mach dich ganz gegenwärtig.

Wenn Du diese Übung beginnst, wirst Du am Anfang mit Schrecken feststellen, dass Du ständig in Gedanken woanders bist. Und wenn Du weiter prüfst, wirst Du bemerken, dass deine Gedanken in der Zukunft oder in der Vergangenheit hängen.

Bei mir war das so, dass ich einmal mein Geschirr spülte, als mein Handy klingelte. Ich musste feststellen, dass ich daran dachte, was und wo ich heute Abend esse. Ich war zwar beim Spülen, aber meine Gedanken waren mit der Zukunft beschäftigt.

Jetzt denkst Du vielleicht, *das ist ja wohl nicht so schlimm*. Das stimmt ja auch. Aber nur, wenn es dir bewusst ist und Du die meiste Zeit in der Gegenwart verweilst.

Bei mir hat der Wecker zehn bis fünfzehn Mal geklingelt und es war jedes Mal so, als würde ich aus einer Trance erwachen; das fand ich schon sehr bedenklich.

Für mich war das der Beweis dafür, dass ich die meiste Zeit des Tages in Gedanken war. Und ich wollte endlich aufwachen für das, was mein Leben ist.

Keine Sorge, falls dein Verstand dir gerade sagt: *Das schaffst Du niemals! Er lügt.*

Anfangs ist es etwas schwierig, weil es deine volle Aufmerksamkeit braucht und Du vielleicht resignieren wirst. Vielmehr wird dein Verstand versuchen, dich davon abzulenken, damit Du wieder unter seine Kontrolle gerätst und weiterschläfst.

Viele Teilnehmer in meinen Seminaren beklagen sich, dass es so anstrengend sei und sie nicht wissen, wie das mit dem Aufwachen geht. Ich sage dann: „Wie machst Du es denn abends mit dem Einschlafen?"

Antwort: „Keine Ahnung, ich lege mich hin und schlafe einfach ein."

Meine Antwort: „Ja, genauso ist das auch mit dem Erwachen! Solange Du noch überlegst, wie Du wach sein kannst, bist Du ja am Denken, statt wach zu sein!"

Stell dir vor, Du würdest abends überlegen, wie Du morgens erwachen kannst. Du grübelst und denkst darüber nach, bis tief in die Nacht und schläfst dann vor Müdigkeit ein. Am nächsten Morgen erwachst Du mit einem Gähnen und streckst deine Glieder. Du fängst sofort an zu denken. Du überlegst, was Du jetzt alles machen musst: Frühstücken, Zähne putzen, deine Arbeit machen, die Kinder versorgen, usw. Ja, der Film startet mit dem ersten Augenaufschlag und Du rennst los.

Irgendwann zwischendurch fällt dir auf, dass Du das mit dem *Erwachen* verpasst hast. Es sind diese eintrainierten Gewohnheiten, die uns durch das Leben wie ein Roboter laufen lassen. Schau doch mal, wie dein Tag beginnt! Machst Du alles nach demselben Schema? Oder auch mal anders?

Nehmen wir mal an, dass Du die Augen aufmachst und über die Aufgaben des Tages nachdenkst. Du stehst auf und gehst ins Bad, um Zähne zu putzen. Dabei überlegst Du, was Du frühstücken sollst. Beim Frühstück überlegst Du, was Du auf der Arbeit alles wieder machen musst. Auf dem Weg zur Arbeit überlegst Du, was Du heute Abend oder am Wochenende machst. Auf dem Weg nach Hause denkst Du vielleicht über die Arbeit nach und über alles, was dich da genervt oder gestört hat. Diese Liste kann so unendlich weitergehen....

Na, merkst Du schon, was los ist? Du bist in Gedanken immer mit etwas anderem beschäftigt, weil dein Verstand die Gegenwart nicht haben will.

Du beamst dich sozusagen mit deinen Gedanken und Vorstellungen woanders hin, z. B. zum Wochenende oder in den Feierabend. Du weigerst dich, das anzunehmen, was gerade geschieht.

Weißt Du übrigens, warum das so ist?

Dein dich beherrschender und kontrollierender Verstand kann in der Gegenwart nicht überleben!

Schau doch mal: Den ganzen Tag schaltet dein Verstand auf Autopilot und Du machst alles vollautomatisch, während Du selbst gar nicht anwesend bist. Das ist, als wenn bei dir an der Haustüre jemand klingelt, Du machst auf und sagst, dass keiner zu Hause ist.

Bis der Wecker wieder am nächsten Morgen klingelt und Du erschrocken feststellst, dass Du erneut zur Arbeit musst.

Wie könnte das Ganze denn anders ablaufen, wenn Du es nicht automatisch machst, fragst Du dich vielleicht?

Du musst noch nicht einmal alles anders machen und deinen Ablauf verändern. Du brauchst im Grunde nur wirklich anwesend zu sein. Und das den ganzen Tag. Und damit Du nicht gleich überfordert bist, schlage ich vor, dass Du jeden Tag neu damit beginnst.

Dies ist mein Vorschlag für dich:

*Dein Wecker klingelt, Du öffnest deine Augen, fühlst deinen Körper und deine Atmung. Nimm wahr, wie Du langsam erwachst. Entscheide dich bewusst, dir etwas Zeit dafür zu nehmen. Richte deine Gedanken liebevoll nach innen und bedanke dich dafür, dass es nicht die letzte Nacht war, nach der Du ohne Beschwerden erwacht bist. Bedanke dich beim Universum, bei Gott oder was immer Du glaubst... für die Fülle des Lebens und dass es immer für dich sorgt.*

*Jetzt steh' auf und geh' ins Bad. Schau in den Spiegel und sage dir: „Guten Morgen lieber/liebe..." Wie immer Du heißt!*

*Nimm deine Zahnbürste mal in die linke Hand, wenn Du Rechtshänder bist oder in die rechte, wenn Du Linkshänder bist. Fühle den Griff, schau genau hin und tue alles ganz bewusst. Schmecke die Zahnpasta und sei ganz wach dabei. Jede Tätigkeit kann mit deiner Anwesenheit erfüllt sein und Du wirst spüren, dass sich dein ganzer Tag anders anfühlt, wenn Du es **bewusst tust.***

Je nachdem, wie Du vorher gelebt hast und vielleicht immer noch lebst, wird es am Anfang schwer für dich sein, in der Gegenwart, im Jetzt, zu sein.

Gib nicht auf und versuche erneut, deine Aufmerksamkeit auf dein Leben und auf das ‚Jetzt' zu fokussieren. Du wirst merken, dass Du immer mehr Abstand zur Vergangenheit und zu der Zukunft erlangst. Du bekommst mehr Lebensinhalt und Energie!

## Das Leben hat seine eigenen Wecker

Vorhin habe ich dir die Übung mit dem Wecker vorgeschlagen.

Wusstest Du, dass das Leben auch öfter einen Wecker für dich stellt? Der klingelt dann, um dich zu wecken, wenn Du in der Unbewusstheit verweilst.

Allerdings ist dieser Wecker zunächst nicht immer so angenehm für dich.

Um genauer zu sein, es gibt im Leben sogar verschiedene Wecker. Es gibt leise und laute Wecker. Und für diejenigen, die den lauten nicht hören, gibt es auch eine Pauke.

Schauen wir uns doch die verschiedenen Wecker einmal an.

Da wäre zunächst einmal *der kleine Wecker*:
Du bist in deinen Gedanken, weil Du es eilig hast, wegzukommen. Allerdings will deine Partnerin noch, dass Du vorher die Spülmaschine ausräumst. Du wirst hektisch und beginnst schnell damit, während Du in Gedanken schon bei deinen Freunden bist. Du stellst dir vor, dass Du zu spät kommst und wirst unruhig.

(Du drehst gerade den Film mit dem Titel: *Ich komme zu spät zur Verabredung, weil meine Partnerin will, dass ich die Spülmaschine ausräume*). Jetzt ärgerst Du dich auch noch darüber. Dann passiert es! Ein Glas fällt mit einem lauten Knall zu Boden! (Der Lebenswecker klingelt) und Du erschreckst dich und wirst wach.

Gut. Wenn Du wirklich wach geworden bist, wirst Du langsamer machen und aufpassen. Du wirst das als Zeichen deiner Unachtsamkeit sehen und dadurch aufmerksamer.

Jetzt gehen wir mal davon aus, Du bist nicht wach geworden. Du fängst an, den nächsten Film zu drehen: *Meine Partnerin ist schuld, so ein Mist. Alles nur, weil sie mich so hetzt. Räum doch deine sch... Spülmaschine selbst aus!*

Ärger und Wut kochen in dir. Du greifst in der Hektik zum Handfeger, um die Glasscherben wegzuräumen. Dabei schneidest Du dich an einer Scherbe tief in die Hand.

Der größere Lebenswecker klingelt!

Wenn das laut genug war, ist dir spätestens jetzt klar, dass Du wach bist. Du hältst an, setzt dich hin und kommst durch den Schmerz ganz im Hier und Jetzt an. Übrigens ist Schmerz ein guter Lehrer, der uns immer in die Gegenwart zwingt, aber dazu kommen wir gleich. Dir wird bewusst, dass **Du** es bist, der diesen Film macht. Du durchschaust das Gedankenspiel deines Verstandes und wirst ruhiger.

So, jetzt kommt noch die Steigerung! Für die ganz Hartnäckigen, die immer noch nicht wach werden wollen! Das sieht dann z. B. so aus:

Du schneidest dich, explodierst vor Wut über das Geschehen und schmeißt die Scherbe an die Wand. Dann verbindest Du dir deine Hand, während Du in Gedanken die Spülmaschine, alle Gläser und Teller im Schrank aus dem Fenster wirfst und deine Partnerin hinterher. *Sie ist schließlich an allem schuld.*

Du rennst bestimmt nicht gut gelaunt aus dem Haus zu deiner Verabredung. Du bist immer noch in Gedanken voller Wut.

So lieber Leser. An dieser Stelle kommt der Paukenschlag in vielerlei Gestalt!

Es kann jetzt folgendermaßen weitergehen:

Du willst in dein Auto steigen und stellst fest, dass Du die Schlüssel in der Wohnung gelassen hast. Daraufhin rastest Du aus und...?

Trittst gegen den Wagen und brichst dir das Schienbein (großer Wecker! Paukenschlag!).

Wenn Du jetzt noch nicht sofort wach bist, dann hast Du ja nun Zeit, im Krankenhaus und zu Hause darüber nachzudenken.

Wir alle kennen solche Situationen und der große Paukenschlag kann auch noch schlimmer ausgehen. Du kannst dir bestimmt vorstellen, wie das sein kann.

Der Schmerz lehrt uns meistens, was in unserem Leben nicht in Ordnung ist. Könte es nicht so sein, dass er uns zeigen will, was an unserer Lebenshaltung/Einstellung nicht stimmt?

Ja, auch ich habe durch Schmerz umgelernt. Und das war wirklich hart, aber die richtige Dosis für mich, um für mein Leben zu erwachen.

Das Gute ist, wenn Du für dein Leben wach bist, hast Du die Wahl, freiwillig oder durch Schmerz zu lernen.

Du wohnst in deinem Körper. Also sei achtsam für seine Signale. Manchmal kneift er nur, um sich bemerkbar zu machen und dich in die Gegenwart zu holen. Denn dein Körper ist immer im Hier und Jetzt, auch wenn Du in Gedanken beim nächsten Weihnachtsfest bist.

Falls Du mir nicht glaubst, dann kneif dich sofort feste in den Arm... (Autsch)..., willkommen in der Gegenwart!

Das klingt vielleicht alles nicht so erfreulich, aber Du kannst dich ja jetzt entscheiden. Also stell' dir öfter einen Wecker, der dich aus deinem Traum aufweckt!

(Übrigens, als ich gerade diese Zeilen meiner Frau vorlese, höre ich, wie mein Verstand sagt: „Na ja, klingt alles ganz nett, aber ob das überhaupt jemand lesen will?" Ich sage zu ihm: „Interessant, vielen Dank, dass du mich vor der Peinlichkeit schützen willst, falls dieses Buch keiner haben will. Und wegen mir brauchst du es ja nicht zu lesen, also sei still!")

So, und schon ist die Sache erledigt! Einerseits will der Verstand etwas bewirken und mich schützen, nur seine Strategien sind sozusagen suboptimal. Es ist wichtig zu verstehen, dass Du deinen Verstand nicht ausschalten kannst. Allerdings kannst Du ihm sagen, dass er still sein soll. Du bist der Herr/die Frau im Haus und nicht er. Also achte darauf, welchen Film er gerade wieder dreht.

Aber dazu später mehr. Jetzt wollte ich dir noch ein Spiel vorstellen, welches der unbeaufsichtigte Verstand macht, um dich zu beschäftigen.

## Kein Problem in Sicht! Was Schlimmeres gibt es nicht!

Stimmt doch! Sobald Du glaubst, alle Probleme sind verschwunden, dauert es nicht lange und in deinen Gedanken baut sich ein neues auf. Der Verstand ist durch falsches Denken ein Weltmeister darin, Probleme zu konstruieren. Überleg mal, wann warst Du ganz frei von Problemen und Sorgen? Irgendetwas in deinem Leben scheint doch immer los zu sein.

Ich finde, Du solltest dir zunächst einmal das Wort (PRO) BLEM genau anschauen. Für mich bedeutet es übersetzt: FÜR (PRO) DAS LEBEN (BLEM). Sonst hieß es ja auch (ANTI) BLEM, oder? Das Wort Problem lässt schon direkt eine düstere Vision in unseren Köpfen erscheinen. Es gibt ja auch Menschen, die sagen, dass Du tot bist, wenn Du kein Problem mehr hast. Tolle Aussichten! Oder? Nur weil alle Probleme haben und sich den ganzen Tag damit herumschlagen, musst Du doch nicht mitmachen!

Andere Menschen sagen, dass Du Probleme brauchst, um zu wachsen. Auch das stimmt im Prinzip. Nur dass die meisten Menschen unter dem Wort Problem einfach nur Anstrengungen und Schwierigkeiten sehen. Deshalb schlage ich dir vor, das Wort PROBLEM durch ein anderes Wort zu ersetzen:

*– PROJEKTE –*

Stell dir vor, dass es das Wort Problem nicht mehr gibt und Du stattdessen das Wort Projekt verwendest. Du hast also ab jetzt ein oder mehrere Projekte. Das klingt doch schon ganz anders, oder? Mit dem Wort Projekte verbinden wir doch gleich etwas, was machbar ist und wo Du konstruktiv herangehen kannst.

Ja, es stimmt. Das Leben gibt dir immer wieder neue Projekte, an denen Du wachsen kannst. Zumindest sofern Du sie auch als deine Projekte erkennen kannst und Du nicht in den Projekten anderer Personen verstrickt bist.

Die Anderen haben auch viele Projekte und wenn Du sie zu deinen machst, dann bist Du verstrickt und verlierst die Übersicht.

Ich sage dir mal, wie *ich* das gemacht habe und auch immer noch so handhabe. Bevor ich mich einmische, stelle ich mir drei Fragen:

– Ist es meine Angelegenheit?

– Ist es seine/ihre Angelegenheit?

– Ist es Gottes Angelegenheit?

Sollte sich herausstellen, dass es nicht meine, sondern die Angelegenheit der Anderen ist, halte ich mich einfach heraus und mache es nicht zu meinem Projekt. Sich ständig ein Problem zu konstruieren, wo im Grunde gar keines ist, genau das ist eine der Lieblingsbeschäftigungen des Verstandes. Er schafft es, dich immer wieder unglücklich zu machen. Selbst wenn Du dich auf etwas freust, wird er dir das am Ende versalzen.

Das, worüber Du heute das größte Glück empfindest, kann im nächsten Monat, oder in einem Jahr, dein größtes Leid sein.

Glaubst Du nicht? Pass auf, das kennst Du bestimmt.

Eine Katastrophe auf vier Rädern (stellvertretend für andere):

Du sparst für ein tolles Auto einer bestimmten Marke. Du träumst von diesem Wagen und erzählst all deinen Freunden und Bekannten davon. Überall auf der Straße, wo Du diesen Wagen siehst, bleibst Du stehen und bewunderst ihn. Bis hierher ist das ein normaler Vorgang: Ein Wunsch konstruiert sich. Die Menschen glauben, dass es sie glücklich machen wird, wenn sich der Wunsch erfüllt.

Aber jetzt schau, was passiert.

Endlich ist der große Tag gekommen und dein Wunschauto wird geliefert. Du hast die ganze Nacht wach gelegen und dir vorgestellt, wie glücklich Du sein wirst und wie deine Freunde gucken werden und erst die Nachbarn! Als Steigerung des Ganzen hast Du dir ja auch noch vorgestellt, wie Du mit dieser tollen Frau einen Ausflug in deinem Wagen machst und sie dich (das Auto) toll finden wird. Das und viele andere Dinge hat dein Verstand dir ausgemalt während deiner Wartezeit und alles in die schönsten Vorstellungen verpackt. Du bist dir sicher, dass Du für immer glücklich sein wirst, sobald das Auto da ist.

Du ahnst es bestimmt schon, oder?

Also gut: Besagter Wagen wird geliefert. Und Tatsache! Du freust dich wirklich und deine Freunde bewundern ihn, die Frau auch noch und, na ja, der ein oder andere Nachbar wirft auch mal einen neidischen Blick darauf. Ein tolles Gefühl! Endlich geschafft! Endlich erreicht! Ist das nicht wunderbar?

Zeit für eine Spritztour mit der besagten Frau. Auf dem Weg dahin fängt der Wagen an, komische Geräusche zu machen. Du (bzw. dein Verstand) beginnst sofort damit, dir Sorgen zu machen. Du stellst dir alles Mögliche vor, was der Wagen haben könnte und dass Du die Verabredung zur Spritztour absagen musst. Du fährst sofort in die Werkstatt, wo dich alle freundlich begrüßen und dir versprechen, dass das Problem unverzüglich behoben wird. Du sitzt da und wartest. Es dauert und Du wirst langsam wegen der Verabredung nervös. Der Werkstattmeister erscheint und teilt dir mit, dass sie das Problem nicht finden können und der Wagen in der Werkstatt bleiben muss. Selbstverständlich bekommst Du einen Ersatzwagen gestellt. Der ist natürlich etwas kleiner und sieht ganz anders aus, aber das ist ja nur für kurze Zeit.

Tja, dumm gelaufen, so kannst Du auf keinen Fall zur Verabredung und sagst sie ab bzw. verschiebst sie. Dein Verstand setzt jetzt Gedanken über das neue Auto in Bewegung: *Neues Auto und schon kaputt, so ein Mist und blamiert habe ich mich auch noch, bei der Frau, und die Freunde haben blöde Bemerkungen gemacht, so ein Ärger. Wenn die das in der Werkstatt nicht bald geregelt kriegen, können sie die Sch.. Karre direkt dabehalten.*

So, Du siehst, der Grundstein für Unzufriedenheit ist in deinem Denken und Fühlen verankert. Aber keine Sorge, die Freude kehrt zurück. Der Werkstattmeister ruft persönlich am nächsten Morgen an und teilt dir voller Zuversicht mit, dass dieses Problem behoben ist. Es lag wohl an der Elektrik. Ein kleiner Fehler, man hat das Teil ausgetauscht und alles ist wieder gut. Na also, geht doch!

Du fährst zur Werkstatt und nimmst deinen Wagen in Empfang. Endlich!

Jetzt ist alles gut. Du fährst nach Hause und da ist es schon wieder! Dieses Geräusch! Dein Verstand setzt dich jetzt in Alarm! *Das darf doch nicht wahr sein! Sind die denn alle unfähig! Schei... Kiste! Na, denen werde ich was erzählen!*

Jetzt bist Du richtig gut gestimmt und fährst zurück in die Werkstatt. Alle sind voller Mitgefühl, können sich das gar nicht erklären. Du fragst dich, ob die vielleicht denken, dass Du zu blöd bist und dir das bloß einbildest. Das erzeugt Wut und Hilflosigkeit. (Das macht übrigens alles dein Denken, „deine enttäuschten Erwartungen"). Der Werkstattmeister schlägt vor, mit dir gemeinsam eine kleine Probefahrt zu machen, um das Geräusch zu hören.

Also, los geht's. Auf der Fahrt ist dieses Geräusch auf einmal verschwunden (Vorführeffekt). Der Meister bemerkt mit Nachsicht, dass es vielleicht irgendwas anderes war. Kann ja mal passieren.

Du glaubst Du spinnst, das gibt's nicht. Du bist jetzt auch noch total frustriert. Zuerst machst Du alle zur Schnecke und dann ist der Wagen in Ordnung. Peinlich, Peinlich!?

Kaum fährst Du nach Hause und was passiert? Ja, es ist wieder da und diesmal lauter als zuvor....

Wie es weitergeht kannst Du dir ja vorstellen. Das Auto landet noch ein paar Mal in der Werkstatt und ein Freund erzählt dir, dass er gehört hat, dieser Wagen sei sehr anfällig. Außerdem gibt es ja schon eine neue Version von dem Wagen. Mittlerweile bist Du mit dem Wagen nicht mehr glücklich. Du erzählst, es sei ein Montagsauto und Du hättest halt Pech gehabt. Du bist jetzt sehr empfindlich was diesen Wagen angeht, und jede noch so kleine Bemerkung deiner Freunde oder das kleinste Geräusch am Wagen bringen dich sofort in den Film: *Sch...Karre, ich wurde betrogen....* So, jetzt haben wir auch die Schuldigen, nämlich die Autohersteller und die Blödmänner von der Werkstatt. Du denkst dir: *Die werde ich jetzt verklagen, ich will mein Geld zurück, usw.*

Du siehst, es geht nicht mehr um die Freude am Wagen. Und das liegt nur daran, dass es sich anders entwickelt hat, als Du es erwartet hattest. Deine Erwartungen sind das Problem, denn wenn Erwartungen nicht erfüllt werden, dann bist Du enttäuscht.

## Erwartung = Ent – Täuscht

Deine Täuschung wurde aufgedeckt. Du hast dich die ganze Zeit, bevor Du den Wagen hattest, selbst mit den Vorstellungen getäuscht, wie es sein wird. Und am Ende wurdest Du ENT – TÄUSCHT.

Schau doch, was für ein blödes Spiel das ist. Die meisten Menschen machen sich große Vorstellungen von ihrem Urlaub, ihren zukünftigen Partnern, ihrem Arbeitsplatz, der Wohnung, wie das Leben sein soll usw....

Im Grunde ist das ja in Ordnung. Allerdings setzen die Meisten so viele Vorstellungen und Erwartungen hinein, dass sie furchtbar enttäuscht sind, wenn diese nicht so eintreffen (z.B. sind die Menschen von dem Job enttäuscht, vom Partner, vom Urlaub, von der Party, dem Geschenk....).

Und mal ehrlich. Wer erfüllt schon gerne Erwartungen?

Du denkst jetzt vielleicht: *Darf ich mich jetzt noch nicht mal mehr auf etwas freuen? Oder Erwartungen haben?*

Doch, das darfst Du. Allerdings sei achtsam, was dein Verstand aus den Dingen und Menschen macht. Welche Ansprüche er erhebt und welche Erwartungen er hat. Prüfe bewusst, ob das realistisch ist. Frage dich, ob Du diesen ganzen Gedankenkram, diese Erwartungen über diese Sache oder Person, nicht einfach lassen willst und stattdessen einfach im Jetzt verweilst und mit Gelassenheit den Dingen entgegensiehst? Ohne Forderungen und Erwartungen!

Der Mensch in deiner Nähe darf sein, wie er ist und muss nicht so werden, wie Du ihn haben willst. Das gibt dir und ihm mehr Freiheit zu SEIN. Die Dinge können sich so besser entwickeln, statt unter dem Druck von Erwartungen und Forderungen. Da hat selbst das Auto keine Lust drauf.

Setze deine Erwartungen nicht mehr so hoch. Schau dir die Gegenstände an, von denen Du glaubst, dass sie dich glücklich machen. Schau doch einfach mal in deine Umgebung. Wie viele Sachen, die Du dir angeschafft hast, halten heute noch das große Versprechen vom Glück in dir wie am Anfang?

Jetzt sagst Du vielleicht: *Ja, am Anfang ist es ja immer schöner und dann lässt es halt nach.* Was lässt denn nach? Hast Du dich das mal gefragt? Ist es wirklich immer die Sache, der Gegenstand, die einst geliebte Person? Ist es nicht einfach nur deine Vorstellung davon, wie alles optimal zu laufen hat, damit Du immer glücklich bist?

Mann und Frau versprechen sich, bei einer Heirat zusammenzubleiben bis der Tod sie scheidet. Ein Versprechen, welches eigentlich niemand wirklich erfüllen kann und schon gar nicht freiwillig. Da versprechen sich Menschen mit Papier und Siegel, dass sie einander immer lieben und achten werden usw... Das Ganze endet meistens damit, dass jeder dem anderen vorwirft, sein Versprechen nicht erfüllt zu haben. Die gegenseitigen Erwartungen sind damit auch nicht erfüllt.

Schau auf den Menschen einfach wie er ist! Und nicht wie er noch werden soll oder kann. Denn das ist die Lüge, die dich blendet.

Stell dir vor, Du bist mit einem Menschen zusammen, der dich ständig kritisiert und dir Sachen vorhält, die am Anfang der Beziehung kein Problem waren. Das heißt im Grunde, dass Du am Anfang der Beziehung mit einigen Fehlern einverstanden warst. Du glaubtest jedoch, diese später ändern zu können. Das funktioniert nicht! Auf keinen Fall!

Das ist, als würdest Du dir einen VW Golf kaufen, obwohl Du einen Jeep wolltest, und Du sagst dir: *Na ja, er sieht zwar noch wie ein Golf aus und fährt auch so, doch mit der Zeit wird er sich bestimmt noch so verändern, dass er zu einem Jeep wird.*

Nach einer Zeit stellst Du fest, der Golf fährt immer noch wie ein Golf. Und jetzt fängst Du an, den Wagen anzumeckern, weil er nicht so fährt wie ein Jeep. Ja, Du gehst sogar noch weiter und regst dich bei anderen darüber auf. Am Ende bringst Du den Wagen auf den Schrotthaufen oder tauschst ihn gegen ein neueres Modell ein, in der Hoffnung, der neue Golf wird es schaffen, dich glücklich zu machen.

Aber wie soll er das denn machen? Er ist halt nun mal ein Golf. Und egal, was er machen wird, er bleibt ein Golf. Du bist das Problem. Du hättest dir direkt den Jeep holen sollen, anstatt dich jahrelang mit dem falschen Modell zu beschäftigen.

So einen Blödsinn würdest Du bei einem Auto niemals machen. Oder? Allerdings in Bezug auf Menschen machen wir es ständig. Darum ist es so wichtig, im Leben Bewusstheit in uns zu erzeugen, damit wir klarer sehen können, wie die Dinge sind und was wir für unser Herz brauchen und was uns im Leben wichtig ist. Denn die Menschen und Dinge sind wie sie sind und nicht so, wie wir sie gerne hätten.

Das alles beruht nur auf deinen Vorstellungen und Erwartungen. Mach dir klar, dass alles, was jetzt, heute, in diesem Moment dein größtes Glück ist, in einem Tag, Monat oder Jahr dein größtes Leid sein kann.

Was ist denn eigentlich die Angst? Ich denke, dass die meisten Menschen so leben, als würde alles ewig so weiter gehen. Sie versuchen, ihr Glück krampfhaft festzuhalten...

Du erlebst, dass Menschen sterben. Du gehst zur Beerdigung und dann nach Hause. Du erlebst, wie andere von uns gehen. Aber Du denkst nicht daran, dass Du auch bald dran bist. Du lebst, als wenn der Tod eine Krankheit ist, die an dir vorübergeht. Und genau so sind viele Menschen. Sie versuchen immer mehr zu erreichen ohne einen Gedanken daran zu verschwenden, dass ihre Zeit kommen wird und dass all der Kram, den sie sich angeschafft haben, zurück bleibt. Frei nach dem Motto:

*„Das letzte Hemd hat keine Taschen. Dir gehört nichts, alles bleibt hier, doch Du wirst gehen. Deshalb sei dir bewusst, dass Du nur der Verwalter von all dem bist und nicht der Besitzer. Das Leben stellt dir all die schönen Dinge zur Verfügung. Doch Du besitzt sie nicht, sondern verwaltest sie nur."*

## Alles, was Du besitzt, besitzt irgendwann dich!

Dazu möchte ich dir noch eine kleine Geschichte erzählen, die ich einmal gehört habe.
*Ein König geht durch seinen Wald spazieren und sieht am Wegesrand einen alten Mann. Der alte Mann grüßt den König mit freundlichen Worten: „Ich grüße dich, guter Mann."*

*Der König sieht den Alten an und sagt: „Was erlaubst du dir? Weißt du nicht, wer ich bin? Ich bin ein König und mir gehören Paläste und Gold, tonnenweise! Ich besitze ganze Städte, ich bin ein reicher König."*

*Daraufhin schaut der Alte den König an und sagt: „Verzeihung, Herr König, du besitzt Gold und Ländereien und du musst dich um all das ständig kümmern, und alles bedarf deiner Aufmerksamkeit. Doch ich bin ein einfacher Mann. Ich besitze nicht viel, ich bin frei und darf all die schönen Geschenke des Lebens umsonst genießen und brauche mich um nichts zu kümmern."*

*„Was sollen das für Geschenke sein, die umsonst sind?", fragt der König.*

*Der alte Mann antwortet: „Die Sonne, die mich wärmt, der Mond, der jede Nacht sein Licht für mich spendet, die frische Luft, die ich atme, die Vögel, die jeden Morgen für mich ihr Lied singen, die Flüsse, deren Wasser ich trinke und in denen ich schwimmen kann, wann immer ich will. All das ist mein Reichtum. Was besitzt du also, was ich nicht habe?"*

*Darauf wusste der König keine Antwort und er wurde traurig, da ihm klar wurde, dass alles, was er besitzt, in Wirklichkeit ihn besitzt und vereinnahmt.*

Schau doch mal. Viele Menschen besitzen 100 Dinge, die ihre Aufmerksamkeit in Anspruch nehmen. Jeder Besitz braucht Pflege und Aufmerksamkeit von dir. Dein Auto, dein Motorrad, dein Haus, deine Kleider, dein Garten, deine Kinder, deine Frau, deine Arbeit, die Golfausrüstung, dein Fahrrad, der Wohnwagen, dein Hobby, der Computer usw... Alles will Aufmerksamkeit, sonst geht es irgendwann kaputt, wenn Du dich nicht kümmerst.

Das bedeutet nicht, dass Du dir jetzt nichts mehr anschaffen sollst. Du sollst dir nur darüber klar sein, wie viel Aufmerksamkeit und Zeit Du in diese Dinge investieren willst. Viele Leute schaffen sich immer weiter Sachen an und stellen dann fest, dass sie keine Zeit für die wirklich wichtigen Dinge im Leben mehr haben. Du bist dann so beschäftigt, dass Du es gar nicht mitbekommst, was eigentlich dein Leben ist. Vielleicht sagst Du dann Dinge wie:

*Ach ja, ich würde so gerne mal den ganzen Tag faulenzen! Aber ich muss meinen Wohnwagen aufräumen – mein Auto waschen – meinen Rasen mähen – zum Sport gehen – und, und, und... und irgendwie nimmt das alles kein Ende.*

Du hast so viele Aufgaben und Verpflichtungen, dass Du keine Zeit mehr für das SEIN hast. Du bist ständig im Tun und beschäftigt. Und wenn das SEIN anklopft und sagt: *Los komm ins Jetzt, genieße dein SEIN, sei einfach nur da, im HIER und JETZT,* haust Du lieber ab und suchst dir eine neue Beschäftigung. Weil Du Angst vor dem SEIN hast und vor dem, was passiert, wenn Du anhältst.

Wenn Du mir nicht glaubst, dann mach die Übung auf Seite 21 und schau was passiert.

## In dem Moment, wo Du bei dir ganz ankommst, kommt alles bei dir an

*(Dieser Satz ist bei mir gerade in diesem Augenblick angekommen.)*

Was bedeutet dieser Satz? Wenn Du ganz im HIER und JETZT ankommst, dann kommt alles bei dir an, was in dir steckt. Alle Vorlieben und Abneigungen. Du wirst mit allem konfrontiert, wovor Du im Alltag mit Ablenkung geflüchtet bist. Du fühlst und erlebst dich in totaler Verbindung zum Leben. Das kann ganz schön wild sein. Ich habe am Anfang gedacht, ich muss diese Energie verpulvern, damit sie in Bewegung kommt und mich wieder in Aktivität bringt. Ich war so voller Energie, dass einige Leute gesagt haben: „Das ist mir zu viel, komm mal wieder runter."

Dann habe ich verstanden. Ich sollte mein Licht herunterdrehen, damit die anderen es besser im Dunkeln haben. Nein, das wollte ich nicht mehr! Ich wollte mein Licht hell scheinen lassen, damit es für alle hell leuchtet.

Seitdem lebe ich aus der Stille in die Kraft hinein.

Heute kann ich mit der Energie sitzenbleiben und STILL SEIN. Die Energie ist irgendwie immer da und in Bewegung in mir, mit allem was ist.

Ich höre auf mein Herz, wenn es sagt: *Uwe tanz, hüpf und freu dich einfach*, dann mach ich das auch. Wenn es sagt: *Geh in die Stille, in deine Mitte*, dann mach ich das. Wenn es wütend oder traurig ist, dann auch gut. Ich lebe von/aus dem Herzen und das kann nur richtig sein.

Ich brauche keinen spirituellen Heiligenschein, wie viele andere. Viele Teilnehmer meiner Seminare sind überrascht, wenn sie mich sehen und erleben. Überrascht, dass ich keinen auf „heilig" oder „meditativ" mache, sondern frei heraus mit voller Kraft lebe. Das heißt, Du kannst mit mir gemeinsam meditieren, aber auch mit mir auf einer Feier auf den Tischen tanzen.

Ich lebe das Leben und mache keine Einschränkungen nach Vorschrift.

Ich lebe vielleicht genau wie Du und habe vielleicht sogar dieselben oder ähnliche Vorlieben, allerdings produziere ich die letzten 14 Jahre keine Dramen und Schmerzerfahrungen mehr. Das schreibe ich einfach meiner eigenen Klarheit und Bewusstheit zu. Ich bin ein Freund der Gegenwart und der Dankbarkeit und ich brauche kein Pendel und auch keine Karten, um in die Zukunft zu schauen.

Die Zukunft ist ungewiss und das ist gut so. Wenn Du anhältst und ankommst, dann weißt Du genau, was zu tun ist, um dein Leben in die Hand zu nehmen. Du erkennst und erfüllst deine Lebensaufgabe.

## Mut zur Veränderung

Nimm dich vor den Leuten in Acht, die behaupten, dass sie dir etwas geben können. Niemand kann dir etwas geben, alles ist schon in dir. Du musst nur mutig sein und nachschauen. Geh nach innen und lerne, dir zu vertrauen.

*Du hast die Antwort auf alle Fragen in dir!*

Du hast nur gelernt, auf die anderen zu hören. Schon als Kind wussten doch alle anderen besser, was für dich richtig ist. Und bedenke, dass all die gut gemeinten Ratschläge eben nur das sind, was sie sind: RAT – SCHLÄGE.

Schläge tun oft weh! Schau hin, welche Menschen dir etwas sagen.

Oft sprechen sie nur über ihre eigenen Ängste, wenn sie sagen, was dir alles passieren kann, wenn Du neue Wege gehst. Selbst wenn sie etwas Ähnliches durchgemacht haben wie Du und gescheitert sind, hat das nichts mit dir zu tun. Sag: *Danke für deinen Rat, aber ich glaube daran und ich werde dem Weg meines Herzens folgen.*

Wer auf dem Weg unversehrt bleiben will, der bleibe besser wo er ist.

Ich gehe meinen Weg mit Selbstvertrauen und genügend Weitblick nach vorne, um zu sehen, was als nächstes auf mich zukommt. Für mich bedeutet Mut nicht, auf Berge zu klettern oder Bungee-Jumping zu machen. Für mich ist wahrer Mut, mit offenem Herzen nach innen zu gehen. Zu fühlen, sich selbst zu erfahren und zu verändern oder herauszufinden, wer ich bin und mich genauso anzunehmen.

Meine Erfahrung ist, wenn ich gegenwärtig genug bin, muss ich mich doch sowieso nur um den nächsten Moment kümmern. Wenn ich mit meinem ganzen Wesen hier und jetzt bin, gibt es keine Probleme und alles ist für mich gut angelegt. Ich kümmere mich nur um den nächsten Schritt, ohne Gedanken an die Zukunft zu verschwenden. Somit habe ich einfach die Freude an der momentanen Tätigkeit.

Und weißt Du was? Ich muss mich zu nichts mehr zwingen. Es geht einfach so, leicht und locker, wie das Leben SEIN soll. Das ist ein tolles Gefühl.

*Du hast die Kraft der Veränderung in deiner Hand!*

Vielleicht denkst Du gerade: Ja, der hat es ja leichter als ich. Nein, das hatte ich nicht. Nur habe ich diesen Satz nach meiner Wende niemals mehr als Ausrede gegen mein Wachstum eingesetzt. Alles, was in meinem Leben ist, habe ich von Herzen angesteuert und es erreicht, weil es von Herzen gekommen ist und mir entspricht. Ich weiß nicht, was dir entspricht, doch bin ich mir sicher, dass Du es tief in dir drin weißt.

Es sind die verborgenen Sehnsüchte und Wünsche nach Freiheit und Glück, Liebe und Vertrauen. Ja, sorge dafür, dass Du es im Leben erschaffst. Niemand außer dir kann das. Mach es nicht von anderen abhängig. Warte nicht, bis sich die Menschen in deiner Umgebung oder die Umstände verändern.

## Sei Du die Veränderung, die Du dir wünschst!

Es ist nicht so einfach, eingefahrene Muster zu verändern und doch ist es möglich, wenn Du es willst. Zunächst einmal musst Du deine Aufmerksamkeit nach innen richten, auf deine alten Annahmen über dich.

Doch ACHTUNG! Sobald Du beschließt, ein Verhalten zu ändern, stößt Du im Außen auf Widerstand. Dein Wille wird sozusagen jetzt auf die Probe gestellt. Nehmen wir mal an, Du beschließt 10 Kg abzunehmen. Was glaubst Du, wird passieren? Wahrscheinlich wirst Du zu irgendwelchen Partys oder Feiern eingeladen oder deine Mutter schenkt dir einen Kuchen. Jede Veränderung wird immer auf eine harte Probe gestellt und das ganz besonders dann, wenn Du gerade anfangen willst.

Nehmen wir an, dass Du alle Einladungen absagst, damit Du nicht in Versuchung kommst. Du beschließt gleichzeitig, mit dem Rauchen aufzuhören und das Geld, welches Du sonst für Zigaretten ausgibst, jeden Tag in eine Dose zu tun. Zwei Wochen läuft es gut und Du hast immerhin schon 70 Euro gespart, die Du zur Bank bringen willst. Da passiert es! Deine geliebte Schwester besucht dich und hat deinen Lieblingskuchen dabei. Du denkst: „Na ja, dann tu ich ihr halt den Gefallen und esse mit."

Als sie wieder nach Hause fährt, gehst Du in die Küche und stellst die Waschmaschine an, die mit einem lauten Knall stehenbleibt. Du rufst einen Monteur, der nachschaut und dir offenbart, dass ein Schalter ausgetauscht werden muss. Und das kostet genau 70 Euro.

Du bist über den Tag, und dass alles schief gelaufen ist, frustriert. Du denkst: „Wie gewonnen, so zerronnen." Und machst dir aus lauter Frust eine Zigarette an, weil: Darauf kommt es ja jetzt auch nicht mehr an. Spätestens ab jetzt ist alles, was Du dir vorgenommen hast, wieder hinfällig.

Wir werden vom Leben aufgrund unserer alten Programme immer wieder überprüft. Was kannst Du also tun? Sei dir bewusst, dass Du immer auf Widerstand stoßen wirst. Also, wenn dann etwas kommt, was deine Bemühungen zunichtemachen will, bleib standhaft und gib nicht auf. Du wirst sehen, dass es mit der Zeit mit deiner wachsenden Aufmerksamkeit leichter wird.

In meinen Seminaren höre ich oft, was die anderen getan haben und dass sie sich ändern müssen. Dazu sage ich immer folgenden Satz:

*„Menschen lieben die Veränderung, allerdings lieben sie es nicht, verändert zu werden."*

Stimmt das so auch für dich?

Bestimmt hast Du schon versucht, Menschen in deiner Umgebung zu verändern und hattest wenig Erfolg damit. Außer Du hast ein paar Druckmittel angewendet, die immerhin manchmal wirken. Allerdings nur so lange du sie auch ausübst. Und irgendwann entfernt sich dieser Mensch von dir oder es wird dir zu anstrengend und Du gehst.

Weißt Du was? Es gibt ein gutes Rezept, um Veränderung bei Menschen zu bewirken.

*SEI DU DIE VERÄNDERUNG, DIE DU DIR WÜNSCHST!*

Du siehst, wir sind wieder bei dir angekommen. Du kannst von anderen nichts verlangen, was Du selbst nicht machen willst.

Als ich mit meinem alten Leben scheiterte, beschloss ich, meiner Berufung zu folgen und eine Firma mit Antigewalttraining und Konfliktlösung zu gründen. Obwohl mir die meisten Menschen in meiner Umgebung davon abrieten! Es gab viele Sätze wie: *Das hat doch keine Zukunft, damit kannst du kein Geld verdienen, usw.* Mir war aber klar, dass es das war, was ich wollte. Mir war auch klar, dass diese Aussagen nur die Ängste und Vorstellungen der anderen waren und dass ich es für mich selbst herausfinden musste.

Heute weiß ich, dass ich die richtige Entscheidung getroffen habe und meinem Herzen gefolgt bin. Diese Berufung hat mir das Leben, welches ich heute führe, ermöglicht. Ich kann mit meiner Erfahrung und Kraft die Teilnehmer in meinen Seminaren und Ausbildungen ermutigen und auf ihrem Weg unterstützen. Hör auf dein Herz, es kennt den Weg. Ich habe vor 10 Jahren ein Bild während meiner Meditation gesehen, welches voller schöner Gefühle und voller Kraft war: Ich war in Griechenland am Strand und schrieb dort Bücher. Ich hatte ein Haus und die Frau meines Herzens war auch dort mit einem Kind.

Gerade jetzt sitze ich genau an diesem Platz am Strand, habe vier Wochen Zeit und schreibe an diesem Buch. Was glaubst Du, wer neben mir sitzt? Genau, die Frau meines Herzens. Und was ist mit dem Haus? Das steht in der Nähe von Köln, wo ich auch wohne. Das Kind? Wenn die Zeit gekommen ist, wird sich auch das für mich und meine Frau erfüllen.

Ich wusste, seit ich diese Vision hatte, dass es eintreffen wird. Ich habe einfach darauf vertraut und mein Herz nicht mit Ängsten und falschen Bildern belastet. Ich vertraue dem Leben, dass es für mich sorgt und mich schützt. Wenn Du lernst, dem Leben zu vertrauen, wird das Leben dir helfen. Glaub mir, Du bekommst vom Leben, was Du brauchst, um glücklich zu sein. Es wird sich dir zeigen, wenn die Zeit gekommen ist. Bis dahin lege dein Leben nicht auf Eis, sondern lebe es mit aller Kraft.

Tritt ein in die Gegenwart und lass all die Einschränkungen, die dich hindern, einfach dort, wo sie hingehören. Lass alle Bedenken bei denen, die sie dir eingeredet haben.

## Dankbarkeit

Ich habe die Dankbarkeit erwähnt und möchte dir mitteilen, warum ich sie für die stärkste Kraft zur Erhaltung des Glückes im Leben halte.

Jeden Morgen, wenn ich erwache, danke ich dem Universum, dass es nicht die letzte Nacht war, nach der ich erwacht bin, frei von Schmerz und Leid. Ich setze mich jeden Morgen in die Stille, für mindestens eine Stunde. Danach nehme ich mein Tagebuch und schreibe meine Gedanken, Empfindungen und was ich Positives in meinem Leben habe auf. Da kommt soviel zusammen, wofür ich im Leben alles dankbar bin.

Es erfüllt mich mit unbeschreiblich viel Glückseligkeit und Freude und es gibt mir jeden Tag die Kraft, meine Berufung auszuführen und andere daran teilhaben zu lassen. Diese tägliche Übung ist die wichtigste in meinem Leben.

Ich glaube fest daran, dass es nicht das Glück ist, welches uns dankbar macht, sondern dass es die Dankbarkeit ist, die uns glücklich macht.

Du hast soviel in deinem Leben, wofür Du dankbar sein kannst. Und doch beklagst Du dich über das Wetter, deine Arbeit, deinen Partner, die Nachbarn und was sonst noch alles. Die Liste kannst Du unendlich weiterführen und Du wirst dich auf keinen Fall besser dadurch fühlen.

Das Klagen ist für viele schon zu einer festen Angewohnheit geworden. Sie merken erst, wie gut sie es haben/hatten, wenn sie krank werden oder wenn sie einen schweren Verlust erleiden. Vielleicht hast Du deinem Partner die letzten Jahre nicht mehr gesagt, wie dankbar Du bist, dass er an deiner Seite ist, für dich kocht, dir hilft und dich unterstützt. Plötzlich zieht er oder sie aus und Du verstehst die Welt nicht mehr.

Später wirst Du wach und dir wird bewusst, dass alles für dich selbstverständlich geworden ist und Du willst dich entschuldigen. Doch leider zu spät. Jemand anderes war aufmerksamer als Du und jetzt ist es vorbei. Es ist mit allem dasselbe. Wer vergisst, dankbar zu sein, der verhält sich undankbar. Das ist eine sehr unbewusste Haltung, die immer dazu führt, dass Du die Dinge und Menschen als selbstverständlich siehst.

Doch das sind sie nicht! Nichts und niemand will als Selbstverständlichkeit behandelt werden. Wenn an deinem Auto die rote Lampe angeht, fährst Du doch auch in die Werkstatt, oder? Stell dir vor, Du sagst dir dann: *Das ist ja wohl nicht wahr, das Auto soll gefälligst weiterfahren, das ist doch wohl selbstverständlich.* Dann fährt es noch ein wenig und plötzlich ist der Motor kaputt.

Was jetzt? Du ärgerst dich natürlich über das Auto! Und wenn die Menschen in deiner Umgebung rot leuchten, dann ärgerst Du dich eben über sie.

Später wird dir klar, dass Du dich dem Auto oder dem Menschen gegenüber dankbarer verhalten solltest, denn sie waren doch in den entscheidenden Momenten für dich da (wenn Du mal ganz ehrlich bist).

Es ist deine Haltung zu dem Leben und den Dingen um dich herum, die dich ausmacht und ein kleines Dankeschön hier und da wird dein Leben verschönern und das der anderen auch.

## Das Schöne im Leben sehen und wahrnehmen

Es ist von großer Bedeutung, auch das Schöne in unserem Leben zu erkennen. Denn in aller Tragik, die Du vielleicht in deinem Leben hast, gibt es immer noch viel Schönes um dich herum.

Du kannst lernen, dein Bewusstsein auf das Positive und Schöne in deinem Leben zu lenken. Besorge dir ein schönes Heft und schreibe dir ab sofort, am besten heute noch, an jedem Tag 3 positive Dinge auf, die Du erlebt hast. Das können Begegnungen sein, ein Gespräch, ein leckeres Eis oder auch ein Dankeschön an deinen Partner.

Ich empfehle diese Übung immer wieder in meinen Seminaren und Ausbildungen.

Am Anfang wirst Du feststellen, dass es dir vielleicht schwer fällt, drei Dinge zu finden. Aber wenn Du dabei bleibst, wirst Du nach ein paar Tagen feststellen, dass Du dich irgendwie viel fröhlicher und glücklicher fühlst.

Du lenkst dein Bewusstsein jetzt auf die guten Dinge im Leben. Die sind ja immer da, wir müssen nur wieder lernen, sie wahrzunehmen.

Vielleicht sagt dein Verstand: *Es gibt nichts Gutes in deinem Leben, die Welt ist ein schlechter Ort.* Dann bist Du wohl für dich und andere ein Pessimist. Oder Du bezeichnest dich als Realist. Dann hast Du wenigstens eine Ausrede, um die Übung nicht zu machen.

Wenn Du die Übung doch weiter machst, dann kommt jetzt Schritt Nummer zwei. Du machst dir eine Liste, wofür Du im Leben dankbar bist. Pack alles rein, was Du hast und kannst: deine Stereoanlage, das Besteck, dein Auto, deinen Partner, die Kinder, deine Arbeit, deine Kleidung, deine Ausbildung, Gesundheit usw.

Vielleicht wirst Du beim Aufschreiben deiner Kleidung oder des Besteckes merken, dass Du denkst: *Aber es ist doch nur ein Besteck oder Kleidung, ist doch selbstverständlich, hat doch jeder.* Genau das ist der Punkt, das hat **nicht** jeder. In Afrika oder in anderen armen Teilen unserer Erde gibt es unzählige Menschen, die keine Kleidung haben und auch kein Besteck im Schrank.

Ein weiser Mann, ich glaube aus dem Osten Deutschlands, hat einmal gesagt: „Die meisten Menschen auf der Welt wären froh, wenn es ihnen so schlecht ginge wie den Deutschen."

Denk mal über diese Aussage nach und dir wird vielleicht klar, wie viel Armut es auf dieser Welt gibt. Allein in Deutschland gibt es viele Menschen, die kein Dach über dem Kopf haben. Also übe Dankbarkeit, denn sie ist es, die dich glücklich macht.

Bleibt nur die Frage, wie es denn dazu kommt, dass wir so einen geschulten Blick für die schlechten und negativen Dinge im Leben haben?

Das ist auch ein Spiel deines Verstandes. Das Spiel heißt:
*Schau einfach immer nur auf das, was nicht gut ist oder nicht funktioniert!*

Das ist übrigens das perfekte Rezept, um immer unzufrieden mit sich und der Welt zu sein.

*Ein wunderschöner Tag heute,* sagst Du zu deinen Nachbarn.

Was glaubst Du, was garantiert kommt? *Ja, aber ich habe gehört, übermorgen soll es wieder regnen.*

Da freust Du dich, weil die Sonne scheint und der warme Wind deine Haut streichelt, und was passiert?

Du bist also in der Gegenwart angekommen und freust dich über das heutige warme Wetter. Und da kommt einer, der körperlich anwesend ist, aber sich geistig in der Zukunft befindet (also beim schlechten Wetter der nächsten Tage). Und er will dich gleich mit auf die geistige Reise zum nächsten Tag nehmen. Du gehst nach oben und erzählst deiner Mutter, dass bald wieder schlechtes Wetter sein wird. Jetzt seid ihr schon drei Personen, die das schöne Wetter nicht mehr genießen können. Und stell dir vor, deine Mutter ruft deine Schwester an und erzählt ihr davon und schon seid ihr zu viert und so weiter.

Da solltest Du sagen: *Bis übermorgen, da sehen wir uns dann beim schlechten Wetter, aber jetzt bleibe ich im Jetzt.*

Immer wenn Du dich über etwas freust oder richtig Spaß hast (was bei vielen Menschen ja nicht so oft vorkommt), dann kommt garantiert einer mit dem schönen Satz, den er als Kind eingeimpft bekommen hat: Freu dich ja nicht zu früh!

Wenn Du in Deutschland ein Gespräch suchst, dann beschwere dich über das Wetter oder fang an zu klagen und schon hast Du garantiert genug Leute, die mitmachen.

Das Gute einfach anzunehmen, ist für viele nicht so einfach. Es ist ja immer einer da, der mit erhobenem Zeigefinger warnt! Wie sollen da die Menschen einfach ihr Leben genießen? Also schau auf das, was jetzt ist und genieße und lebe den Moment. Verbau dir den Moment nicht mit Gedanken an die Zukunft oder Vergangenheit.

## 4. DIE LEBENSBÜHNE

### Deine Bühne

Du hast ein Problem (Projekt), welches Du in deinem Leben zu bearbeiten hast, damit Du im Leben weiterkommst. Stell dir vor, dein Leben findet als Theaterstück auf deiner Lebensbühne statt.

Wie würde das Stück mit der Arbeit wohl heißen? Vielleicht:

„Die Hoffnung stirbt zuletzt?"

Nennen wir es also doch einfach „DEIN LEBEN"!

Ja, das Stück ist DEIN LEBEN und nichts anderes. Und weißt Du was? Bis jetzt hat dein unbewusster Verstand das Stück produziert und Du warst darin nur der Statist (Opfer) und nicht der Hauptdarsteller. Aber ab jetzt oder spätestens, wenn es dir klar wird, wie Du all diesen Mist produziert hast, kannst Du anfangen, aufzuräumen und dein Stück zu einem guten Happy End bringen, in dem Du entscheidest und der Hauptdarsteller bist.

OK, jetzt stell dir vor, Du sitzt in der ersten Reihe und siehst dieses Stück aus deinem Leben, welches ich beschrieben habe. Bestimmt wirst Du eine Menge über dieses arme Würstchen zu lachen haben, das immer wieder denselben Fehler macht und sich am Ende wundert. Ja, lach ruhig, das nimmt dem Stück die Tragik.

Humor ist übrigens das beste Mittel, um dein Leben zu betrachten. Wenn Du aufwachst und all diese Stücke siehst, dann bitte nicht verzweifeln. Lach darüber und sag dir ruhig: „Man war ich blöd, das ist ja echt der Hit." Lach darüber, das meiste im Leben nehmen wir sowieso viel zu ernst. Du brauchst keine Ernsthaftigkeit, um im Leben klar zu kommen. Das sind alles Vorstellungen vom Erwachsensein.

Genug davon! Hör auf, über dein Leid und deine schweren Umstände zu klagen!

Wenn die Leute in meinen Seminaren streng und ernst mit sich und den anderen werden, sage ich gerne schon mal:

„SEI NICHT SO ERWACHSEN!"

Aber zurück zu deinem Bühnenstück. Du sitzt also da und lachst über diesen Menschen und fragst dich: „Wie blöd muss man denn da sein? Warum macht der denn immer denselben Fehler?"

Aber was ist denn immer wieder derselbe Fehler? Und wie funktioniert das?

Stell dir vor, dein Verstand ist der Produzent dieses Stückes. Er hat all die anderen Schauspieler, die dich in deinem Leben umgeben, engagiert. Diese hat er nämlich ausgesucht, damit sie dich in deinem Stück unterstützen und dafür sorgen, dass Du in der Rolle bleibst. Das bedeutet, dass all deine Freunde, Arbeitskollegen, Vorgesetzten, dein Partner, kurz gesagt alle, die um dich herum sind, die Du in deinem Leben angezogen hast, mit dir deine Lebensbühne gestalten.

Du musst das sehen und verstehen, um dein Leben zu verändern.

Stell dir vor, Du wärst ein Regisseur in einem Film, der alle passenden Schauspieler dazu engagiert. Der Film soll z. B. von einem Drama handeln. Die Hauptdarstellerin ist mit einem Mann unglücklich verheiratet, der sie immer klein macht und sie mit ihren Wünschen und Bedürfnissen überhaupt nicht ernst nimmt. Zusammen haben sie drei Kinder, die nur Stress machen und dafür sorgen, dass im Haus nie Ruhe herrscht.

Die Frau muss sich um alles sorgen, um die Kinder, den Haushalt, das Essen und alles, was eine Hausfrau und Mutter zu tun hat. Ihr Mann kommt abends von der Arbeit und lässt sich bedienen. Dann trinkt er ein Paar Bier und geht ins Bett.

Die Ehefrau hat sich schon bei ihrer Mutter beklagt und geschworen, ihren Mann zu verlassen. Daraufhin sagt die Mutter: „Das geht nicht! Denk an die Kinder, du trägst die Verantwortung. Sollen die Kinder ohne Vater aufwachsen? Du bist nie zufrieden. Was verlangst du denn noch alles vom Leben? Sei froh, dass du einen Mann und eine Familie hast."

Auch ihre beste Freundin sagt zu ihr: „Wie willst du das alleine schaffen? Das kannst du doch gar nicht."

Es entsteht das volle Angstprogramm.

Eines Tages trifft die besagte Frau einen Mann im Supermarkt, der liebevoll und freundlich zu ihr ist und der sich für sie interessiert.

In Kurzform, sie trennt sich von ihrem Mann, zieht mit den Kindern aus und alle sind froh. Und wenn sie nicht gestorben sind, dann.............

Wie im echten Leben geschehen diese Geschichten unzählige Male unzähligen Menschen.

Aber jetzt zu den Charakterrollen. Du brauchst ja die passende Besetzung für den Film. Da wäre das arme Opfer (die Frau), die immer nett und freundlich ist und sich nie durchsetzen kann. Der Täter (ihr Mann), der sie ständig unterdrückt, keine Liebe zeigt und sie in ihrem Opferprogramm hält. Die Mittäter (die Mutter), die ihr seit ihrer Kindheit ins Gewissen redet, sie solle ihre Pflicht tun. Deshalb fühlt sie sich schuldig, wenn sie das tut, was sie sich wünscht. Die Freundin, die ihre eigenen Ängste und Unsicherheiten auf sie überträgt, die sie auch immer klein macht und sie von jedem Wagnis abhält. Warum soll sie sich das trauen, wozu sie selbst keinen Mut hat?

Es ist wie im wahren Leben. Jeder dreht seinen Film und die anderen sind die Mitspieler, die wir zunächst unbewusst dazu einladen. Das tragische ist, dass wir zunächst nur Statisten sind und völlig machtlos in dem Stück zu sein scheinen. Das ist die Opferrolle. Das heißt: Du hast all diese Personen in dein Leben gezogen, damit sie dich in deinem Programm unterstützen.

Zum Beispiel wirst Du Menschen aussuchen, die dich immer beschuldigen oder dir die Schuld zuweisen, um dich in dem Glauben (in deiner Rolle) zu halten, dass Du immer schuld bist.

Damit Du in der Rolle „streng dich an" bleibst, wirst Du dir für diese Rolle einen Partner oder Chef aussuchen, der immer mehr von dir verlangen wird und für den Du niemals gut genug bist.

So lange jetzt alle ihre Rolle gut spielen, ist es in **ORDNUNG**. Doch wenn die Frau zum Beispiel sagt: „Nein, ich höre nicht mehr auf eure Worte, ich gehe meinen eigenen Weg", gibt es **UNORDNUNG**.

Immer, wenn sich einer entschließt, etwas Neues oder Anderes zu machen, dann müssen die Anderen sich auch ändern oder anpassen. Das hat zur Folge, dass es für die Anderen zunächst unbequem, ungewohnt wird. Jetzt steht die alte Ordnung auf. Es kann passieren, dass die Anderen so etwas sagen wie: „Was ist denn mit dir los? So kenne ich dich gar nicht." usw.

Du hast ja deren Ordnung durcheinander gebracht und darum wollen sie dich wieder dazu bringen, zurückzukommen und so wie früher zu sein, damit es für sie wieder passt. Und so kommt es, dass viele wieder zurück in den bekannten Mist gehen, anstatt in das unbekannte Glück. Ja, das Unbekannte macht Angst, da es ja unbekannt ist. Der alte Mist, den kennst Du, kannst ihn kalkulieren und für eine Zeitlang oder für immer aushalten.

Ich erlebe das immer wieder, dass Menschen in frustrierenden Lebensumständen verweilen, wo sie sich hilflos und als Opfer fühlen.

Stell dir vor, dass Du dir jetzt genau anschaust, in welchem Film Du gerade spielst. Du stellst fest, dass Du keine Lust mehr hast, die Nebenrolle zu spielen. Du entschließt dich, das Drehbuch zu ändern. Jetzt musst Du nicht nur ein paar alte Schauspieler entlassen, sondern auch den alten Hauptdarsteller, da Du die Hauptrolle ja selbst übernehmen wirst.

Kannst Du dir vorstellen, dass alle ganz schön protestieren werden? Die wollen doch ihre alte Rolle behalten! Vielleicht wirst Du weich und sagst: „Na gut, ihr dürft bleiben." Das führt dazu, dass alles bleibt, wie es ist. Oder Du sagst: „Nein, das ist mein Entschluss, so will ich es jetzt, und ich will meine eigenen Erfahrungen auf diesem Weg machen." Gut gemacht, kann ich dazu nur sagen.

Du siehst, jeder hat so ein Schauspiel mit seinem eigenen Titel im Leben.

Es gibt auch noch andere schöne Stücke, wie z. B. Liebe und Beziehung, Familie, Kinder, Einsamkeit, verlassen werden. Oder der Märtyrer, Fremdgänger, verraten und verkauft usw. Du siehst, der Stoff aus dem das Leben besteht, reicht aus, um die gesamte Menschheit für alle Zeiten damit zu „bestrahlen".

Da machen unsere TV-Sender gerne mit. Du sitzt vor der Glotze, schaust deine Serien und wunderst dich darüber, wie diese Autoren auf so tolle Ideen kommen und wo sie den ganzen Mist her haben? Was glaubst Du denn woher? Na richtig, von Menschen wie dir! Denn die schönsten und spannendsten Geschichten schreibt das Leben.

Beantworte dir mal in Ruhe folgende Fragen:

1. Was ist der Inhalt von deinem Film?

2. Wie würde er heißen, wenn Du ihm einen Namen geben würdest?

3. Spielst Du die Hauptrolle oder bist Du nur Statist?

4. Würde irgendjemand 10 Euro zahlen, um deinen Film im Kino zu sehen?

Falls Du entdecken solltest, dass Du nur ein Statist bist und dass die Hauptrollen an Andere vergeben sind und dein Film zu langweilig ist, dann ist die Zeit reif um loszulegen.

Übernimm die Hauptrolle, ändere das Drehbuch, entlasse ein paar Schauspieler und gib dem Film einen spannenden Inhalt.

Weißt Du übrigens, wie Du an diese ganzen Rollen gekommen bist, an die Du glaubst und nach denen Du lebst? Das waren deine Eltern, Familienmitglieder, Lehrer und andere Personen, die dir nahegestanden haben. Diese konntest Du dir leider nicht aussuchen.

Ihnen hast Du alles geglaubt. Wirklich alles, was Du gesehen, gehört, gerochen, geschmeckt und gefühlt hast.

Glaubst Du nicht?

Überleg mal, woher Du deinen Glauben über die Menschen, über das Leben hast und was man so im Leben zu tun hat.

Wenn Du jemand bist, der immer perfekt sein will und Angst hast, es würde etwas passieren, wenn Du dich nicht anstrengst. Wenn Du dir heute als erwachsene Frau oder erwachsener Mann ständig selbst Stress machst und nicht zur Ruhe kommst, weil dein Kopf nicht abschaltet und dir ständig sagt: *Tu das, tu jenes, streng dich an, sei perfekt usw.,* dann schau mal, wie deine Eltern waren! Vielleicht genauso?

Waren dein Vater und deine Mutter immer nur beschäftigt und kamen so gut wie nie zur Ruhe? Waren ihre Aussagen im Leben ähnlich wie diese: *Man muss etwas leisten, von nichts kommt nichts?* Und haben sich alle in deiner Familie so verhalten und sich gegenseitig angetrieben?

Bist Du jemand, der seine Gefühle nicht zeigen und keine Schwächen ertragen kann? Behandelst Du andere Menschen mit Härte und hast deswegen oft Streit und Ärger? Beschwert sich dein Partner, dass Du seine Gefühle nicht respektierst und andere Menschen dich als unnahbar betiteln.

Dann schau mal, wie dein Vater deine Mutter behandelt hat oder umgekehrt. Haben sie über Gefühle gesprochen? Hast Du deinen Vater oft weinen sehen, wenn er traurig war? Oder war dein Vater ein harter Kerl, der keine Schwäche gezeigt hat? Ein Vater, der dir gesagt hat, wenn Du traurig warst oder geweint hast, dass Du sofort damit aufhören sollst, denn Indianer weinen nicht und echte Männer schon mal gar nicht?

Schau mal, als Kind sind deine Eltern Götter, und Du glaubst ihnen alles, was sie sagen und tun. Woher sollst Du denn wissen, dass deine Eltern auch nur unbewusst leben und die meiste Zeit ein anderes Leben (das ihrer Eltern) nachleben oder nachgelebt haben. Ein Leben mit ein paar Ausnahmen und einigen Versuchen, es anders zu machen.

Unbewusst versuchen viele, die Erwartungen ihrer Eltern zu erfüllen (was selten gelingt). Sie strengen sich mit allem an, immer in der Hoffnung, dass sie endlich mal zu hören bekommen, wie gut sie ihr Leben auf die Reihe bekommen haben (was leider selten passiert).

Oder Du machst alles anders, als deine Eltern es dir sagen. Du widersetzt dich dem, was sie gerne von dir hätten und hältst immer dagegen. Wenn deine Eltern in deine Wohnung kommen und dir sagen: *Du solltest mehr Ordnung reinbringen!* Dann wirst Du wütend und sagst ihnen, *dass sie ja gehen können, wenn es ihnen nicht passt.* Ja, Du reagierst wie früher, mit der Energie der Jugend, die sich widersetzt, entzieht und eigene Wege gehen will.

In beiden Fällen bist Du noch ein Opfer und nicht erwachsen. Solange Du noch der Meinung bist, dass deine Eltern anders sein sollen als sie sind und dass sie dir etwas schulden und endlich einsehen sollen, dass Du ein tolles Kind bist, welches sein Leben voll im Griff hat, so lange heißt diese Lebensbühne für dich „Erwachen" und „Erwachsen werden", heraus aus dem Elternthema!

*Warum „Erwachsen werden"?* – fragst Du dich vielleicht. *„Das bin ich doch!"* Ja, nach Jahren vielleicht, aber Du lebst doch immer noch wie das Kind deiner Eltern und versuchst, deren Anerkennung zu bekommen oder im Gegenteil, dich zu widersetzen, um sie zu schocken.

Eine Teilnehmerin in meinen Seminaren erzählte mir, dass sie sich als Teenager die Haare grün gefärbt hat und immer das Gegenteil von dem gemacht hat, was ihre Eltern wollten. Später, als sie volljährig war, heiratete sie einen heimatlosen Musiker, um sich von ihrem Elternhaus zu lösen und mit ihm durch die Welt zu vagabundieren.

Damit widersetzte sie sich gegen ihren christlichen Vater, der immer sehr sittsam und fromm war. Zuhause schrie er alle an und schlug ihre Mutter. Im Grunde war die besagte Teilnehmerin der Symptomträger der Familie. Mit ihrem Verhalten widersetzte sie sich der Lüge, die der christliche Vater nach außen präsentiert hat.

Ja, die Kinder sind die Symptomträger der Familie! Mit einem Unterschied, der dich auch betrifft. Du bist heute kein Kind mehr! Wach aus deiner Verblendung auf und erkenne, welchen Film Du gerade drehst. Erst dann kannst Du aus der Opferrolle aussteigen und die Hauptrolle übernehmen.

## Rollen auf der Lebensbühne

Die meisten Menschen haben in ihrem Leben eine bis mehrere Rollen, die sie spielen. So eine Rolle läuft vollautomatisch ab, wie ein Computerprogramm.

Da gibt es verschiedene Programme, die Menschen in ihren Köpfen installiert haben und darauf ihr ganzes Verhalten und Leben aufbauen.

Z. B.: *Ich bin ein spiritueller Lehrer, ich bin ein Rechtsanwalt, ein Model, ein Ingenieur usw.*

Wir laufen mit diesen Programmen überall durch die Gegend und es ist unser persönliches Werbeprogramm.

Wir nehmen es überall mit hin, in den Urlaub, zur Party und zur Arbeit. *Ich bin geschieden, ich bin einer von den Musikern, ich bin auf dem spirituellen Pfad, ich wurde als Kind gehänselt usw.*

Es gibt tolle Rollen, wie im Theater oder im Film, die die meisten Menschen in ihrem Leben spielen. *Cool-Sein*: Eine besonders beliebte Rolle bei Kids und Jugendlichen.

Du holst dir ein paar Chucks und einen überweiten Kapuzenpulli, ein Käppi und am besten noch eine fette Goldkette, und schon bist Du verkleidet. Kannst sozusagen einen auf *cool* machen. Das Beste ist, wenn Du alle Verhaltensweisen und Bewegungen gut eingeübt hast, dann kaufen die Leute dir den Blödsinn sogar ab.

Die sagen dann: *„Man, ist der cool, so will ich auch sein."*

Oder die Rolle *„Ich bin elegant."* geht auch ganz einfach. Du gibst den größten Teil deines Geldes für schicke Sachen, Friseur und Kosmetika aus. Dann noch das richtige Verhalten eingeübt und schon glauben alle, Du wärst elegant, schön und erfolgreich.

Alle außer dir! Du glaubst es nur, solange Du auch eine BESTÄTIGUNG BEKOMMST UND DAVON BRAUCHST DU IMMER MEHR! Also musst Du die Latte immer höher ansetzen, noch mehr Kleider, noch coolere Sachen und damit spielst Du deine Rollen immer weiter. Du suchst dir dann den Job und die Freunde aus, die zu deiner Rolle passen und die dich toll finden.  Ja, das ganze Leben ist ein Theater, bis Du endlich merkst, was Du da machst.

Du sagst vielleicht: Ich bin Anwalt, ich brauche ein Haus in der richtigen Umgebung, welches zu einem Anwalt gehört. Außerdem die richtige Frau, schön und konservativ, die sich um die Kinder kümmert. Dann noch ein dickes Auto, welches zu einem Anwalt passt und schon lebst Du völlig in deiner Rolle. Ach ja, vielleicht hast Du dann auch noch eine Vorstellung von deinem Hobby im Programm für Anwälte.

Am besten spielt der Anwalt Golf. Dies sind alles Rollen und die Leute identifizieren sich damit und spielen das volle Programm durch, oft ihr ganzes Leben lang, ohne es zu merken.

Da passt die Aussage eines Teilnehmers in einem Seminar: *Eigentlich bin ich ganz anders, ich komm nur so selten dazu.*

Stell dir vor, Du hast das Programm: *Ich bin eine Ehefrau und mein Mann verlässt mich.* Dann weißt Du erst einmal gar nicht mehr, wer Du bist. Oder die Rolle *„Ich bin ein Friseur"* und Du bekommst eine Allergie und kannst deinen Beruf nicht mehr ausüben. Schon verlierst Du deine Identität.

Du weißt nicht mehr, wer Du ohne all deine Rollen und Funktionen bist. Darum sind wir auch ständig damit beschäftigt, neue Rollen und Funktionen zu übernehmen. Manche Leute haben so viele Rollen programmiert, dass sie keine Zeit mehr für ihr Leben und ihr SEIN haben.

Viele Menschen sind mit ihren Rollen so was von identifiziert, dass ihr wahres ICH kaum noch zu sehen ist. Ja, sie sehen sich selbst nicht mehr im Spiegel. Du schaust dann in den Spiegel und kritisierst dich nur noch damit, was alles besser sein könnte. Tief im Herzen bist Du dann ganz einsam, weil dir ja niemand mehr wirklich begegnet. Wie soll man denn auch einem Schauspieler begegnen oder jemandem, der selbst nicht mehr weiß, wer er eigentlich ist? Du bleibst also einsam, denn ein Schauspieler spielt halt nur eine Rolle und nicht sich selbst. Du siehst dich und dein Gegenüber nicht mehr richtig und klar.

Wenn Du einfach nur Du selbst bist, so wie Du bist, dann brauchst Du dich nicht zu verbessern. Denn es gibt im Grunde nichts zu verbessern. So, wie Du bist, ist alles gut. Alles, was Du dir zulegst, um besser anzukommen oder zu wirken, ist falsch. Alles, was Du dir an Verhalten antrainierst, damit alle dich eventuell toll finden, ist falsch. Es ist eine Lüge und es ist sehr anstrengend, eine Lüge aufrecht zu erhalten. So kannst Du dein ganzes Leben verbringen.

Finde heraus, wer Du wirklich bist und lebe deine Wahrheit, auch wenn sie manchmal für andere unbequem ist. Täusche andere nicht mit deiner Rolle und vor allem lass dich nicht täuschen von dem, was Du siehst. Du siehst eine Frau und glaubst, dass sie eine römische Göttin ist. Später stellst Du fest, dass es doch nur eine blöde Römerin war.

Lass dich nicht blenden, schau den Menschen in ihr Herz und nicht auf ihre Fassade. Fassaden werden wie Mauern zum Schutz errichtet. Wie eine Stadtmauer. Sie soll die Bewohner vor Angreifern und unerwünschten Besuchern schützen. Es ist die Angst tief im Herzen der Menschen, dass sie so, wie sie wirklich sind, nicht angenommen und geliebt werden. Dafür verschwenden sie ihr ganzes Leben.

Meine eigenen Rollen haben mich viel zu lange in meinem Leben beschäftigt und meine Energie gebraucht, bis ich endlich anhielt. Ich glaubte, ich muss stark sein, unterhaltsam, lustig, irgendwie besonders.

Das war eine wahnsinnig anstrengende Rolle, all das zu bedienen. Ich brauchte eine Menge Doping, um mich nicht zu spüren. Ich habe mich abgerackert, eine Firma eröffnet, die Leute als DJ unterhalten, alle motiviert, zu viel Training gemacht. Alles im Grunde nur, damit mich alle toll finden. Im Herzen war ich leer und ich war gar nicht mehr ich selbst. Da gab es ja neben den Rollen genug Doping, um sich abzulenken, z. B. Fernsehen, Alkohol, Kaffee, Drogen, Sport. Einfach von allem zu viel zu konsumieren, das hilft (leider nur) vorübergehend.

Ich lebte und machte ständig Dinge, die ich nicht wirklich wollte. Ich glaubte nur, dass ich damit angenommen werde und das konnte ja nicht funktionieren.

Heute, wo ich frei bin und der sein kann, der ich bin, ist es wie eine Erlösung. Da kehrt Ruhe und Frieden ein.

Schau mal, was deine Rolle ist! Bist Du wirklich glücklich? Kannst Du dich vor den Spiegel stellen und dich umarmen und ein paar liebevolle Worte zu dir sagen wie: „Ich bin liebenswert und schön, ich akzeptiere mich vollkommen so, wie ich bin. Ich habe Liebe und Freude in meinem Leben verdient, ich lebe meine Berufung, alles ist gut angelegt für mich in meiner Welt".

Wahrscheinlich werden die meisten, wenn sie sich im Spiegel sehen, sofort anfangen, sich unwohl zu fühlen. Spätestens nach dem ersten oder zweiten Satz wirst Du schreiend davonlaufen. Glaube mir, es sind nicht nur unattraktive und fülligere Menschen, bei denen das so ist, sondern genauso die Schönen, Erfolgreichen und Schlanken.

Du wirst dich fragen: Wie kann das denn sein? Da steht eine wunderschöne Frau oder ein Mann kritisch am Spiegel und hält sich selbst nicht für liebenswert?

Du hast doch geglaubt, dass diese schönen oder coolen Menschen bestimmt glücklich sein müssten. Das haben die auch geglaubt. Aber im Laufe der Maskerade stellen sie fest, dass alles nur Theater ist und die wahre Liebe zu sich selbst und zu anderen Personen nicht möglich ist, weil alle nur ihre Rollen spielen.

Ein Cooler muss dann natürlich eine coole Frau haben. Danach wird er schauen, denn sie muss ja in seine Rolle passen. Die Elegante und Schöne muss den Erfolgreichen und Eleganten finden, um die eigene Rolle weiter spielen zu können.

Gott sei Dank gibt es ja genug Schauspieler auf diesem Planeten, die die gleichen Interessen haben.

Da finden die sich dann und versuchen, ihre Rolle zu perfektionieren. Aber sie begegnen sich nicht im Herzen. Sie fangen an, sich gegenseitig zu kritisieren, wenn sie die Rolle nicht einhalten. Noch schlimmer ist es, wenn der andere entdeckt, dass Du gar nicht so cool bist oder so elegant und unnahbar. Jetzt wird die Sache gefährlich! Ihr seht, wie ihr wirklich seid, dass alles nur Fassade war. Und schon bröckelt alles dahin. Aber kein Problem, die Maske wieder aufsetzen und weitersuchen. Wie gesagt, es sind ja genug Schauspieler da.

Schau dir doch mal an, wenn sich z. B. die Leute von einer Versicherung oder Bank treffen! Hast Du dir die mal angeschaut? Die sind alle verkleidet und spielen eine Rolle. Da werden Anzüge getragen, große Reden gehalten und jeder tut so, als wäre er erfolgreich. Das wird dann noch durch Erfolgsbilanzen bewiesen und es wird dazu aufgerufen: *Im nächsten Jahr sind wir noch besser!*

Ja, indem sie Leuten wie dir noch mehr verkaufen!

Was soll der Anzug und das ganze Theater? Du sollst Respekt haben und natürlich sollst Du dem Mann mit der Krawatte vertrauen, denn schließlich sieht er ja erfolgreich aus. Einer wie er muss es ja wissen. Alles Theater! Stell dir vor, die würden dir die Wahrheit zeigen.

Vielleicht diese: Dass sie zu Hause eine nörgelnde Ehefrau haben und sich mit den Nachbarn streiten. Dazu kommt noch, dass der älteste Sohn drogenabhängig ist. Bei diesen Offenbarungen wäre es mit deinem Vertrauen vielleicht vorbei. Also wirst Du lieber von einem Schauspieler geblendet und glaubst das, was Du da siehst. Es ist eine Strategie, ein Image, das soll dich täuschen und dir ein bestimmtes Bild vermitteln.

Neulich war ich bei einem Freund zu Besuch, der gerade einen Beratungstermin hatte. Er wollte sein Geld anlegen und mehr daraus machen. Am Tisch saß ein sogenannter Vermögensberater, der genau zu wissen schien, wie man am besten zu Reichtum und Wohlstand kommt. Nachdem ich eine Weile zugehört hatte, stand ich auf und schaute aus dem Fenster. Ich sah einen kleinen alten Wagen mit der Aufschrift: „Firma …, wir machen mehr aus ihrem Geld!" Ich ging zum Tisch zurück und fragte, ob ihm das Auto vor dem Haus gehört. Der eifrige Berater sagte: „Ja, das gehört mir." Ich fragte, ob es ein Firmenwagen ist. Darauf er: „Nein, das wäre schön, aber das kann sich die Firma nicht erlauben, in dieser Zeit."

Ich dachte dann über diese Aussage nach und überlegte: Wie kann es denn sein, dass jemand mir erzählen will, wie ich vermögend werde, der selbst ein altes Auto fährt und dessen Firma sich nicht einmal den Luxus leisten kann, ihren Mitarbeitern einen schönen Wagen zur Verfügung zu stellen?

Am Ende des Gespräches war mein Freund von dem tollen Fachwissen und den Tipps begeistert. Ich teilte ihm dann noch mal zum Nachdenken meine Gedanken mit und er meinte daraufhin: „Stimmt, so habe ich es gar nicht gesehen. Die Worte und das Auftreten des Beraters haben mich viel zu sehr beeindruckt und überzeugt."

Du wirst mit tollen Fachausdrücken und scheinbarem Wissen überzeugt und vergisst dabei mal zu fragen, wie vermögend der Berater selbst ist. Wenn diese Leute es ja so genau wissen, dann müssten ja alle Bank- und Vermögensberater reich sein. Du kannst ja mal deinen Bankberater fragen. Vielleicht sagt er ja: „Nein, ich brauche keinen Reichtum, ich helfe lieber anderen Menschen, reich zu werden."

Bei so viel Theater musst Du erst mal den Durchblick behalten, da kannst Du echt verrückt werden und Du fragst dich vielleicht, wie kann ich da aussteigen?

Schau genau hin, lass dich nicht täuschen, mach deine Augen und Ohren auf. Wie kann ein Blinder dir das Sehen beibringen? Lass dich nicht beeindrucken von großen Worten und Versprechungen. Frage dein Herz, was es von dir will. Hör auf damit, Theater zu spielen, mit dir und den Anderen. Sei echt und authentisch. Echte Menschen fühlen ihre Wahrheit und folgen ihr.

## Woanders ist es besser

Wenn Du glaubst, die Wahrheit zu sehen, dann frage dich doch mal, wie es sein kann, dass wir für 100 Milliarden Raketen zum Mars senden und es nicht hinkriegen, einen Teller Essen für alle nach Afrika zu schicken, wo die Menschen wirklich Hilfe brauchen.

Was mich betrifft, ist es mir egal, ob ich in 1000 Jahren vielleicht auf dem Mars wohnen kann. Ich finde den Platz, an dem ich jetzt bin, völlig in Ordnung.

Warum wollen die Menschen immer woanders hin, als da wo sie gerade sind?

Ein Bekannter von mir sagte letztens, dass er die Schnauze voll hat von diesem Ort (Deutschland). Seine Frau hatte ihn verlassen und er hatte keine Arbeit. Er sagte, dass es hier nur schlechte und unfreundliche Menschen gibt und dass er jetzt nach Rio will, wo alle fröhlich und locker sind. Na ja, das sind doch bei uns in der fünften Jahreszeit (Karneval) auch alle (oder?).

Ungebremster Frohsinn, Alaaf und Helau, es gibt sogar jede Menge Bütsje und da umarmen sich die Menschen und schunkeln sogar. Und ab einem bestimmten Pegel, so bei 1,2 Promille, ist vielleicht noch mehr drin. Frage ist nur, was mit dem Rest vom Jahr ist?

Ah, da gibt es ja noch die Zeit der Besinnlichkeit (Weihnachten), wo alle auf einmal nett und freundlich zueinander sind und alle sich lieb haben.

Das sieht doch gar nicht so schlecht aus. Mal sehen. Karneval vom 11.11. bis ungefähr März, das sind ja schon mal knapp vier Monate Frohsinn. Dazu kommen noch 24 Tage Besinnlichkeit und Nächstenliebe, das macht dann zusammen doch immerhin fast 5 Monate. Na, das ist doch gar nicht mal so schlecht!

Wenn wir noch die freien Tage der Menschen bei Sonnenschein dazu rechnen, dann sind wir doch schon bei locker 6 Monaten in Deutschland, an denen die Menschen eine gute Zeit haben und nett sind.

Also dafür braucht mein Bekannter echt kein Ticket nach Rio. Aber Spaß beiseite. Im Grunde sind doch sehr viele Menschen der Meinung, dass es woanders auf der Welt oder auf dem Mars besser sein könnte. Das Problem (Projekt) an der Sache ist nur, egal wo er hingeht, er wird immer den Wichtigsten dabei haben, nämlich sich selbst.

Du bist das Problem (Projekt)! Und nicht die Anderen da draußen. Es ist ein so weit verbreiteter Gedanke, dass es an einem anderen Platz dieser Erde leichter wäre und wir dort glücklich sind. Im Fernsehen gibt es eine Sendung über Auswanderer; da kannst Du genau sehen, dass viele Menschen deshalb auswanderten, weil sie in Deutschland keinen Erfolg hatten.

Fast alle haben es dort viel schwerer und müssen sich viel mehr abmühen als hier. Im schlechten Fall scheitern sie und landen wieder in Deutschland. Allerdings die anderen, die hier schon erfolgreich waren, haben auch im Ausland Erfolg. Es liegt an dir! Du kannst vor dir selbst nicht fliehen, egal wohin Du gehst, Du hast dich mit im Gepäck und damit auch alle deine Schwächen und Stärken.

So, und jetzt noch mal zurück zu meinem Bekannten.

Bei genauerer Betrachtung des Problems (Projektes), stellte sich heraus, dass mein Bekannter seine erste Arbeit wegen der blöden Arbeitskollegen verlassen hatte. Er suchte sich dann eine neue Arbeit. Dort ist er rausgeflogen, weil die Kollegen und der Chef ihn blöd fanden.

Seine letzten 3 Beziehungen hat er verlassen, weil die Frauen ihn nicht verstanden haben. Die letzte Frau hat ihn verlassen, weil er sie nicht verstanden hat. So, jetzt hat er genug und will Deutschland verlassen, weil hier die Leute so kompliziert und unfreundlich sind. Wahrscheinlich wird er Rio verlassen müssen, weil die „Rioaner" ihn für zu kompliziert und unfreundlich halten.

Da, wo Du jetzt bist, ist genau der Punkt, an dem Du lernen kannst, für dein Leben zu sorgen und zu wachsen. Wenn Du Familie hast, sind dies die Personen, mit denen Du lernen kannst. Für dich ist die Familie die Gelegenheit zu lernen und das zu werden, was Du bist, damit Du in dem Leben erkennst, was dir und deiner wahren Natur entspricht. Vor allem geht es darum, später keiner von den „Eigentlich Leuten" zu sein.

## „Die Eigentlich Leute"
Eigentlich wollte ich Maler werden!
Eigentlich wollte ich Sänger werden!
Eigentlich wollte ich Tänzerin werden!
Eigentlich wollte ich Tierärztin werden!

Was wolltest **Du** eigentlich mal werden? Ich komme gerade auf dieses Thema, weil meine Mutter mir in der Küche zeigen wollte, wie gut sie pfeifen und singen kann. Jeden Tag singt sie in der Küche und wenn sie im Sommer das Fenster auf hat, kann die ganze Nachbarschaft zuhören.

Sie sagt, dass sie eigentlich Sängerin werden wollte und dass sie flöten kann, wie eine in den 60er Jahren bekannte Sängerin namens Ilse Werner.

EIGENTLICH. Während sie mir davon erzählt, sehe ich das Leuchten in ihren Augen und ich weiß genau, das wäre ihr Glück oder ihre Berufung gewesen. Ja, nur traurig, dass sie es nie versucht hat! Wie viele Menschen eigentlich, die uns ihr Potential nicht zur Verfügung gestellt haben.

Viele dieser Wünsche wurden schon im Keim erstickt. Vielleicht haben deine Eltern gesagt: *Damit kannst du doch kein Geld verdienen.* Oder: *Mach was Anständiges!* Vielleicht warst Du ja auch schon auf dem Weg und dein Partner hat es mit der Angst zu tun bekommen und dich immer klein gehalten und deine Bemühungen nur belächelt. Oder vielleicht musstest Du dich für die Karriere, Kinder oder die Beziehung entscheiden, obwohl alles möglich gewesen wäre.

Bei meiner Mutter war es die Beziehung zu meinem Stiefvater. Sie hatte sich verliebt und gab aus Liebe zu ihm diesen Wunsch auf, um nur für ihn und seine Bedürfnisse da zu sein. Die Geschichte endete allerdings auf recht böse Art und Weise. Besagter Stiefvater hatte laufend Affären mit anderen Frauen und war mehr mit seinen Kumpels auf Tour, während meine Mutter von morgens bis abends geschuftet hat.

Sie hat ihre ganze Aufmerksamkeit auf ihn verlagert und am Ende hat er sich dann eine andere Frau gesucht und sie mit ihren beiden Kindern sitzen lassen. Eins davon war übrigens ich.

Wie lautet dein „EIGENTLICH"?

Was wolltest Du eigentlich immer mal machen, wenn Du könntest? Nimm dir doch einfach mal kurz Zeit und denk darüber nach. Mach dich ganz frei von allen Aber's und Nein's, die dein Verstand dir liefert. Stell dir vor, dass es möglich wäre!

Was wäre es? Was würdest Du eigentlich am liebsten machen? Schreib es auf. Mach einen Plan: Welche Schritte musst Du zuerst gehen? Geh mal mit Spaß daran, stell dir vor, es wäre nur ein Spiel. Dein Verstand wird sich dann heraushalten, denn ein Spiel ist keine Gefahr für ihn.

Wenn Du alles aufgeschrieben hast, schau, ob es für dich die Mühe wert ist. Hör deinem wertenden Verstand zu, wie er seine Einwände und Gründe liefert, damit Du deinen Wunsch nicht erreichst. Welche negativen Glaubenssätze kommen da? Schreib sie alle auf und dann setz dich hin und überprüfe sie. Frage dich, ob das wirklich stimmt, was da steht. Vielleicht steht da so etwas wie: „Das kannst du nicht!", oder „Dafür hast du kein Talent!".

Frag dich doch mal! Wer sagt das? Stimmt das wirklich?

Glaube der Stimme in deinem Kopf nicht. Frag doch mal dein Herz! Was sagt es? Du lebst in der Gesamtheit aller Möglichkeiten. Es gibt immer einen Weg, Du musst ihn nur finden und glauben, dass es möglich ist. Die Geschichtsbücher sind voll von Menschen, die das Unmögliche möglich gemacht haben.

Es gibt für jeden Menschen eine Tätigkeit, die ihn erfüllt und glücklich macht. Du musst sie nur finden, tief in deinem Herzen. Jeder Mensch hat bestimmte Fähigkeiten und Talente, die er nutzen kann, um seine Berufung zu finden.

Berufung ist die Tätigkeit, an der dein Herz sich erfreut und in der Du Sinnhaftigkeit findest. Das Beste daran ist, dass es auch noch Freude macht!

## Liebe deine Tätigkeit, habe Spaß daran!

Schau mal, die Vögel singen jeden Morgen mit klaren und fröhlichen Tönen. Sie machen es immer mit der gleichen Hingabe, jeden Tag. Es ist nun einmal das, was der Vogel am besten kann und er vergleicht sich nicht mit anderen Vögeln. Er macht genau das, was sein Herz ihm sagt und er folgt seiner Bestimmung.

Stell dir mal vor: Du wirst morgens früh wach und in deinem Garten würden überall Vögel sitzen und versuchen zu bellen. Das wäre mal was! Da würdest Du doch durchdrehen! Vögel sind nun mal keine Hunde und können deswegen auch besser singen. Das Bellen sollen sie lieber den Hunden überlassen.

Was sagt dir dein Herz? Was glaubst Du, ist deine Bestimmung? Welche Berufung steckt da in dir? Findest Du nicht auch, dass Du es herausfinden musst, damit Du am Ende deiner Tage weißt, wofür Du dich begeistert hast und was Du den anderen Menschen gegeben hast?

Jeder Mensch hat ein Talent und besondere Fähigkeiten!

Aber was sind **Deine** Fähigkeiten? Was würde **Dich** glücklich machen?

Du glaubst vielleicht, dass Du damit kein Geld verdienen kannst. Doch ich sage dir, dass es möglich ist, wenn Du es willst. Viele meiner Seminarteilnehmer sind diesen Weg gegangen und haben ihr Hobby und ihr Talent genutzt, um ihre Berufung zu finden und zu leben. Es gibt unzählige Beispiele dafür.

Finde heraus, was dir Spaß macht und dann frage dich, welchen Nutzen deine Tätigkeit für Andere hat. Wie kannst Du Anderen helfen, ihre Probleme (Projekte) zu lösen und somit auch ihre Bedürfnisse zu erfüllen?

Wenn deine Handlungen aufrichtig sind, ohne die Absicht andere zu manipulieren oder zu betrügen, dann entspringt dein Handeln aus dem Herzen. Du wirst erfolgreich sein. Erfolg ist nämlich immer das, was auf Aufrichtigkeit und authentisches Handeln folgt.

Zu viele Menschen leben in dem Glauben, dass die Arbeit keinen Spaß macht und dass man sich alles durch harte Arbeit verdienen muss. Das sehe ich völlig anders.

## Die Süße des Lebens verdienen

Das musst Du nicht! Alles ist um dich herum und Du musst es dir nur selbst erlauben, zuzugreifen und zu genießen. Du musst nicht zuerst 100 Liegestütze machen, um dann ein Stück Kuchen zu genießen.

Genuss ohne Reue, das ist doch das Thema. In der Werbung versucht man uns doch ständig irgendein Stück Süßes als unbedenklich zu verkaufen und gleichzeitig wird das schlechte Gewissen aktiviert. Spätestens im nächsten Werbeblock. Da erscheinen dann füllige Menschen, die gerade so etwas Ähnliches wie Du gegessen haben und total verzweifelt sind. Sogleich fühlst Du dich schuldig und kannst dein Stück Kuchen nicht mehr genießen.

Doch da kommen schon die schlanken Menschen ins Bild, die Dank eines Abnehmprogramms endlich schlank sind. Das gibt doch Hoffnung, also gleich noch ein Stück und dann anmelden.

Das Tragische an der Geschichte ist doch, dass wir ständig im Kopf haben, uns etwas verdienen zu müssen, anstatt es uns selbst zu erlauben.

Da fällt mir ein kleines Beispiel aus unserem Urlaub ein.

Wir lernten einmal im Urlaub ein nettes Pärchen kennen. Eigentlich waren sie ganz normal. Allerdings stellte sich schnell heraus, dass beide irgendwie am falschen Ort waren. Sie wären besser nach *Verdiendirdeinessendurchjedemengesporthausen* gefahren, anstatt auf die idyllische Insel Lanzarote.

Jeden Morgen vor dem Frühstück sind die beiden losgelaufen, um ihre Runden zu drehen. Am Nachmittag gab es dann noch eine Zusatzeinheit auf dem Crosswalker. Abends beim Essen passten beide auf, was der andere auf dem Teller hatte. Hinzu kam noch, dass jede Portion mit einer Bemerkung von *„zu viel"* oder: *„Ja, da muss ich doch gleich morgen früh ein paar Kilometer extra laufen!"*, kommentiert wurde.

Zuerst dachte ich, dass die beiden vielleicht Leistungssportler sein könnten. Allerdings stellte sich dann heraus, dass die beiden im Urlaub alles auf einmal machen wollten. Alles essen und endlich Sport treiben und abnehmen. Darüber hinaus erzählten die beiden, dass sie nicht lange in Ruhe auf einer Liege verweilen könnten.

Klingt doch nach einem echt entspannten Urlaub. Die beiden konnten noch nicht einmal in Ruhe auf der Liege liegen und die warme Sonne genießen. Stattdessen überlegten sie ständig, was sie als nächstes tun könnten. Gott sei Dank hatte das Hotel genug im Angebot. Für jeden Tag etwas Neues, von Walking bis Jogging. Abends beim Essen erzählten sie dann, dass sie in ihrem Alltag so viel arbeiten müssen, dass sie kaum zur Ruhe kommen.

Beide wirkten auch in ihrem Urlaub alles andere als entspannt. Sie erzählten, dass sie sich erst auspowern müssen, damit sie sich hinlegen können. Sie sagten dann: „Das haben wir uns jetzt verdient."

Am letzten Urlaubstag waren beide völlig fertig und beschwerten sich darüber, dass sie eigentlich zu wenig am Strand lagen und zu wenig Zeit zum Relaxen hatten. Er sagte: „Man müsste sich eigentlich viel mehr ausruhen und in der Sonne liegen."

Na ja, beim nächsten Mal!?! Beide erzählten, dass sie richtige Arbeitstiere sind. Zwölf-Stunden-Tag und dann noch zum Sport. Ach ja, der Haushalt noch. Und abends im Bett hat er den MP3-Player an und liest dabei.

Beide waren nicht im Urlaub, sondern in ihrem Leistungsprogramm und somit haben sie ja nichts verpasst, außer das Leben und ihren gemeinsamen Urlaub.

Die beiden waren so durch ihren Verstand gesteuert, dass sie ihr ganzes Programm *„Streng dich an und leiste was!"* erfüllen mussten. Ich erinnere mich noch an ihre Aussage: „Es ist wie ein Zwang, du fühlst dich schlecht, solange du nichts leistest."

Wenn Du frei bist, brauchst Du von niemandem mehr eine Erlaubnis! Du kannst Freude und Spaß ohne schlechtes Gewissen haben. Da ist niemand mehr in deinem Kopf, der dich reglementiert und zurechtweist wie ein kleines Kind. Du hast ein natürliches Gefühl für deine Bedürfnisse und nimmst nicht mehr zu dir, als dein Körper braucht. Du musst dir nichts verdienen. Dein Körper sagt dir schon, was zu viel für dich ist und wie viel genug ist.

Du kannst in allen Angelegenheiten neben deinem Herzen auch deinen Körper fragen. Da bekommst Du immer eine Antwort. Z. B. auf die Frage: *Brauche ich das?*

Glaubst Du nicht?

Frag doch deinen Körper einmal, ob er Berühmtheit, Erfolg oder noch mehr Arbeit, Ärger, Stress, eine Million Euro braucht?

Dein Verstand wird jetzt sagen: *Natürlich brauchst Du eine Million.* Aber was dein Körper wirklich braucht, um zu überleben und zu funktionieren, ist: genug zum Essen, zum Trinken, Kleidung, Bewegung, Schlaf, Ruhe und liebevolle Zuwendung. Also wenn Du mal in Entscheidungsfragen unschlüssig bist, frag einfach deinen Körper. Allerdings reicht das den meisten Menschen nicht. Sie wollen mehr als sie brauchen und vor allem wollen sie besonders sein. Jeder will irgendwie aus der Menge hervorstechen und von allen bewundert werden.

## VIP

Du weißt, was das Wort VIP bedeutet: *Du bist eine überaus wichtige Person.*

Frage: Braucht der Körper Berühmtheit und was macht „das Besondere" mit dir?

Alle wollen besonders sein, jeder braucht Annerkennung und stellt sich dafür auf den Kopf. Schau dir mal die Fernsehshows an! Am besten ist es, wenn Du völlig talentfrei bist und einfach nur peinlich genug sein kannst. Anschließend musst Du nur noch oft genug ins Fernsehen und dann bist Du irgendwann prominent. Das Können ist gar nicht mehr gefragt, sondern Du musst nur dein Inneres nach außen kehren. Garantiert werden jetzt all die anderen Talentfreien da draußen dich bejubeln und für dich anrufen.

Aber Vorsicht, Du bist auch genauso schnell wieder weg vom Fenster und somit aus dem Mittelpunkt verschwunden! Und was passiert jetzt? Was hast Du von deiner Berühmtheit? Bist Du noch etwas Besonderes?

Die Leute machen dann die verrücktesten Sachen, um wieder ins Gespräch zu kommen. Ohne die Aufmerksamkeit der Medien wissen sie nicht mehr, wer sie wirklich sind. Jeder will irgendwie so sein wie die ganzen Stars und Prominenten.

Da fällt mir doch gleich wieder eine kleine Geschichte von einem Wanderer ein:
Eines Tages kommt ein Wanderer an einer großen Wiese an, auf der wunderschöne Bäume stehen. Er macht sich auf den Weg durch die Wiese. Als er an einem schönen Apfelbaum vorbeikommt, sieht er, dass dieser ganz traurig aussieht. Der Wanderer bleibt stehen und sagt: „Hallo lieber Apfelbaum, warum bist du denn so traurig?"

Darauf antwortet der Apfelbaum mit einem tiefen Seufzer: „Ach, ich stehe hier das ganze Jahr über und schaue auf die kraftvolle und starke Eiche da hinten und ich frage mich immerzu, warum ich nicht so groß und stark sein kann wie die Eiche. Das Leben ist so ungerecht zu mir."

Der Wanderer schüttelt den Kopf und geht weiter. Auf dem Rückweg kommt er an der Eiche vorbei und sieht, dass sie ganz kläglich schaut und traurig ist. Wieder bleibt der Wanderer stehen und sagt zu der Eiche: „Was ist los? Du siehst ganz traurig aus?"

Darauf sagt die Eiche: „Ach, es ist ein Jammer, ich stehe hier herum und schaue auf den blühenden Apfelbaum, der dort mit den wunderschönen Blüten steht. Und wenn die Blüten abfallen, hat er auch noch leckere Früchte. Ach, ich wäre so gerne wie der Apfelbaum! Das Leben ist ungerecht."

Das war dem Wanderer zu viel und er ging schnell weiter.

Als er fast am Ende des Gartens angekommen ist, grüßt ihn eine freundliche Stimme: „Guten Morgen, lieber Wanderer." Der Wanderer schaut sich verwirrt um und entdeckt eine große Sonnenblume am Wegesrand.

„Das verstehe ich nicht.", sagt der Wanderer zu der Sonnenblume. „Gerade komme ich am Apfelbaum vorbei, der sich beklagt, dass er so gerne wie die Eiche wäre. Dann war ich bei der Eiche, die sich beklagt, dass sie so gerne wäre wie der Apfelbaum. Und jetzt stehst du hier und siehst so glücklich aus. Was ist denn hier nur los?"

„Lieber Wanderer…", antwortet die Sonnenblume, „…wenn Gott gewollt hätte, dass ich ein Apfelbaum sein soll, dann wäre ich ein Apfelbaum mit aller Schönheit. Und wenn er gewollt hätte, dass ich eine Eiche bin, dann wäre ich das mit aller Kraft! Doch er hat entschieden, dass ich eine Sonnenblume bin und dafür bin ich dankbar und ich kann und will nichts anderes sein. Ich bin was ich bin, mit aller Liebe und Kraft."

„Das ist wirklich wahr und sehr schön von dir gesagt.", sprach der Wanderer und zog zufrieden seines Weges.

Was heißt das für dein Leben? Jeder glaubt, dass der andere glücklicher ist und alle schauen voller Neid auf das, was sie nicht haben. Nimm dich an wie Du bist. Gott hat gewollt, dass Du so bist, also hör auf damit, auf andere zu schauen. Ich glaube nicht, dass Du über diese Erde wandeln würdest, wenn Gott oder wie immer Du es nennen willst, gegen dich wäre und dich hier nicht haben wollte. Das Leben ist keine Strafe und Du bist vollkommen, so wie Du bist.

Wie kannst Du glauben, dass Du nicht in Ordnung bist?

Aber wenn es dich beruhigt, kannst Du dir das Ganze doch auch mal anders ansehen. Du bist ein VIP und zwar einer von den ca. sieben Milliarden hier auf diesem Planeten. Das ist doch toll, oder? Jetzt kannst Du sagen: Ich bin von Gott persönlich auserwählt, hier zu sein. Ich bin ein VIP. Das stimmt und wenn Du dir deiner Existenz bewusst bist, dann wirst Du dich auch so fühlen. Allerdings immer mit dem Bewusstsein, dass die anderen 699 Milliarden auch, genau wie Du, von der Himmlischen Jury ausgewählt wurden.

Du merkst schon, dass es jetzt nicht mehr so besonders ist, einer von vielen zu sein. Aber das bist Du nun einmal. Nur die Himmlische Jury entscheidet, ob Du auf dieser Erde sein darfst und wie lange. Anstatt sich darüber zu freuen, im Re-Call zu sein, geht der Mensch hin und will sich über die Göttliche Jury stellen und richtet sich eine eigene Jury ein.

Da singst Du mit Freude zu Hause und alle sagen zu dir, dass Du eine schöne Stimme hast und dass Du damit berühmt werden kannst. Du aber sagst: „Nein, das will ich gar nicht, mir macht es einfach nur Spaß." Auch deine Freunde hören deinen Gesang. Sie sagen, dass Du unbedingt zu einer Castingshow gehen musst, damit Du endlich entdeckt wirst, was Du mit einem „Nein, danke!" erwiderst. Als Du dann abends im Bett liegst, fängt dein Verstand an, dir zu erzählen, dass es ja vielleicht doch eine gute Idee wäre, zu einem Casting zu gehen. Dass Du auf die anderen hören solltest und Du dein Talent verschwendest, wenn Du aus Spaß nur für dich alleine singst.

Jetzt fängst Du an, an dir zu zweifeln. Sollst Du es nicht doch versuchen? Du fängst gleich am nächsten Tag an zu üben und ärgerst dich, wenn es nicht so klingt, wie Du es willst. Jetzt ist aus der Freude Ehrgeiz geworden und Du schaust dir im Fernsehen andere Sänger an und vergleichst dich mit ihnen. Das führt dazu, dass Du dich schlecht fühlst. Aber kein Problem, deine Familie und Freunde sagen dir, dass Du spinnst und dass Du auf jeden Fall ein Supertalent bist.

Das machen Eltern ja schon mit ihren kleinen Kindern. Sie bringen ihre 4- und 5-jährigen zur Jury. Wenn sie dann schlecht singen, ist die Jury nett und sagt so was wie: „Ja, das war echt süß und Du hast Talent, aber Du bist noch zu jung! Komm in zwei oder drei Jahren wieder. Den armen Kindern und den Eltern sagt auch keiner die Wahrheit.

Aber zurück zu dir! Du hast dich vorbereitet und trittst vor die Jury und singst ganz gut, aber leider nicht gut genug. Anschließend wirst Du mit Beleidigungen fertig gemacht („Du bist talentfrei!"). Du bist am Boden zerstört und in aller Öffentlichkeit blamiert. Du schwörst dir vielleicht nie mehr zu singen, weil Du denen ja glaubst. Schließlich sind sie ja für dich die entscheidende und kompetente Jury und die müssen es ja wissen.

Also singst Du vielleicht nie mehr, wenn andere in der Nähe sind. Überhaupt hast Du keinen Spaß mehr am Singen. Schade, da hast Du immer Spaß am Singen gehabt und jetzt ist es vorbei. Du hast dich von den anderen beeinflussen lassen und geglaubt, was sie dir erzählen. Dein Verstand hat dir vorher das Ganze auch noch schmackhaft gemacht mit schönen Bildern vom Erfolg und dass alle dich bewundern werden.

Ja, so läuft das ab und es war gar nicht dein Wunsch, sondern der deiner Eltern und Freunde. Du musst dich bei denen bedanken! Aber die sind ja jetzt dein Trost und sagen: „Ist doch nicht so schlimm, wir mögen dich trotzdem." Toll, was nutzt das, wenn Du selbst nicht mehr an dich glaubst!

Hättest Du weiterhin an die **göttliche** Jury geglaubt und einfach fröhlich weiter gesungen, weil es dir Freude macht und nicht, weil die anderen dich als VIP sehen wollen, dann wäre alles in Ordnung.

Stell dir einmal vor, die Vögel würden eine Jury einrichten und bestimmen, wer singen darf und wer nicht. Dann wäre im Wald Totenstille und Du würdest nur selten einen Vogel singen hören. Die anderen würden schweigen und den singenden Vogel bewundern.

Wenn es dein Wunsch gewesen wäre, dort aufzutreten und Du das Singen liebst, dann hättest Du es spielerisch und leicht genommen und dir gesagt: „Für dieses Format suchen die halt etwas anderes. Aber ich singe, weil es mich glücklich macht." Fertig.

Dennoch schaue ich diese Sendung ab und zu ganz gerne an. Allerdings mit dem Bewusstsein, dass alles nur eine große Show ist, in der schon vorher alles so zurechtgeschnitten wird, wie es der Zuschauer am liebsten sehen will. Eine Sendung mit einer Menge Dramen und einigen guten Sängern und Sängerinnen. Hauptsache die Leute rufen an und schicken ihr Geld dorthin.

Früher wollte ich auch besonders sein und von allen bewundert werden. Heute will ich Ruhe und Frieden in meinem Herzen, und das hängt nicht mehr von der Meinung anderer ab. Ich will nichts mehr machen, was andere von mir erwarten. Ich will kein VIP sein. Warum sollte ich wollen, dass die Leute bei mir über dem Zaun hängen? Ich glaube, das will auf Dauer wirklich niemand.

## Ein Niemand sein

Klingt sehr traurig, ist es aber nicht. Ich finde, dass es viel mutiger ist, ein Niemand zu sein. Denn dann bist Du einfach da, so wie Du bist, in aller Schönheit, die Gott dir gegeben hat. Du bist frei von dem Zwang, dich beweisen zu müssen und brauchst das große Lob der Anderen nicht.

Stell dir doch einmal vor, wie das wäre, frei von der Meinung anderer zu sein. Bestimmt kennst Du solche Menschen, die in deinen Augen einfach authentisch sind. Die nicht damit beschäftigt sind, dir zu imponieren und die mit sich zufrieden sind. In der Nähe solcher Menschen wohnt die Wahrheit und deshalb werden sie oft unterschätzt.

*Die Geschichte vom Fischer*
*Ein Geschäftsmann war im Urlaub in der Karibik und sieht am Strand einen einheimischen Fischer unter seinem Fischerboot im Schatten liegen. Der Geschäftsmann überlegt und denkt sich: Ich werde dem armen Kerl ein paar gute Tipps geben, damit er mehr Erfolg in seinem Leben hat. Daraufhin geht er zu ihm hin und sagt: „Hallo, guter Mann, warum bist du nicht draußen und fängst Fische?" Darauf der Fischer: „Ich ruhe mich aus. Und wenn die Sonne untergeht, fahre ich hinaus, um zu fischen."*

*Aber du könntest doch die Zeit nutzen, in der du einfach hier liegst und deine Netze füllen."*

*„Warum sollte ich das tun?", fragt der Fischer.*

*„Nun, du könntest mehr Geld verdienen und dir noch mehr Boote kaufen und andere Fischer einstellen."*

*„Warum sollte ich?", fragt wieder der Fischer.*

*Der Geschäftsmann wird langsam ungeduldig und denkt sich: Wie dumm der doch ist. Daraufhin sagt er:*

*„Du könntest dir viel mehr leisten, z. B. ein Haus. Und wenn du Urlaub machst, kannst du in die Sonne fahren. Wenn du älter bist, kannst du dich in der Sonne zur Ruhe setzen."*

*Da schaut der Fischer ihn an und sagt: „Ich habe ein Haus mit einem Palmdach und jeden Tag scheint die Sonne in mein Herz. Ich liege jeden Tag unter meinem Boot und genieße die Ruhe und das Meer. Warum sollte ich dafür mehr arbeiten und auch noch Geld bezahlen?"*

*Darauf konnte der Geschäftsmann nichts mehr sagen und ging nachdenklich weiter.*

Ja, warum sollte der Fischer nach noch mehr streben, wo er doch das Wichtigste schon längst hat! Die Leute rackern sich ab und bemühen sich ohne Ende. Sie arbeiten zu viel, um dann einmal im Jahr in den Urlaub zu fahren. Unser Verstand will immer mehr und Du kommst nicht dazu, es zu genießen. Nur einmal im Jahr. Das ist doch eine schlechte Wahl, findest Du nicht? Und es kommt vor, dass die Leute sich so viel anschaffen, dass sie keine Zeit für Urlaub und auch kein Geld mehr übrig haben.

Dann sagen sie: „Vielleicht klappt es im nächsten Jahr mit Urlaub." Bis dahin warten sie voller Sehnsucht darauf, wann endlich wieder Urlaub ist. Doch es ist ein ewiges Warten und die Hoffnung, dass alles besser wird. Dabei ist doch alles schon gut! Im Hier und Jetzt!

Wenn Du im Hier und Jetzt bist und zum Beispiel unter deinem Sonnenschirm im Garten oder am See liegst, dann brauchst Du auf nichts mehr zu warten, denn Du bist einfach da. Du kannst dich genau da, wo du jetzt bist, vollkommen entspannen und da sein. Es gibt nichts zu tun und Du brauchst auf nichts zu warten.

## Warten. Worauf?

Das merkwürdige am Warten ist, dass es automatisch zu Stress und Unzufriedenheit führt. Obwohl man mit einer anderen Haltung viel entspannter das Ganze erleben kann.

Ich habe da im Urlaub in Griechenland einmal etwas Lustiges beobachtet:

Als wir auf dem Flughafen am Check-In ankamen hörte ich, wie ein junger Mann seinem Bekannten aufgeregt erzählte, dass er auf ein Taxi gewartet hat. Das Taxi war für 7:00 Uhr bestellt und kam um 7:30 Uhr! Total aufgeregt erzählte er, dass sie alle gewartet haben und dass man sich auf niemanden verlassen kann.

Ihm war wohl nicht aufgefallen, dass er immer noch eine halbe Stunde zu früh am Schalter war. Jedenfalls wirkte er sehr ungeduldig. Und weil es am Check-In langsam voran ging und eine ältere Dame etwas vergessen hatte, regte er sich auch noch darüber auf. Ich dachte mir: Was erreicht er mit dieser Haltung? Die Maschine wird ohne ihn ja sowieso nicht starten. Jedenfalls, als die Koffer abgegeben waren, rannte er glücklich los. Endlich Urlaub, das Warten ist vorbei, oder doch nicht?

Ich habe mich schon oft gefragt, wie dieses Phänomen am Flughafen funktioniert: Alle haben eine Platzkarte! Doch sobald da draußen eine Maschine vorfährt, springen alle auf und stellen sich an und WARTEN, übrigens auch der junge Mann und seine Freundin. Warum? Fährt die Maschine vielleicht ohne die Passagiere los, die ja schon auf der Liste stehen, weil sie eine Bordkarte haben, die von den Stewardessen beim Einstieg kontrolliert wird? Oder werden die schon vergebenen Plätze bei Einstieg neu verlost?

Ich glaube es ist das Gefühl Erster zu sein oder möglichst weit vorne zu stehen, damit sie als Erster im Flugzeug sind. Dann können sie auf diese Deppen (aber eigentlich schlauen Menschen, die bis zum Schluss entspannt auf ihren Plätzen warten, weil sie ja wissen, dass ihr Platz für sie reserviert ist) schauen, die zuletzt kommen. Jetzt kann die Maschine endlich starten!

Und das Warten hat immer noch kein Ende, denn sobald die Maschine bei der Landung das erste Rad auf den Boden setzt, hört man schon die ersten Gurte klicken. Sobald auch die Hinterräder aufsetzen, springen schon die ersten auf und greifen nach ihrem Handgepäck. Dann stehen alle von hinten drängend im engen Gang da und warten, dass endlich die Luke aufgeht. Eigentlich weiß ja jeder, dass es bestimmt noch mindestens 10 Minuten dauern wird.

Ich schaue in die ungeduldigen Gesichter und frage mich, was wohl in den Köpfen vorgeht. Da schaut mich auch schon die kleine Frau böse an, die neben mir am Fenster sitzt. Sie will an ihr Gepäck, so wie all die anderen. Am liebsten würde ich ihr sagen: „Bleiben Sie doch noch ein bisschen sitzen, bis alle raus sind." Doch ihr Blick verrät, dass sie aus Ungeduld immer wütender wird und somit lasse ich sie vorbei, damit sie sich in die Reihe der ungeduldig Wartenden einreihen kann.

Während ich also noch weitere Minuten dasitze und lese, stehen alle anderen angespannt herum und warten darauf, dass sie endlich zum Sprint an das Kofferband loslegen können. Als sich die Luke endlich öffnet, hört man das erleichterte Aufatmen der Menge. Ich selbst bleibe sitzen, bis der letzte Passagier herausgestürmt ist und mache mich mit meiner Frau langsam auf den Weg.

Das Warten ist noch nicht zu Ende. Dicht vor dem Kofferband stehen alle gedrängt ganz vorne. Auch hier wieder der junge Mann, obwohl das Band die Form einer Acht hat und somit sich alle ganz bequem darum verteilen könnten. Aber das würde ja bedeuten, dass die, die vorne stehen, zuerst den Koffer haben und schneller im Bus sind. Als wir eintreffen, steht das Band immer noch still und die ersten fangen an, sich um die vorderen Plätze zu streiten. Das ist typisch für die Wartenden. Sie werden jetzt ungeduldig und projizieren ihre Anspannung auf andere.

Wir setzen uns noch mal entspannt an das Ende des Kofferbandes, wo der Koffer auf jeden Fall lang muss. Da setzt sich das Band in Bewegung und alle fangen an, sich nach vorne zu drängen, obwohl noch kein Koffer in Sicht ist.

Ich entdecke auf der Anzeigentafel, dass unser Gepäck auf Band 2 ankommt. Wo stehen alle gedrängt? Na, an Band 1. Alle stürmen wie auf Kommando los zum anderen Band und Unmut macht sich breit. Da hat doch jeder sich schon einen Platz am Band gesichert und dann so was. „Unverschämtheit!", höre ich einige Urlauber empört rufen.

Ich glaube, dass die Griechen sich einen Spaß daraus gemacht haben, die ungeduldigen Urlauber etwas zu unterhalten. Ich sitze da mit meiner Frau und frage mich: Warum müssen sich alle so beeilen? Haben die vielleicht Angst, dass der Urlaub schon mal ohne sie anfängt, Urlaub zu machen?

Jeder will immer irgendwie der Erste sein und ich glaube, dass es schon in der Kindheit anfängt. Am Anfang gehst Du noch langsam und in Ruhe, bis es dann losgeht. Deine Eltern und Erzieher sagen dir, dass Du dich beeilen sollst, mach voran! Du bekommst recht früh beigebracht, dass Du der Erste sein musst, weil sonst nix mehr übrig ist. Also: Der Kuchen ist nie groß genug für alle. In den Kursen mit Kindern kann das jeder beobachten. Sobald sich alle aufstellen sollen, geht der Streit um die vorderen Plätze sofort los. Jedes Kind will vorne und der Erste sein: Dabei geht es um nichts, es gibt nichts zu gewinnen.

Wir müssen nirgendwo hin, wir sind doch schon längst da, also angekommen bei uns. Warten macht doch nur schlechte Laune, so lautet eine weit verbreitete Haltung.

Jedenfalls haben die ersten ihre Koffer und rennen zum Hotelbus, um dort wieder zu warten, (auch hier wieder der junge Mann), bis der letzte Gast im Bus sitzt. Übrigens fährt der Bus sowieso nicht los, bevor nicht der letzte Gast auf der Liste der Reisegesellschaft im Bus ist.

Aus der Ferne sehe ich unsere Koffer heranfahren und wir machen uns langsam auf den Weg, zu all den anderen im Bus. Der Busfahrer grüßt freundlich und lädt unser Gepäck ein.

Im Grunde ist es so, dass die Letzten die Ersten sein werden. Das heißt: Alle, die zuerst am Bus waren, werden ihre Koffer zum Schluss bekommen. Welch Ironie des Wartens.

Es ist schon lustig, wenn ich bedenke, wie wir uns unseren Frieden rauben. Als Person sind wir da und in Gedanken ständig in Eile aus Angst, etwas zu verpassen.

Ich betone noch einmal den Satz:
Du musst nirgendwo hin, Du bist schon da! Wenn Du bei dir ankommst, dann weicht alle Ungeduld von dir. Du bist entspannt und genießt dein Sein.

Wenn ich mit meiner Frau im Urlaub bin, vertreiben wir uns gerne unsere Zeit des SEINS mit Lesen oder einem Spiel. Meine Frau und ich haben für solche Fälle immer ein Tavli (Griechisches Brettspiel) dabei. Wenn andere warten, freuen wir uns, dass wir jetzt spielen können. Was nutzt es dir, wenn Du wartest und dich ärgerst, obwohl Du nichts dagegen tun kannst. Entspann dich und genieße es doch, einfach da zu sein und nichts tun zu müssen/können. Eine Haltung, die für viele unerträglich ist.

Also einfach da zu SEIN, anstatt zu warten.

Du weißt schon: *Warum das SEIN so unerträglich sein kann.*

Vielleicht probierst Du es selbst einmal aus, z. B. wenn Du beim nächsten Mal im Stau stehst und voller Ungeduld darauf zu warten beginnst, dass es weiter geht. Atme tief ein und sage dir: *Ich bin schon da. Ich kann nichts machen und genieße mein Sein.* Stimmt doch im Grunde, oder? Es ist doch nur eine Frage der Sichtweise. Also, ich würde diese Sichtweise vorziehen. Was nutzt es dir, wenn Du dich gegen das Unvermeidliche auflehnst? Stell dir vor, der Wind würde deine Wäsche vom Balkon blasen. Würdest Du den Wind anschreien und ihn auffordern, sofort aufzuhören?

Du musst dich nicht stressen und abgehetzt zur Arbeit kommen, damit jeder sieht, wie sehr Du gelitten hast und dir dann glaubt, dass es ein Stau war und nicht der Wecker. Es würde gar nichts an der Situation ändern! Du konntest nichts machen, also entspann dich und genieße es, bei dir zu sein und schalte nicht gedanklich auf das Warten-Ärger-Programm.

## 5. Überzeugungen und Glaubenssätze

### Du bist was Du glaubst

Die meisten Menschen leben nach ihren Überzeugungen und Glaubenssätzen.

Wenn Leute mir erzählen, aus welchen Gründen sie bestimmte Dinge nicht geschafft haben, hört sich das meistens folgendermaßen an:

*Ich bin halt nicht so ein Typ, ich bin halt kein Verkäufer, ich habe halt nicht studiert, ich bin zu alt, ich such mir immer nur die Pflegefälle usw.....*

Die Liste der Überzeugungen ist kilometerlang und es ist erstaunlich, mit welcher Inbrunst die Leute für ihre Überzeugungen einstehen.

Ja, sie stürzen sich sogar ins Unglück in dem Glauben, dass ihre Überzeugungen stimmen. Wie das Wort schon sagt, ÜBERZEUGT.

Du bist sozusagen überzeugt und glaubst daran. Wenn es eine gute Sache ist, kein Problem. Aber was ist, wenn es dich in deinen Grenzen und Schranken hält und dich einengt?

Überzeugungen schränken nicht nur Menschen, sondern auch Tiere ein. Wusstest Du das?

Bestimmt hast Du schon einmal Elefanten im Zirkus oder im Zoo gesehen. Hast Du einmal darauf geachtet, wie sie festgemacht sind? Sie haben einfach nur ein dickes Seil um ihren Fuß gebunden und sind damit an einen Pflock fest gemacht. Was glaubst Du: Wäre es für einen ausgewachsenen Elefanten ein Problem, sich einfach von dem Seil loszureißen? Natürlich nicht, er hat so viel Kraft, dass er einen ganzen LKW umwerfen kann. Aber was hindert ihn denn daran, einfach loszumarschieren? Der Elefant ist der festen Überzeugung, dass er das nicht schafft und daran glaubt er fest.

Jetzt fragst Du dich, wie das möglich ist? Ganz einfach, der Elefant wurde als kleiner Babyelefant mit dem Fuß an eine Kette am Pflock fest gemacht. Wie das halt so ist, wenn man noch jung und dynamisch ist, hat er mit aller Kraft versucht, sich loszureißen und abzuhauen. Leider war die Kette stärker und so hat er es eine Zeit lang versucht und dann aufgegeben.

Er war jetzt überzeugt, dass er es niemals schaffen wird, für den Rest seines Lebens.

Der Elefant sagt jetzt: Ich hab einmal mein Bestes gegeben und es hat nicht funktioniert, also bleibe ich halt hier. Das ist doch tragisch, oder? Bestimmt denkst Du, wie kann der nur so blöd sein, dass er das nie mehr probiert? Das ist genauso bei vielen

Menschen, die durch ihre Überzeugungen leben. Wir sagen dann: Ich habe einmal mein Bestes gegeben für meine Ehe, mein Studium, die Freundschaft, den Job.....

Wir bauen uns unseren eigenen Glaskäfig der Überzeugungen und glauben, dass er für alle Zeiten besteht. Wusstest Du, dass die Hummel nach wissenschaftlicher Berechnung nicht fliegen kann? Ihr Körper ist oval und zu schwer für einen Flügeldurchschnitt von 8 mm. Das haben sie im Windkanal getestet.

Aber das ist der Hummel völlig egal, die fliegt und summt trotzdem durch die Luft. Wahrscheinlich hat sie den wissenschaftlichen Bericht nicht gelesen und hat diesbezüglich keine Überzeugungen.

Wenn Du wissen willst, wie sehr die Leute an ihren blinden Überzeugungen und Glaubenssätzen hängen, dann versuche doch einfach einmal, auf einer Veranstaltung mit verschiedenen Leuten über Politik, Glauben und andere Themen zu reden.

Die einmal gelernten Einstellungen und Glaubenssätze führen dazu, dass wir glauben, dass unsere Sichtweise die einzig richtige ist. Das ist sie übrigens auch für dich, allerdings haben Menschen verschiedene Ansichten und Überzeugungen vom Leben.

Eine Teilnehmerin aus meinen Seminaren erzählte uns, wie unglücklich sie ist und dass sie bis jetzt keine vernünftige Beziehung hatte, sondern immer Männer, die Schulden hatten, und die völlig unselbständig waren.

Sie erzählte, dass sie schon Kontaktanzeigen aufgegeben hat. Da hätten sich auch einige gut aussehende Männer beworben. Diese hatten wohl auch einen tollen Job und konnten sie mit liebevollen Zeilen sehr beeindrucken.

Ich fragte Sie: „Und?"

Sie antwortete, dass diese Männer bestimmt bessere Frauen haben könnten und bestimmt nicht bei ihr bleiben würden. Deshalb hatte sie sich gar nicht erst darauf eingelassen.

Allerdings waren da auch ein paar Typen, die ihr schrieben, dass sie jede Menge Spaß und Aktion am Start haben. Die mit ihr nach Las Vegas fliegen wollten, um die Sonne zu putzen. Also coole Typen, die sich später als Versager, Machos und Egoisten herausstellten, für die sie alles getan hat.

Ich habe sie einfach gefragt: „Was glaubst du, wieso dir das immer passiert?"

„Ich bin halt jemand, der sich immer nur die Pflegefälle raussucht." - sagte sie. „Die Guten sind halt immer vergeben. Männer sind sowieso alle gleich."

Das sind *ihre* Überzeugungen und das glaubt *sie*, weil sie einmal in einen gut aussehenden Kerl verliebt war, der sie verlassen hat.

Das heißt, dass sie es nie mehr versucht hat, sich einen guten Partner zu suchen. Stattdessen schaut sie nur auf die Problemfälle und fühlt sich irgendwie von dieser Art Männer magnetisch angezogen.

Die Teilnehmerin beweist sich selbst auf diese Art und Weise, dass ihre Lebensanschauung stimmt und genau immer wieder das eintrifft, was sie glaubt.

Ich habe ihr aufgezeigt, wie sie sich selbst immer wieder diese Männer aussucht. Das war ihr nicht so recht, was ja verständlich ist. Erzähl mal jemandem, der 20 Jahre lang seine Überzeugungen und Glaubensprogramme lebt, dass er das aufgeben soll. Ja, und dass sie sich selbst diese Männer aussucht und sich das alles selbst einbrockt.

Nein, das wollte sie nicht so sehen und sie hatte eine Menge Argumente, um ihre Überzeugungen zu verteidigen.

Tja, die meisten Menschen wollen lieber Recht haben als glücklich sein. Schließlich sagte ich zu ihr: „Schade, aber macht nix, dann mach halt weiter so und beweise dir, dass deine Überzeugung stimmt." Hart aber wahr.

Das hat sie doch nachdenklich gemacht. Sie war schließlich bereit zuzuhören und mit der Zeit ihre alte Einstellung zu überprüfen und ihr Denken zu ändern. Das führte dazu, dass sie heute einen netten Mann gefunden hat, mit dem sie neue Erfahrungen machte. Sie erkannte, welche Überzeugungen sie auf dem Weg dorthin daran gehindert hatten, glücklich zu werden.

## Zu sein Wer oder Was ich bin

Warum ist es so schwer, einfach zu SEIN, also einfach DU selbst zu sein? Ein wesentlicher Teil dieser Struktur wird doch schon von Geburt an gelegt. Da kriegen wir doch schon alle möglichen Sachen eingeredet, wer wir sind und was wir sind und danach sollen wir uns für den Rest des Lebens verhalten, obwohl Du irgendwie genau spürst, dass Du es nicht wirklich bist.

Es ist wie eine Last, die Du mit dir dein Leben lang herumträgst. Du versuchst, immer weiter danach zu leben und dich danach zu orientieren, anstatt nach deinem Herzen zu leben. Wenn Du dich fragst, was ich wohl damit meine, so will ich es gerne näher erläutern.

Alle Annahmen, die Du über dich hast und was Du glaubst zu sein, wollen wir jetzt einfach mal anschauen und sehen, ob Du das wirklich bist.

Stell dir vor, Du hast einen leeren großen Sack vor dir stehen und Du tust mal alles hinein, was Du glaubst zu sein. Was hätten wir da so?

Deinen Namen, Sternzeichen, Religion, Staatsangehörigkeit, Beruf, Sport..... usw., alles was Du glaubst zu sein. Ach ja, deine Vergangenheit kannst Du auch noch rein tun. Wenn Du den Sack so richtig voll machen willst, dann tust Du noch alle deine Vorstellungen, was Du in der Zukunft sein wirst, hinein.

Das sind die Sätze, die z. B. so klingen:
Ich bin: Deutscher, Italiener, Russe, Engländer, Weißer, Sportler, katholisch, evangelisch, Moslem, Friseur, Programmierer, Marketingfachmann, Wassermann, Fisch, Stier, Hans, Gaby, Klaus, Edita usw....

Alle diese Sachen steckst Du in deinen Sack und machst ihn zu. Was bleibt übrig, wenn Du dich fragst, wer oder was Du bist?

All das Zeug, wonach Du lebst, wird am Ende weg sein und was bleibt?

Nimm doch jetzt mal im Geist diesen Sack auf deine Schultern. Mit allen Annahmen und Vorstellungen von dem, was Du bist und was Du glaubst zu sein. Ganz schön belastend, oder? Diese Last schleppen wir unser ganzes Leben mit uns herum und wir versuchen, nach all dem, was in diesem Sack ist, zu leben. Das ist nicht dein Leben, da es eine Last auf deinen Schultern ist, die deine Energie bindet und dich beschäftigt hält.

Die Wahrheit ist, dass Du all das nicht bist!

Du bist nicht:
Dein Beruf
Deine Religion
Dein Name
Dein Sternzeichen
Deine Staatsangehörigkeit...,

das sind alles Titel, die andere (oder Du selbst) dir verliehen haben. Einige davon sind sogar beglaubigt und beurkundet.

Deine Freiheit liegt genau darunter! Dein wahres Selbst, dein Sein oder wie immer Du es nennen willst. Finde heraus, wer oder was Du bist und lebe so, wie es dir gefällt und wie es dein Herz von dir verlangt, anstatt dich von diesen Annahmen im Leben leiten zu lassen.

Wenn Du heutzutage nicht weißt, wer Du bist und auf die Suche gehst, werden dir viele Leute sagen können, wer Du bist. Denn jeder glaubt es zu wissen, nur Du nicht.

Fragst Du einen Pfarrer, wird er sagen: „Mach dir keine Sorgen, du bist der Sohn (oder die Tochter) Gottes, ein Christ (oder Christin)." Fragst Du einen Moslem, wird er sagen, dass der Fall ganz klar ist, Du bist der Sohn von Allah. Wenn Du die UFOLOGEN fragst, bist Du ein Außerirdischer.

Das sind doch gute Optionen. Beim nächsten Mal, wenn dich jemand fragt wer Du bist, sagst Du: „Ein Außerirdischer oder auch Alien genannt." Ich glaube, dass dies der Wahrheit am nächsten kommt. Jedenfalls für den, der nicht weiß, wer er eigentlich ist.

Schließlich fühlst Du dich ja mit dir allein und weißt ja gar nicht so recht, wo Du herkommst, wo Du hingehst und was überhaupt der Sinn von all dem hier ist. Das würde ein Außerirdischer, den man als kleinen Alien einfach auf die Welt setzt, sich doch auch fragen!

Dazu habe ich einmal eine kleine Geschichte gehört:

*Ein kleiner Pinguin fragt seine Mutter: „Mama, war mein Vater auch ein Pinguin?"*

*„Aber natürlich", sagt die Mutter. Daraufhin fragt der Kleine: „Waren mein Opa und meine Oma auch Pinguine?"*

*Darauf die Mutter: „Aber natürlich, mein Kleiner, was fragst du denn so was?"*

*Nach einer längeren Pause schaut der kleine Pinguin seine Mutter an und sagt: „Mama, wenn Papa, Oma, Opa alle Pinguine waren, warum friere ich dann?"*

Warum fühlen wir uns ohne unsere Vorstellungen so leer und einsam, obwohl wir alles haben, was wir brauchen? Wenn doch jeder glaubt zu wissen wer Du bist, wie kann es dann sein, dass Du innerlich frierst?

Ich glaube, solange Du dich selbst nicht gefunden hast und dich liebevoll annehmen kannst, wird es da drinnen recht kühl bleiben. Du wirst weiterhin im Außen alles Mögliche an Zeug anhäufen und Dinge über dich glauben, die andere dir überziehen.

## Wie findest Du dich?

Aber wie findest Du dich denn jetzt?

Hör auf, da draußen zu schauen! Geh nach innen, lausche deinem Atem, deinem Herzen und deinem Körper. Finde heraus, was dich bewegt, wer Du wirklich bist.

Dir wurde so viel als Kind erzählt: Wer Du bist und wie Du dich verhalten sollst. Du hattest keine Gelegenheit, es selbst herauszufinden. Doch jetzt kannst Du es tun, denn Du bist erwachsen. Hör auf, gegen deine Wahrheit anzukämpfen und die Lüge zu rechtfertigen.

Bis hierher ist dir noch klar, was ich meine. Allerdings gibt es da noch viel mehr in dir, was Du glaubst zu sein und was in deinem Leben die größte Täuschung ausmacht.

Nimm dir mal einen Moment Zeit und hör deinem Verstand mal zu, was er dir so über dich erzählt.

Also, vielleicht findest Du das jetzt blöd: Aber wenn Du alleine bist, dann zieh dein Shirt, Pulli oder was immer Du anhast aus und setz dich mit einem Stuhl vor deinen Spiegel. Jetzt schau dich an und sage mit einem breiten Grinsen im Gesicht: *Ich bin wunderbar, ich sehe toll aus, ich liebe mich und bin liebenswert. Wir setzen noch einen drauf.* Sag laut: *Ich bin intelligent und kreativ und das ist genau das, was ich hier im Spiegel sehe. Ja! Gott hat gelächelt, als ich geboren wurde!*

Na, wie fühlt sich das an? Gut? Fantastisch? Sagen deine Gedanken aus tiefstem Herzen ja, das stimmt?

*Wohl eher nicht. Bestimmt sagt dir eine Stimme im Kopf so was wie: „Träum weiter!".* *„Jeder andere, aber Du bestimmt nicht!". „So ein Blödsinn!". „Das ist ja wohl ein Witz!".* *„Du und intelligent?". „Die anderen vielleicht!". „Du und liebenswert?". „Nein, auf keinen Fall!".*

Wahrscheinlich fühlst Du dich jetzt bei so viel Ablehnung unwohl. Diese deutliche Ablehnung der schönen Worte und Eigenschaften, die Du dir sagen solltest.

Du kannst es ja auch einmal umgedreht machen und dich vorm Spiegel lauthals kritisieren. Beginne einfach jeden Satz mit: *Ich bin...*

Jetzt kannst Du alle negativen Eigenschaften benennen, die Du hast, z. B. zu blöd, unhöflich, unfreundlich, unsportlich, langweilig, unzuverlässig, zu dick, zu alt, usw. Garantiert fällt dir hierzu mehr ein, als zu deinen positiven Eigenschaften. Dein Gefühl wird bestimmt stimmiger sein: Wahrscheinlich fühlst Du dich hundeelend.

Aber sei ehrlich, bestimmt ist dir der letzte Versuch viel leichter gefallen?! Dich selbst abzulehnen fühlt sich doch wohl irgendwie echter an? Eigentlich schade! Was kannst Du dagegen tun?

Ich möchte dich an dieser Stelle zu einer kleinen Übung einladen:

Nimm dir einen Block und einen Stift. Jetzt schreib mal auf das Blatt alle deine positiven Eigenschaften (als Adjektive) die Du besitzt, z. B.: Ich bin liebenswert, schön, freundlich, hilfsbereit, zuverlässig usw.... Schreib mindestens 20 Eigenschaften auf!

Auch hier spürst Du vielleicht gleich den Widerstand in dir und dein Verstand lehnt das meiste davon ab. Lass dich davon nicht ablenken. Überleg einfach weiter und schreib auf, was deine positiven Eigenschaften sind. Bestimmt fällt es dir schwer, weil dein Verstand die Sache mit deinen positiven Eigenschaften völlig anders sieht.

Probiere jetzt einmal etwas anderes:

Nimm ein neues Blatt und schreib mal deine negativen Eigenschaften auf. Auch die beginnen mit: *Ich bin* unzuverlässig, verlogen, ungerecht, faul, blöd usw...

Den Meisten fällt es viel leichter, negative Eigenschaften über sich aufzuschreiben. Wenn es bei dir nicht so ist, dann Herzlichen Glückwunsch! Du hast ein positives Selbstbild.

Falls dir die zweite Übung doch leichter fiel, nicht verzweifeln! Du hast jede Menge tolle und liebenswerte Eigenschaften. Frage deinen besten Freund oder Freundin, die können dir das sagen. Ich hoffe, Du glaubst ihnen das auch. Ich hoffe, du sagst denen nicht, dass sie sich irren und dass Du gar nicht so liebenswert bist. Vielleicht hast Du Angst davor, dass sie dir die Freundschaft kündigen, weil Du sie getäuscht hast.

Keine Sorge! ECHTE Freunde bleiben bei dir, weil sie die guten Seiten in dir sehen und schätzen.

Aber mal zurück zu der Übung. Findest Du das nicht erschreckend? Wo kommt das bloß her, dass wir uns leichter verurteilen können, anstatt Gutes über uns zu denken und zu fühlen? Als ich diese Übung zum ersten Mal machte, war ich total entsetzt. Ich habe gespürt, wie viel Ablehnung da in mir ist und dass ich kaum einen positiven Satz von Herzen annehmen konnte. Ich spreche hier nicht einfach über positives Denken und rosarote Brille. Ich spreche über die Tragik, die dahintersteckt und dass genau das, was wir über uns glauben, im Grunde unser ganzes Leben beherrscht. Es macht uns unfrei und schränkt unser gesamtes Leben ein.

Es sind genau diese Sätze, die mit der Negation anfangen:

Un-achtsam, un-sportlich, un-geliebt, un-beweglich, un-ausstehlich, un-verschämt, un-interessant, un-möglich usw. Bis hin zu der Feststellung, dass all diese Endungen UN-FREI machen, wenn wir sie über uns selbst glauben.

Wo kommen denn all diese AN-NAHMEN (kommt von annehmen) her? Warum nehmen wir diese Lügen über uns so leicht an?

Es sind die Sätze, die unsere Eltern, Verwandten, Lehrer und all die Menschen, an die wir geglaubt haben, über uns gesagt haben. Mir wurde als Kind immer wieder gesagt: *Der ist nicht dumm, der ist nur faul. Oder: Mein kleines Dickerchen. Das schaffst du sowieso nicht, du bringst nix zu Ende, du bist schuld.* Bis hin zu einer Oma, die mich als kleiner Junge einen Düvel (Teufel) nannte, wenn ich nach ihren Maßstäben unartig gewesen bin.

Bestimmt kennst Du auch einige Sätze deiner Eltern, Verwandten und Lehrer, die Du glaubst.

Zumindest habe ich diesen Aussagen über mich geglaubt und sie zu meinen Überzeugungen gemacht und sie gelebt, was alles andere als leicht war.

Doch was bedeutet es für das spätere Leben, wenn ich als Erwachsener immer noch unbewusst all das tief in mir glaube, was man mir als Kind zugeordnet hat?

## Negative Glaubenssätze

Also, wir nehmen jetzt mal meine Glaubenssätze von damals:

1. Nicht dumm, nur faul

2. Mein kleines Dickerchen

3. Du bist immer schuld

4. Das schaffst du sowieso nicht

5. Der bringt nichts zu Ende

6. Du Teufel/Düvel

7. Du bist schlecht

Was glaubst Du wohl, wie sich ein Mensch durchs Leben bewegt, der diese Sätze von sich glaubt?

Das kann ich dir sagen! Es war für mich immer schwer, Dinge zu Ende zu bringen. Ich habe mich immer für einen schlechten Menschen gehalten und geglaubt, dass die anderen besser sind. Egal, was jemand getan oder gemacht hat, ich habe die Schuld immer bei mir gesucht. Ich hatte jahrelang Übergewicht und bin es nicht losgeworden (bei 1,75 m und 100,5 Kilo). Ich hatte keinen Schulabschluss, die Maurerlehre brach ich im zweiten Lehrjahr ab. Ich fing alles an und brachte nichts zu Ende. Ich stopfte mich mit Essen voll und trank zu viel Alkohol. Im Grunde spiegelten die in den letzten Sätzen beschriebenen Verhaltensweisen mein Leben von früher (als Kind) wieder. Ich richtete die Waffen auf mich selber in Form von zu viel von allem. Diese alten Sätze waren fest in meinem Kopf einprogrammiert und ich habe sie für wahr gehalten. Bis zu jenem Tag, als ich wach wurde und mein Denken beobachten konnte.

Noch einmal! Du bist nicht nur deine Gedanken und ich fordere dich hier an dieser Stelle auf, dir doch einmal selbst fünf Sätze (oder wie viele Sätze Du so kennst) aufzuschreiben und zu überprüfen, welche Wirkung diese in deinem Leben hatten und immer noch haben.

Indem Du sie dir einmal aufschreibst, werden sie dir bewusster werden. Das ist der erste Schritt, um sich zu verändern: Werde dir bewusst, was in dir und um dich herum abläuft! Also fang an! Es lohnt sich! Es wird dir Klarheit über dein bisheriges Leben verschaffen.

Ich hatte neulich eine Teilnehmerin in einem meiner Seminare. Eine dreiundzwanzigjährige Frau, die schrecklich leidet, weil sie immer etwas tun muss und nur sehr schlecht zur Ruhe kommt. Im Bett braucht sie lange, bis sie einschläft, weil ihr Kopf ständig weiter arbeitet. Sie versucht, immer alles perfekt zu machen und ist mit sich selbst und ihren Leistungen nie zufrieden.

Im Laufe des Seminars forderte ich sie dazu auf, sich einmal selbst zu loben und mir und der Gruppe fünf lobenswerte Eigenschaften von sich zu nennen.

Es war für sie unmöglich, auch nur eine zu finden, die sie uns hätte nennen können.

Mir war sofort klar, dass es in ihrem Programm einen dieser alten Glaubens-Sätze geben musste. Als wir anfingen, mit diesen Sätzen zu arbeiten, brach sie plötzlich in Tränen aus. Ich fragte nach und sie erzählte etwas über ihren Vater: Egal, was sie leistete, ihr Vater sagte zu ihr immer folgende Sätze:

1. Nichts gesagt ist zunächst Lob genug.

2. Streng dich an.

3. Das kannst du doch besser.

Diese Sätze pflegt er allen Familienmitgliedern auch heute noch als Antwort für erbrachte Leistung zu sagen.

Sie erzählte, dass ihr Vater immer nur gearbeitet hat und sich keine Ruhe gönnen konnte. Selbst heute, wo er erkrankt ist, ackert er immer weiter.

Ihr wurde klar, dass es der Glaubenssatz ihres Vaters war, der ihn immer weiter antrieb. Aber vor allem übertrug sich dieser Satz auch auf sie und führte dazu, dass sie sich selbst für ihre Leistungen nicht loben kann und genau wie ihr Vater, trotz eines Burnouts, immer weitermacht.

Allein die Erkenntnis, dass sie nur wegen dieses übernommenen Glaubenssatzes so lebt, hat sie schon ein Stück befreit und erleichtert. Jetzt kann sie lernen, sich selbst im Leben anders zu behandeln und nicht mehr wie ein Automat zu funktionieren. Allein das Wissen um diese Sätze macht ihr den Weg frei. Sie kann jetzt bewusst schauen, wie sie ihr Leben bisher gelebt hat und wie sie weiter leben möchte.

Unser Verstand nutzt diese alten eingetrichterten Sätze und spult sie immer wieder in unseren Köpfen ab. Wir verhalten uns einfach danach, ohne sie zu hinterfragen. Darum ist es so wichtig, das Licht der Bewusstheit in die Dunkelheit zu bringen.

Beobachte deine Gedanken und deinen Verstand!

Hinterfrage deine Gedanken und reagiere nicht einfach auf das Gedachte wie ein Automat.

Zunächst einmal sind alle deine alten negativen Glaubenssätze gelogen und deshalb weigere dich, sie für wahr zu halten. Sie haben dich doch genug leiden lassen und damit ist jetzt Schluss!

## Positive Glaubenssätze

Stell dir vor, statt der 5 alten negativen Sätze hättest Du jetzt 5 neue positive, die dein Leben unterstützen. Also, ich sage dir einmal meine, die ich von Herzen glaube und die meinem Leben heute diese positive innere Fülle geben:

1. Ich bin gesund, stark und voller Vitalität, bis in die kleinste Zelle meines Seins.

2. Ich bin liebenswert und schön und Gott hat gelächelt, als ich geboren wurde.

3. Innerer Friede und Klarheit erfüllen mein ganzes Wesen.

4. Ich bin frei und kann entscheiden.

5. Liebe, Freundschaft und Geborgenheit sind schon jetzt in meinem Leben.

6. Alles ist gut angelegt für mich in meiner Welt, zu meinem und zum Wohle aller.

Das sind Sätze, die ich fühle und die in meinem Leben auch wirken. Was glaubst Du? Wäre es für dich nicht einen Versuch wert? Mit welchen Sätzen läufst Du wohl besser durchs Leben?

Als mir vor 14 Jahren bewusst wurde, was in meinem Kopf abläuft und wie schlecht es mir damit geht, habe ich angefangen, mir meine liebenswerten Seiten anzuschauen. Ich machte mir klar, dass ich sie ja auch habe! Ich sagte mir die Wahrheit über all das Schlechte, was ich erlebt habe und dass damit jetzt Schluss ist! Denn ich bin auch all das Gute und ich bin nicht mehr bereit, meinen Verstand einfach die alten Lügen über mich erzählen zu lassen.

Du musst deine Aufmerksamkeit auf deine Gedanken richten und anfangen zu beobachten, in jedem Moment, hier und jetzt. Indem Du das tust, verliert der Verstand die Kontrolle über dich und Du bist frei!

## Die Energie folgt der Aufmerksamkeit!

Stell dir vor, dass es nur eine Energie in deinem Leben gibt und dass sie immer deiner Aufmerksamkeit folgt. Deine Aufmerksamkeit wird zunächst durch deine unbewussten Glaubenssätze gesteuert, z. B.: Ich bin nicht gut genug. Indem deine Aufmerksamkeit unbewusst immer wieder darauf gesteuert wird, vermehrt sich dein Erleben in diese Richtung. Du wirst also im Leben eine Menge Erfahrungen machen, die dir bestätigen, dass Du nicht gut genug bist. Du wirst vielleicht verlassen, angeklagt, herabgesetzt usw...

Daraus resultiert sogleich der zweite Satz:
*Das, worauf Du deine Aufmerksamkeit richtest, wird in deinem Leben wachsen.*

Wenn die Energie deiner Aufmerksamkeit folgt und das, worauf Du sie richtest wachsen wird, dann ist dir doch schnell klar, was passiert?

Stell dir vor, Du beschäftigst dich nur mit negativen Dingen (z. B. Du schaust nur Gewaltfilme, Pornographie, Du redest nur über das Schlechte im Menschen oder Du machst dich immer nur selbst klein).

Übersetzt heißt das: Wenn Du dich in deinem Leben mit Müll beschäftigst, was wird dann wachsen? Richtig, der Müllberg wird in deinem Kopf und deinem Erleben immer größer.

Alles, womit Du dich in deinem Leben beschäftigst, kann und wird wachsen. Überprüfe das doch selbst einmal. Schau dich um. Womit beschäftigen sich die Menschen in deiner Umgebung? Womit beschäftigen sich diejenigen, bei denen vieles schief läuft in ihrem Leben und die sich ständig beklagen? Etwa mit liebevollen und freundlichen Gedanken?

Sicherlich nicht. Darum ist es so wichtig, sich der Ausrichtung des Denkens bewusst zu werden, denn es ist der Schlüssel zu deinem Leben.

Also jetzt zu den guten Nachrichten, zum Thema Aufmerksamkeit. Als mir klar war, dass es nur diese eine Energie gibt und dass sie meiner Aufmerksamkeit folgt, entschloss ich mich, mich einfach mit den guten Dingen an mir und in meinem Leben zu beschäftigen. Das hatte zur Folge, dass alles Schlechte, was in meinem Leben war, sich gelöst hat und von mir gegangen ist. Schlechte Freunde und Erlebnisse, auf die ich scheinbar keinen Einfluss hatte, sind verschwunden. Das Gute ist in mein Leben gekommen. Denn es war schon immer da, nur ich konnte es aufgrund meines negativen unbewussten Denkens nicht sehen.

Ich dachte immer, dass die Leute um mich herum nur anders sein sollten, damit ich besser im Leben klar komme. Doch das war schon wieder der falsche Denkansatz.

## Die Leute sollten...
Achte doch mal darauf, wie oft Du das Wort SOLLTE verwendest.

Die Leute sollten freundlicher sein!

Die Leute sollten mich anerkennen!

Die Leute sollten sich mehr um mich bemühen!

Die Leute sollten dankbarer sein!

Auch das sind alles Überzeugungen und Annahmen, die wir von unseren Eltern und Lehrern gelernt haben. Immer wenn wir sagen was die Menschen sollten, lügen wir uns an und verursachen mit dieser Art von Denken Schmerzen. Es sind alles Erwartungen, die sich gut anhören, allerdings werden diese meistens nicht erfüllt.

Meine Mutter sollte mich mehr unterstützen!

Mein Vater sollte liebevoller zu seinem Kind sein!

Meine Eltern sollten mehr für mich da sein!

Das sind schöne Überzeugungen. Aber was ist, wenn die Eltern sie nicht erfüllen? Dann wirst Du ärgerlich und willst deine Eltern verändern. Vergiss es, das klappt nicht.

Die meisten Menschen kommen nicht auf die Idee, dass sie noch eine andere Möglichkeit haben: Nämlich ihre Überzeugungen zu verändern und somit die Art zu denken. Stell dir vor, dass Du alle diese Vorstellungen davon, wie andere sein sollten und was sie tun sollten, nicht hättest, was wäre dann?

Richtig! Du wärst frei und hättest inneren Frieden. Die anderen können bleiben, wie sie sind und Du änderst deine Überzeugungen und deinen Glauben in richtig und falsch. Nur, weil Du es so übernommen hast, müssen die anderen es doch nicht genauso sehen.

Überprüfe, ob es wirklich deine Einstellung ist oder nur eine Überzeugung.

Du kannst das mit dieser Frage überprüfen: SAGT WER?

Also, sobald Du z. B. dich selbst oder jemand anderen sagen hörst:

„Die Leute sollten freundlicher sein." Dann frage dich oder ihn/sie:

„SAGT WER?"

Diese Frage bringt die Wahrheit ans Licht. Der Andere wird darauf keine Antwort haben, außer vielleicht: „Keine Ahnung."

Die Einstellung ist vielleicht nicht von dir. Es ist nur etwas, was Du als Überzeugung und Einstellung übernommen hast.

Du brauchst Mut und Offenheit, um Einstellungen aufzugeben und andere Sichtweisen einzunehmen. Ich sage dazu:
„All derweil bin ich der Meinung, auch mal anderer Meinung zu sein."

Manche Menschen sagen auch statt Überzeugungen, Werte. In meiner Arbeit mit Konflikten finde ich es wichtig, die Werte und Überzeugungen anderer niemals anzugreifen. Ich versuche, sie zu verstehen. Ein Mafiosi hat bestimmt andere Werte und Überzeugungen als ein Priester und doch sind beide überzeugt, das Richtige zu tun.

Frei bist Du erst, wenn Du keine Überzeugung brauchst, sondern im Hier und Jetzt nach deinen Bedürfnissen lebst und der Stimme deines Herzens folgst.

Werte und Überzeugungen sind veränderbar!

Du musst dein Denken verändern und beobachten, um herauszufinden, was da in deinem Kopf abläuft. Nur so kannst Du auf Dauer in dir deinen Frieden finden.

Also richte deine Aufmerksamkeit auf das Gute in dir, denn Du besitzt es, Du musst nur an der richtigen Stelle suchen.

*Eines Tages will ein Freund Mullah in seinem Haus besuchen. Als er ankommt, findet er ihn auf der anderen Straßenseite unter einer Laterne.*

*„Was machst du hier, Mullah?"- fragt sein Freund.*

*„Ich suche meinen Schlüssel." Sofort beginnt der Freund mitzusuchen. Nach einer halben Stunde der vergeblichen Suche fragt sein Freund: „Mullah, bist du sicher, dass du den Schlüssel hier verloren hast?"*

*„Nein."- sagt Mullah, „Bestimmt liegt er im Garten, denn ich habe den ganzen Tag dort gearbeitet."*

*„Warum suchst du denn hier und nicht im Garten?"- fragt der Freund verärgert.*

*Und Mullah antwortet: „Weil hier Licht ist und im Garten ist es jetzt dunkel."*

Wir suchen oft da, wo es für uns am leichtesten ist. Da draußen bei den anderen, anstatt nach innen zu schauen und Licht in die Dunkelheit zu bringen.

Wenn Du deine Aufmerksamkeit nach innen richtest und das Licht deiner Bewusstheit hinein bringst, dann findest Du deinen Schatz unter all den alten Programmen und Vorstellungen.

## 6. SELBSTBILD

### Die große Lüge über dein Selbstbild

Ich finde es immer wieder erstaunlich zu sehen, wie freundlich und nett Menschen werden, wenn sie sich gut fühlen. Sie scheinen ein Magnet für andere zu sein, weil man einfach gerne mit ihnen zusammen ist.

Bestimmt kennst Du das auch. Wenn Du dich gut fühlst, bist Du offener und freundlicher zu anderen und alles scheint gut zu laufen. Der Schlüssel liegt in uns. Wenn es uns gefällt, so zu sein, wie wir sind und wir uns mögen, dann ist die Welt ein schöner und freundlicher Ort.

Unser Selbstbild hat starken Einfluss darauf, mit wem wir umgehen und wie wir uns in bestimmten Situationen verhalten.

Die Art wie wir denken und handeln entspringt größtenteils unserem Selbstbild. Glaubst Du nicht? Ich gebe dir ein Beispiel.

Stell dir vor, Du wachst morgens auf und fühlst dich irgendwie schlecht gelaunt und mürrisch. Auf dem Weg zum Bad kommst Du an einem Spiegel vorbei und siehst dich darin. Du bleibst stehen und denkst: O Gott, wie sehe ich denn aus? Du schüttelst den Kopf und sagst: Das bin ich nicht, das bin ich nicht. Du kleidest dich an und findest dich in allem irgendwie unproportioniert und bist unzufrieden mit dir.

Bevor Du die Wohnung verlässt, schaust Du in den Spiegel und sagst dir: Ich sehe heute echt sch... aus. Mit so einem Selbstbild gehst Du aus dem Haus und unterwegs zur Bahn begegnet dir ein Nachbar und sagt: „Hallo Frau Menden, Sie sehen heute bezaubernd aus!"

Was glaubst Du, wird deine Reaktion sein? Vielleicht sagst Du nichts und denkst: Der hat sie nicht mehr alle, der soll mich bloß in Ruhe lassen. Dann ziehst Du grußlos weiter.

Später in der Bahn sitzen zwei Männer. Sie lachen und schauen zu dir herüber. Was denkst Du wohl jetzt? Vielleicht: Die finden mich sympathisch und gutaussehend und lachen mich an?

Nein, wahrscheinlich denkst Du: Hab ich was im Gesicht? Die wollen mich blöd anmachen oder lachen mich aus. Du wirst ärgerlich und Du fühlst dich total unwohl in deiner Haut. Jetzt steht einer der beiden auf und kommt lächelnd auf dich zu und sagt: „Hallo, schöne Frau."

„Willst du mich verar..." - sagst Du, stehst auf und gehst. Irgendwie geht es den ganzen Tag so weiter und abends bist Du froh, wenn Du alleine zu Hause bist und keiner sehen muss, wie unmöglich Du bist.

Oder kennst Du das? Du warst beim Friseur. Anschließend begegnest Du zehn verschiedenen Menschen die sagen, was Du für eine tolle Frisur hast. Du fühlst dich langsam, nach einigen Zweifeln, schon ein bisschen gut.

Da kommt deine Freundin um die Ecke und sagt: „Wie siehst du denn aus?" Sofort bist Du verunsichert und fragst nach. Deine Freundin sagt: „War nur ein Scherz." Allerdings sieht dein Verstand das anders und sagt sofort: *Siehst du, sieht doch nicht so gut aus wie du gedacht hast. Aber die anderen fanden doch die Frisur gut! Die haben keine Ahnung und außerdem lügen die nur, weil sie höflich sein wollen. Deine Freundin auch. Die sagt bestimmt nicht die Wahrheit, weil sie dich nicht verletzen will.*

All das läuft in deinem Kopf ab und schon fühlst Du dich mit deiner Frisur schlecht. Du hast es doch gleich gewusst. Da haben dir zehn Leute gesagt, dass Du gut aussiehst und die Bemerkung einer Freundin reicht aus, damit Du alles in Frage stellst. Ist das nicht interessant?

Hast Du dich schon einmal gefragt, wie das funktioniert?

Was ist da bloß passiert? Dein Selbstbild war durch die Art der Urteile, die Du über dich gefällt hast, total verzerrt. Es gibt Tage, da kann das mal passieren. Doch was ist, wenn es an 360 Tagen im Jahr so ist?

Unser Selbstbild machen wir durch unsere Brille der Erfahrungen, Erfolge und Misserfolge. Weiterhin durch die Art und Weise, wie wir über uns denken und die Art, mit der wir die Reaktionen der anderen auf uns auslegen.

Wenn wir an unser Selbstbild glauben, dann ist das der Käfig, in dem wir uns bewegen.

Du bist das, was Du zu sein glaubst. Wenn Du glaubst, schlecht zu sein, fühlst Du dich schlecht und schuldig und verhältst dich auch so.

Wenn Du glaubst, toll und liebenswert zu sein, dann fühlst Du dich glücklich, froh und verhältst dich so.

Wenn Du glaubst, total unmusikalisch zu sein, dann erzählst Du es überall und sagst vielleicht noch, dass Du ein hoffnungsloser Fall bist und keine Töne triffst. Du sagst: Ich kann das einfach nicht. Und wenn Du es dann doch versuchst, kannst Du es wirklich nicht, weil Du deinen Geist auf Misserfolg programmiert hast. Du sagst dann: Siehst du, ich bin halt unmusikalisch.

Damit hast Du es dir selbst bewiesen. Falls Du doch einen Ton triffst, sagst Du: Zufallstreffer! Je öfter Du es anderen erzählst und dir selbst beweist, desto mehr glaubst Du an dein Selbstbild.

Du siehst! Es ist die Art, wie wir über uns denken und urteilen. Deshalb ist der einzige Ausweg, die Art zu ändern, wie wir über uns reden und denken. Es ändert sich, sobald Du beginnst die Gedanken über deine Fähigkeiten zu ändern.

Wenn Du dir sagst, ich kann es lernen und Du dir positive Bilder erschaffst, in denen Du musizierst, dann wird dein Geist sich darauf einstellen und es wird dir leichter fallen. Genauso ist es mit allem was Du tust. Wenn Du glaubst, Du kannst es nicht, stimmt das genauso wie, wenn Du glaubst, es zu können. Du hast auf jeden Fall Recht. Die Welt und Du sind genauso, wie Du sie siehst.

Wenn dein Selbstbild schlecht ist, kannst Du kein Lob und auch keine Anerkennung annehmen. Es geht nicht darum, überheblich und egoistisch zu sein; der gesunde Egoismus steht ja in der Bibel. Liebe deinen Nächsten wie dich selbst. Alles klar? Nur wer sich selbst liebt, was ein gutes Selbstbild voraussetzt, kann auch andere lieben.

Ein Egoist will immer im Mittelpunkt der Aufmerksamkeit stehen und will immer Anerkennung und Aufmerksamkeit. Die anderen sind ihm egal.

Also Eigenliebe und Selbstbild sind unzertrennlich. Du weißt, wer Du bist und musst dich vor niemandem rechtfertigen. Du bist mit dir zufrieden und behandelst dich gut. Ein Zeichen von Wertschätzung dir selbst und deinem Körper gegenüber ist es, wenn Du ihn im gesunden Rahmen gut kleidest und pflegst. Es ist schön, Dinge zu tun, die Freude und Schönheit in dein Leben bringen.

Wenn Du zu mir sagen würdest: Hey Uwe, das ist ja toll, was Du da machst. Dein Buch und deine Arbeit, echt tolle Leistung! Dann werde ich bestimmt nicht sagen: Ach, das ist doch normal, nichts Besonderes. Ich weiß, dass ich es selbst erreicht habe und was ich wert bin, also werde ich „*Danke!*" sagen.

Im Übrigen sind Menschen, die ständig nach Aufmerksamkeit haschen, für andere sehr schwierig.

Wir hatten eine Freundin zu Besuch, die eine tolle Sängerin mit einer überragenden Stimme ist.

Ich sagte zu ihr: „Du singst wunderschön."

Darauf sie: „Ach, das ist doch nichts Besonderes."

Darauf ich: „Aber ich finde, dass du gut singst."

Darauf sie: „Ja, ja, es gibt doch noch viel bessere Sänger als mich."

Darauf wieder ich: „Das mag sein, aber du hast eine schöne Stimme."

Sie wieder: „Du hast doch keine Ahnung, du kennst nur nicht so viele Sänger, um das zu vergleichen."

Da wirst Du echt verrückt. Sie will nur, dass ich weitermache und ihr schmeichele, also habe ich den Spieß umgedreht und gesagt:

„Vielleicht hast du Recht! Es gibt so viele Sänger überall, mit super Stimmen und du musst es ja wissen, schließlich kennst du ja genug."

Das war jetzt auch nicht in Ordnung, dass ich es ihr zurückgegeben habe.

Darauf sie: „Na so toll sind die auch nicht. Ich bin schon sehr gut im Geschäft mit meiner Stimme und habe viele Aufträge."

Na also, geht doch. Du musst es einfach umdrehen und schon ist da doch ein Funke Glaube an sich selbst.

Sei vorsichtig, wenn Du ein echtes Kompliment ablehnst. Wenn jemand sagt: „Du hast tolle Beine." und Du antwortest: „Nein, meine Oberschenkel sind dick und ich habe Cellulite.", könnte es sein, dass die Person dich dann wirklich genau so sieht. Du hast ihn vielleicht von deinem Selbstbild überzeugt

## Der Zweifel

Wenn Du beginnst, dich auf deine Schönheit zu besinnen und Du dich damit beschäftigst, was alles Gutes an und in dir ist, dann wird es sicherlich passieren, dass Du von starken Gefühlen des Zweifels überfallen wirst.

Keine Angst, das ist normal! Denn die alten Programme, die Du so lange gelebt hast, werden vom Zweifel überprüft. Du sagst z. B.: „Ich bin für die Veränderung bereit. Ich bin liebenswert." Doch dein altes Glaubensprogramm ist ja noch da und bevor dein Bewusstsein einfach deinen neuen Glauben annimmt, schickt es den Zweifel vorbei, um zu sehen, ob Du wirklich entschlossen bist, dich in einem neuen Licht zu sehen und die Veränderung auch dein Ernst ist.

Wenn der Zweifel also vorbeischaut und Du fest dabei bleibst, deine Entscheidung, egal was passiert, zu tragen, dann wird er verschwinden und dein altes Programm hat sich aufgelöst.

Falls Du jetzt gerade deine Zweifel hast, sage ich dir: „Zweifle auch mal am Zweifel." Das hat mir oft geholfen.

Sei dir bewusst, dass es alles Programme sind, die sich kurz nach deiner Geburt herausgebildet haben. Das alles hast Du dir nicht freiwillig ausgesucht, sondern als Kind gelernt.

Als Kind habe ich wohl sehr viel geschrien und Lärm gemacht, wenn ich irgendetwas brauchte (z.B. Aufmerksamkeit, zu trinken, auf den Arm genommen werden, wenn mir langweilig war, wenn ich Spielzeug haben wollte oder die Windeln nass waren).

Wenn ich weinte, nahte in den meisten Fällen der Trost, oft in Form einer Nahrung. Ich bekam etwas in den Mund geschoben. Meistens klappte es, ich war ruhig. Dies führte zu der Annahme, dass die Lösung für meine Probleme darin bestand, den kleinen Uwe zu füttern und schon war er still. Das erklärt auch, warum ich jahrelang zuviel gegessen und getrunken habe. In meiner ganzen Kindheit war ich übergewichtig, kurz gesagt zu dick.

Wenn Du heute noch zuviel trinkst, rauchst oder dich mit Essen vollstopfst, dann hast Du jetzt vielleicht so eine kleine Ahnung, wo das herkommt.

Bei mir war das so: Immer, wenn ich frustriert, gelangweilt, traurig oder einsam war, war der Kühlschrank mein Lichtblick. Mit Hilfe von Essen konnte ich unangenehme Gefühle kurzzeitig verdrängen. Wie gesagt, nur kurzzeitig! Aber Gott sei Dank herrschte ja keine Hungersnot und somit war immer genug zu Essen da. Bis ich dann irgendwann über 100 kg wog.

Bei zu viel Alkohol und Zigaretten sind das ähnliche Erfahrungen. Sie dienen als Trost und bewirken, wahre Gefühle zu unterdrücken.

Hierbei ist es wohl nicht so schwer zu erkennen, woher diese Programmierungen stammen: von unseren Eltern. Denn sie sind unsere ersten Bezugspersonen. In den ersten Lebensjahren sind wir noch wie ein unbeschriebenes Blatt und sind noch für alles empfänglich, was um uns herum vorgeht. Wir saugen alle Informationen wie ein nasser Schwamm auf.

Da wir ja die meiste Zeit als Kleinkinder mit unseren Eltern verbringen, ist deren Einfluss für uns am größten. Wir lernen von ihnen, wie die Welt funktioniert und welches Verhalten wir erlernen müssen. Tragisch daran ist, dass wir zum Teil bewusst aber zum größten Teil unbewusst Lebenssituationen erschaffen, in denen wir die Erfahrungen wiederholen, die wir mit unseren Eltern gemacht haben.

Viele suchen sich Beziehungen, die ihren Eltern gleichen. Da ist der Mann, der sich eine Frau sucht und nach der Heirat feststellt, dass sie seiner Mutter im Verhalten ähnelt. Genauso suchen sich Frauen meistens in ihren Beziehungen immer wieder Männer, die im Verhalten ihren Vätern ähneln.

Oft ist es so, dass wir Freundschaften mit Menschen pflegen, die unseren Eltern ähnlich sind oder einen Chef haben, der genauso ist wie der eigene Vater.

Bei mir war das genauso. Meine früheren Beziehungen ähnelten absolut meinen Eltern. Ich suchte mir immer Frauen, die vom Charakter meiner Mutter ähnelten. Die Beziehungen liefen dann auch ähnlich ab wie bei meinen Eltern. Das war vielleicht eine Erleuchtung, als mir das klar wurde!

Wir entwickeln unbewusst ein Bild von unseren Partnern, nach denen wir auch suchen. Wenn deine Mutter immer still und nett war oder dein Vater groß, stark und dominant, dann denkst Du aus deinem Muster heraus: „Frauen sollten still und brav sein." Oder: „Echte Männer sind groß, stark und dominant." Du suchst sozusagen aus deiner Programmierung heraus einen Partner, der dich dann ähnlich behandelt.

Dein Beziehungsleben spiegelt auch dein Arbeitsleben. Überprüfe das einmal, bestimmt findest Du viele Parallelen. Vergleiche deinen Umgang mit deinem Chef oder der Chefin mit deinen Beziehungsvorstellungen. Das kann sehr hilfreich sein, aber auch ernüchternd. Vielleicht stellst Du gerade fest, dass Du dir genauso jemanden, wie deinen Vater oder deine Mutter ausgesucht hast.

Wir übernehmen das meiste in den ersten Lebensjahren von unseren Eltern. Wenn unsere Eltern liebevoll und sanft waren, dann tendieren auch wir zu solch einem Verhalten. Wenn sie kalt, abweisend und gewaltvoll waren, übernehmen wir dieses Verhalten am Anfang auch.

Es gibt wissenschaftliche Untersuchungen an Gewalttätern, die ganz klar besagen, dass alle Gewalttäter selbst Gewalt erlebt haben und dass keiner dabei war, der liebevoll erzogen wurde. Aus meiner Erfahrung als Antigewalttrainer an Schulen und öffentlichen Einrichtungen kann ich das nur bestätigen.

Am Anfang habe ich mich in der Schule mit Gewalt durchgesetzt. Später in meinen Beziehungen war ich immer sehr kühl und wortkarg, wenn die Partnerin etwas von mir wollte. Erst viel später wurde mir klar, dass ich in einem Kreislauf von antrainiertem Verhalten gefangen war.

Die Qualität der Beziehung zu unseren Eltern erschafft übrigens auch bestimmte Muster. Wenn Du als Kind Ablehnung und Schuldgefühle erlebt hast, dann ziehst Du laufend Menschen an, die dich schlecht behandeln oder Du suchst dir deren Gesellschaft.

Wenn wir als Kinder mit Achtung und Wertschätzung behandelt werden, dann suchen wir uns später den Umgang mit Menschen, die uns auch mit Respekt behandeln. Darüber hinaus ziehen wir Menschen an, die mit Achtung und Wertschätzung in unserem Leben wirken.

Überprüfe das doch einfach mal bei dir, vielleicht erkennst Du einige Muster und bekommst mehr Klarheit über deine Vergangenheit.

Die Welt ist genauso, wie wir es aufgrund unserer Programmierungen und Erfahrungen erwarten und glauben. Doch Du kannst dich von all diesen Annahmen und Programmen befreien.

Am Anfang geht es darum, zu erkennen, was wir für Programme fahren. Das ist dann schon die halbe Lösung. Es verschafft uns die Bewusstheit über unser Handeln und gibt uns die Möglichkeit zur Veränderung.

Das Thema mit Programmen und Überzeugungen ist riesig und ich will dir damit einen kleinen Einblick in dein Leben verschaffen.

Ich möchte dir jetzt noch etwas ans Herz legen.

Am Anfang kann es für dich sehr hilfreich sein, wenn Du die Reise nach innen machst und dir all das „Zeug" anschaust, das in deinem Kopf abläuft. Dann verstehst Du besser, wie Du funktionierst. Allerdings bitte ich dich, sei freundlich zu dir, wenn Du Dinge entdeckst, die dir nicht gefallen. Vor allem, wenn Du irgendwann wach wirst und feststellst, dass Du es wieder genauso gemacht hast wie früher. Sei wie ein Kleinkind, das gerade zu laufen beginnt.

Was macht dieses Kind, wenn es bei den ersten Versuchen hinfällt? Gibt es auf? Nein, es steht immer wieder auf und versucht es erneut. So lange, bis es die ersten Schritte gehen und irgendwann auch alleine laufen kann.

Stell dir vor, das Kind wäre wie so viele Erwachsene, die gleich aufgeben, wenn etwas nicht gelingt.

Ein anderthalb jähriger Junge flucht unentwegt, weil er ständig bei dem Versuch zu laufen hinfällt. Er beschwert sich ständig, wie mühselig und anstrengend das Aufstehen sei und dass er so langsam keine Lust mehr darauf hat. Nach dem zehnten oder zwanzigsten Sturz sagt er dann: „Seht ihr, ich schaff das sowieso nicht und ich bleib jetzt hier sitzen."

Das würde bedeuten, dass wir alle im Rollstuhl sitzen würden. Wir wären nur noch motorisiert in der Lage, durch den Alltag zu kommen. Im Normalfall lernen wir laufen, indem wir es einfach immer wieder versuchen. Darum gilt für mich in meinem Leben der folgende Satz:

*„Fehler machen ist erlaubt."*

## Fehler machen ist erlaubt!

Ich finde diesen Satz im Leben sehr wichtig. Leider versuchen Erwachsene möglichst keine Fehler mehr zu machen. Darum trauen sich viele Erwachsene oft schon sehr früh nicht mehr, neue Sachen auszuprobieren.

Die Unsicherheit kommt aus der Zeit, in der wir heranwachsen, also noch Kinder sind. Kinder können ganz schön grausam sein, wenn es darum geht, über andere Kinder zu lachen. Sie machen sich oft lustig, wenn andere Kinder etwas nicht gut hinkriegen oder dabei hinfallen.

Deshalb mache ich mit den Kindern in meinen Kursen immer eine wichtige Regel neben einigen anderen aus, und die heißt: Wir lachen niemanden aus!

Ich frage die Kinder, *warum* so eine Regel wichtig ist und bekomme dann Antworten wie: „Weil das blöd ist und es mich ärgert." usw.

Ich frage die Kinder dann: „Stell dir vor, du machst etwas ganz Neues, was du vorher noch nie gemacht hast und die anderen lachen dich aus, weil du die Bewegungen noch nicht so gut kannst; macht es dann noch Spaß?" Die eindeutige Antwort der Kinder lautet: „NEIN."

Gerade, wenn Du als Kind etwas Neues lernst, dann brauchst Du Ermutigung und liebevolle Unterstützung und keine Bloßstellung oder Verhöhnung, weder durch deine Eltern noch durch deine Mitschüler.

Als Jugendliche und Erwachsene fangen wir an zu glauben, dass wir versagt haben, wenn wir etwas Neues nicht so schnell hinkriegen. Versagen, das Wort an sich finde ich schon schlimm genug. Doch es bekommt noch eine ganz besondere Eigenschaft, wenn Du dich für einen Versager oder eine Versagerin hältst.

In einer meiner Gruppen saß ein Mann von 48 Jahren, der sich für einen Versager hielt und der glaubte, dass er nichts in seinem Leben gut hinbekommen hat. Dementsprechend war auch seine Haltung leicht gebeugt und der Blick gesenkt.

Dieser Mann war verheiratet, hatte 2 Kinder und einen guten Beruf, der ihm auch Spaß zu machen schien. Wenn da nicht immer diese Zweifel wären und sobald er einen Fehler machte, hielt er sich für einen Versager.

Es stellte sich heraus, dass er als Kind von seiner über alles geliebten Mutter immer wieder darauf hingewiesen wurde, dass er wie sein Vater als Versager enden würde, sobald er eine Klassenarbeit schlechter als Note zwei schrieb. Immer wieder im Laufe seiner Kindheit hörte er, wie die Mutter über diesen Versager schimpfte, der ja sein Vater war.

Sein Vater starb an Herzversagen, als er acht Jahre alt war.

Im weiteren Verlauf fing seine Mutter an, sich über jede seiner scheinbar schlechten Leistungen aufzuregen, indem sie ihn einen Versager nannte. Er wäre auch nicht besser als sein Vater. Das war für ihn sehr schmerzhaft und er fing an, sich nichts mehr zuzutrauen und versteckte sich in seinen Büchern und Romanen, dort wo all die Helden auf Papier waren.

Aber das Drama ging weiter. Denn als er endlich von Zuhause auszog, um seiner Mutter zu entkommen und um eine schöne, erfolgreiche Frau zu heiraten, stellte er nach zwei Jahren Ehe fest, dass seine Frau auch nicht besser als seine Mutter war. Ständig trieb sie ihn zu Leistungen an und verlangte von ihm immer mehr. Letztendlich stimmte sie seiner Mutter, wenn sie wütend auf ihn war, mit den Worten zu: „Deine Mutter hat schon Recht, du bist echt ein Versager."

Sie trennte sich von ihm und zog zu einem erfolgreichen Mann mit eigener Firma. Jetzt fühlte er sich erst recht als Versager und dies schien ihm zu einer seiner persönlichen Eigenschaften geworden zu sein.

Tja, da saß er nun. In seiner zweiten Ehe hatte er ja immerhin eine Frau, die ihn liebte und schätzte. Allerdings konnte er sein Leben nicht so frei und unbeschwert sehen, da er die meiste Zeit ziemlich verkrampft und darauf bedacht war, bloß nicht aufzufallen oder einen Fehler zu machen.

Im Laufe des Seminars gab ich ihm die Aufgabe, über folgenden Satz eine Stunde lang zu meditieren und in der Stille zu verweilen:
*„Versagen ist ein Ereignis und keine Eigenschaft!"*

Als ich ihn nach einer Stunde wieder im Raum besuchte, saß er ganz nachdenklich und still da. Er war sehr traurig und hatte geweint.

Er erzählte, dass er das noch nie so gesehen hätte und dass er immer in dem Glauben war, dass das Versagen seine Eigenschaft wäre, weil er sich ja auch so fühlte.

Durch diese Art zu denken entsteht erst das Problem. Und zwar in dem Moment, als er sich mit dem Gedanken wie mit einem Virus identifizierte und anfing, sich genauso zu fühlen: schwach, unsicher, hilflos usw.

All das bekommen wir doch in der Schule und zu Hause von Anfang an präsentiert.

## Vergleichen, das große Problem? –
## Wer liebt es schon, mit anderen verglichen zu werden?
Leider werden wir ständig verglichen und das von Kind an: mit den Nachbarskindern und dem Rest der Welt, der uns ja wohl, laut Aussage der Eltern und der Medien, immer voraus ist.

Letztens hörte ich, wie ein Mann zu seiner Frau sagte: „Du sprichst schon wie deine Mutter.“

Daraufhin wurde sie ganz schön wütend und meinte zu ihm: „Du spinnst wohl, mich mit meiner Mutter zu vergleichen.“

Tja, wir alle mögen es überhaupt nicht, verglichen zu werden; schließlich sind wir doch alle anders und unterschiedlich. Da fragst Du dich, was die Menschen damit erreichen wollen, wenn sie dich vergleichen?

Ja, was wohl? Wir sollen uns ständig verbessern und anders sein. Du brauchst dich nicht zu verbessern und anders zu sein, als Du bist: Die ganze Psychologie zielt darauf ab, unsere Persönlichkeit zu verbessern. Du sollst also besser werden und mehr erreichen. Wenn Du dann eine bedeutende Persönlichkeit bist, werden dich alle bewundern. Doch pass auf, Du musst sehr viel dafür tun, dein Image zu verbessern und zu erhalten.

Ständig musst Du dich vergleichen oder wirst von anderen verglichen.

Deine Eltern haben dir vielleicht so etwas gesagt wie: „Schau dir deinen Bruder oder deine Schwester an, was sie für tolle Noten haben.“ – oder – „Der Nachbarsjunge ist viel sportlicher als du.“ Ständig soll der Ehrgeiz in dir geweckt werden, besser zu sein und das geht dann vielleicht dein Leben lang so weiter.

Ich habe mich immer nur mit anderen verglichen, ob die schlanker, muskulöser, cooler, beliebter, stärker sind, mehr Geld haben, schönere Frauen besitzen, das bessere Auto haben. Der ganze Blödsinn hat mich  bestimmt zwei Drittel meiner Lebenszeit beschäftigt. Rückblickend war das echt anstrengend.

Ständig irgendwelchen inneren Rollen gerecht zu werden, das bedeutet echten Stress!

Eins ist doch sowieso klar: Spätestens, wenn Du alt und grau bist, sind all diese Vergleiche hinfällig. Ich bin zwar erst Ende Vierzig, doch ich kann mir vorstellen, dass es die sogenannte Weisheit des Alters ist, wenn ältere Menschen die nach Schönheit und Erfolg strebenden Jünglinge milde belächeln. Es ist doch so, dass wir alle in spätestens 50 bis 100 Jahren in der Erde liegen und verrotten, ohne Ausnahme. Kein einziger, ob reich oder noch so besonders, kann sein Leben um auch nur einen einzigen Tag verlängern. Also nutze deine Zeit hier auf Erden und lebe so, wie es deinem Herzen entspricht!

Hierzu habe ich mal eine kleine Geschichte gelesen, die zum Nachdenken anregen soll.

# Wenn ich noch einmal zu leben hätte!

*Ein 85-jähriger Mann, der auf dem Sterbebett lag und der wusste, dass er bald sterben würde, sagte: „Wenn ich noch einmal zu leben hätte,… dann würde ich mehr Fehler machen. Ich würde versuchen, nicht so schrecklich perfekt zu sein. Dann würde ich mich mehr entspannen und vieles nicht mehr so ernst nehmen. Dann wäre ich ausgelassener und verrückter. Ich würde mir nicht mehr so viele Sorgen um mein Ansehen machen. Dann würde ich verreisen, mehr Berge besteigen, mehr Flüsse durchschwimmen und mehr Sonnenuntergänge beobachten. Dann würde ich mehr Wein trinken. Dann hätte ich vielleicht mehr wirkliche Schwierigkeiten als nur eingebildete. Dann würde ich früher im Frühjahr und später noch im Herbst barfuß gehen. Dann würde ich mehr Blumen riechen, mehr Kinder umarmen und mehr Menschen sagen, dass ich sie liebe. Wenn ich noch einmal zu leben hätte, aber ich habe es nicht…"*

Ich wette: Noch keiner hat es am Sterbebett bereut, zu wenig im Büro gewesen zu sein.

Als ich diese kleine Geschichte zum ersten Mal gelesen habe war mir von Herzen klar, dass ich nur eine begrenzte Zeit auf dieser Erde habe und dass ich herausfinden muss, was für mich in meinem Leben wirklich wichtig ist. Ich möchte im Alter zurückblicken können und all diese Dinge im Leben gemacht haben.

Ja, ich laufe heute noch an vielen Tagen und zu jeder Jahreszeit barfuß über Wiesen und mache all die anderen schönen Dinge auch. Oft kommt es ja mit der Weisheit des Alters oder durch schwere Krankheiten und Schicksalsschläge erst dazu, dass wir erkennen, was wirklich im Leben zählt.

Allerdings macht Alter nicht immer weise, wie man ja in der Schönheitsindustrie sieht. Da sind immer wieder reiche alte Frauen und Männer im Fernsehen, die sich die Falten glatt ziehen lassen, um schöner auszusehen und glücklicher zu sein. Deren Gesichter sehen dann aus wie Wachsmasken. Überhaupt sehen die so verschönerten Menschen oft aus, als kommen sie aus dem Wachsfigurenkabinett.

Warum das alles? Weil sie sich ständig mit den jungen Menschen aus der Werbung vergleichen, die Produkte benutzen, die ewig jung halten sollen. Da wird dir vorgegaukelt, dass die Frau vierzig Jahre alt ist und durch das Produkt wieder aussieht wie fünfundzwanzig. In Wahrheit ist die Frau mal gerade sechzehn oder zwanzig und ihr Aussehen wurde auch noch mit einem Photoshop bearbeitet.

Wenn Du dich damit vergleichst, kannst Du nur verlieren.

Ich glaube, dass jedes Alter seinen Reiz hat und mit Würde alt zu werden, ist doch etwas Schönes. Ich bin 49 Jahre alt und fühle mich zufrieden und glücklich. Ich bin bei mir angekommen, denn ich weiß, dass ich meine Persönlichkeit nicht verbessern muss.

Ich darf sein, was ich bin und nur ich weiß doch am besten, wer ich bin! Da brauche ich keinen Vergleich mehr.

Vergleichen macht uns nur Stress und unser Ego will uns ständig vergleichen.

Das Drama an der Sache ist allerdings, dass es beim Vergleich nach oben keine Grenze gibt. Kaum glaubst Du, etwas erreicht zu haben, zeigen sie dir einen, der es besser kann oder besser aussieht.

Chefs vergleichen ihre Mitarbeiter, Mütter ihre Kinder, Männer ihre Frauen, usw. Die meisten Eltern sind davon überzeugt, dass ihre Kinder die schönsten sind und dass aus ihnen mal etwas ganz Besonderes wird. So viele Hoffnungen, da sollst Du mal in Leichtigkeit aufwachsen. Du willst ja niemanden enttäuschen.

Du wirst immer mit anderen Menschen verglichen und als Kind strengst Du dich dann an oder Du widersetzt dich und denkst: Ihr könnt mich mal, ich mach was ich will.

Letzteres führt zu einer Menge Ärger, mit dem Du dann als faules oder unartiges Kind durchs Leben laufen musst.

Ersteres führt eher dazu, einen Perfektionisten aus dir zu machen.

Das sind die Leute, die immer glauben, dass sie es noch besser machen müssten und die nie mit ihren Leistungen zufrieden sind.

## Perfektion

Letztens habe ich eine Freundin getroffen, die genau darüber klagte.

Sie sagte, dass sie immer das Gefühl hat, am Ende des Tages nicht alles geschafft zu haben. Sie nimmt sich immer so viel vor und schafft es dann doch nicht. In der Nacht schläft sie schlecht, weil ihr alles Mögliche einfällt, was sie noch zu tun hat.

Ich fragte sie, wie viel sie denn von den 100%, die sie sich vornimmt, am Tag erreicht? Sie sagte, höchstens 80%, und das raube ihr die innere Zufriedenheit.

Das ist typisch für Perfektionisten. Du erreichst 80% und für die letzten zwanzig brauchst Du so viel Energie, dass Du scheiterst.

Ich finde, dass Du mit 80 von 100% zufrieden sein kannst, oder?

Das war für sie ein seltsamer Gedanke, der jedoch irgendwie eine Logik enthielt, der sie sich nicht entziehen konnte.

Ich sagte ihr, dass es Menschen gibt, die keine 20% geregelt bekommen. Und es gibt sogar welche, die sich nichts vornehmen und nur in den Tag hinein leben.

Wenn Du jeden Tag nur darauf ausrichtest, alles zu erreichen und besonders zu machen und Du es doch nicht schaffst, bleibt doch keine Freizeit mehr, die dann ja ohnehin nur schwer zu genießen ist.

Da gefällt mir persönlich die Regel des lieben alten Vilfredo Pareto, die besagt, dass Du mit 20% deines Aufwandes 80% des Erfolges erreichst. Sie besagt auch, dass sich viele Aufgaben mit einem Mitteleinsatz von ca. 20% so erledigen lassen, dass 80% aller Probleme gelöst werden.

Also, von den 100 Dingen, die Du jeden Tag erledigen willst, sind nur 20 die wichtigsten und dann höre auf und widme dich den anderen schönen Dingen in deinem Leben. Ich lebe nach diesem Prinzip seit 15 Jahren und kann bestätigen, dass es funktioniert. Doch wie findest Du heraus, was die 20% sind, die es zu erledigen gilt? Das ist gar nicht so schwer.

Mach dir eine Liste, schreib alles drauf, was in deinem Kopf ist und wovon Du glaubst, es erledigen zu müssen. Vielleicht kommst Du auf 30 bis 40 verschiedene Sachen.

Jetzt machst Du dir drei weitere Listen und benennst sie mit A – B – C.

Auf Liste A schreibst Du alles, was dringend erledigt werden muss, also heute. Dann kommt die B Liste. Auf diese schreibst Du alles, was innerhalb der nächsten Woche erledigt werden sollte. Auf die C Liste kommt das, was übrig ist.

Also: A = superwichtig, B = wichtig, C = kann warten.

So mache ich das und das funktioniert gut. Früher habe ich viele Bücher über Time Management gelesen. Das Ergebnis: Ich war noch verwirrter. Da steht nämlich drin, dass Du dein ganzes Leben planen sollst. Das war nichts für mich. Ich brauchte etwas Einfaches und dann habe ich es mit der ABC Liste versucht. Wenn Du die Aufgaben auf die Blätter verteilt hast, wirst Du feststellen, dass Du in der A Liste maximal 20% stehen hast, die superwichtig sind. Probiere es aus!

Ich habe dazu mal eine Buddhistische Weisheit gelesen:

## „Lerne im Leben möglichst viele Dinge nicht zu tun."
Das klingt doch gut. Anstatt ständig im Tun zu sein, lerne viele Dinge nicht zu tun. Das soll nicht bedeuten, nichts mehr zu tun, sondern nur die wichtigen 20% und den Rest des Tages genießen.

Viele Menschen erkranken an einem Burnout, weil sie die 100% jeden Tag schaffen wollen oder schaffen müssen. 100% sind ja das Mindeste, am liebsten noch 150% bis 200%! Sie machen sich damit so viel Stress im Kopf, dass sie irgendwann zusammenbrechen. Und ich bin nicht der Einzige, dem das genauso passierte.

Es ist der innere Antreiber, die Stimme, die uns immer in Bewegung hält und sagt: *Du musst dieses und jenes tun.* Nie gibt diese Stimme in deinem Verstand Ruhe. Die Stimme, die schon so manchen Menschen in den Wahnsinn getrieben hat. Darum ist es so wichtig, die Gedanken zu überprüfen und sich von ihnen nicht beherrschen zu lassen.

Perfektionisten denken immer, dass es nie gut genug ist und versuchen, es immer besser zu machen. Mit dem Ergebnis, dass es nie vollkommen ist.

Woher kommt der Blödsinn?

Ich denke, dass es in der Erziehung unserer Eltern und Lehrer liegt. Wir werden sehr früh auf unsere Fehler hingewiesen, anstatt für die kleinen Fortschritte gelobt zu werden. Stell dir vor, Du hast ein Diktat mit 100 Wörtern geschrieben und dein Lehrer findet sieben Fehler.

Ja, Du weißt schon, Du bekommst vielleicht eine ausreichende oder mangelhafte Note mit dem Hinweis, dass Du nicht genug geübt hast. Wenn Du nach Hause kommst, dann gibt es meistens noch Saures und Du wirst dann auch noch als Versager beschimpft. Da kann man sich doch irgendwann echt wie ein Versager fühlen. Leider haben dir deine Eltern nicht beigebracht, dass das Versagen ein Ereignis ist, welches aus dir keinen Versager macht.

Stell dir doch mal vor, der Lehrer würde sagen: „Gut gemacht, mein Lieber, du hast von Hundert Wörtern immerhin 93 richtig geschrieben, was ja immerhin 93% entspricht." Da würdest Du doch viel mehr Motivation aufbringen zu lernen.

Wenn Du dann zu Hause auch noch liebevoll empfangen wirst und Du trotz der Fehler die Botschaft bekommst: *Wir lieben dich, so wie du bist und Fehler machen ist erlaubt!* Dann würdest Du doch viel unbefangener an die Sache herangehen, oder?

Ist es denn nicht in den meisten Schulen so, dass wir nach unserem Verhalten und den erbrachten Leistungen gnadenlos abgeurteilt werden?

Und wird das nicht auch von den meisten Eltern und der Gesellschaft unterstützt?

Ich erinnere mich heute noch an mein erstes Schuljahr. Ich hatte eine strenge Klassenlehrerin. Jedes Mal, wenn ich an die Tafel gehen musste, um etwas anzuschreiben, stellte sie mich vor der ganzen Klasse bloß, indem sie über meine Schrift lästerte und mich einen „Schmierfink mit einer Sauklaue" nannte.

Von diesem Moment an bin ich nie wieder freiwillig an die Tafel gegangen. Übrigens verbesserte sich meine Handschrift in den nächsten Jahren nicht. Ich bin dann in der zweiten Klasse sitzen geblieben und war diese Lehrerin los. Zuhause wurde ich auch nur belächelt und schlechte Leistungen wurden bestraft. Das führte dazu, dass ich die

Schule hasste. Wie wäre es wohl gelaufen, wenn sie mich liebevoll mit den Worten ermutigt hätte: „Gut gemacht, kleiner Uwe, ich werde mit dir die Schrift üben und du wirst sehen, dass es immer besser wird." Aber nein, sie hatte einen ihrer vielen schlechten Tage und ich musste es ausbaden. Rückblickend habe ich fast 34 Jahre gebraucht, bis ich verstand, dass ich es kann und dass es nicht von der Wertung anderer abhängt.

Heute stehe ich an meinem Flipchart und auch wenn meine Schrift nicht die allerbeste ist, können alle meine Teilnehmer sie lesen. Oft füge ich kleine Zeichnungen ein, die zu dem einen oder anderen Spaß führen.

Es geht ja sogar noch weiter. Weil ich mir aus der Wertung anderer nichts mehr mache, kann ich heute sogar regelmäßig in Fortbildungen mit Lehrern arbeiten. Es ist alles kein Problem mehr, weil ich es als keins mehr sehe. Ich erzähle hier über Fehler machen, weil wir doch alle diese Wertungen und Verurteilungen durch Eltern, Schulen und Vorgesetzte erlebt haben. Da ist es auch kein Wunder, dass dieses System immer weiter fortgesetzt wird.

Für mich war es eine schmerzhafte Erfahrung, vor der ganzen Klasse bloßgestellt und ausgelacht zu werden. Eine Erfahrung, die ich nie wieder in meinem Leben erleben wollte. Ist es nicht erstaunlich, wie früh wir als Kinder solche Dinge für den Rest unseres Lebens beschließen?

Das heißt, wir behalten diese Art, uns unsicher zu verhalten, weiterhin bei. Wir sind unbewusst nicht in der Lage zu erkennen, dass wir jetzt keine hilflosen Kinder mehr sind, sondern erwachsene Menschen, die für sich selbst sorgen können und verantwortlich sind. Es ist die Scham und dieser Schmerz der Bloßstellung, der uns vermittelt, auf eine wenig erfreuliche Art etwas zu lernen. Durch Schmerz und häufige Wiederholung.

Also, wenn wir als Kinder vor anderen bloßgestellt werden, von Menschen, die für uns wichtig sind, dann tut das weh. Und genau das sitzt dann wie eine tiefe Wunde, vor der wir uns für den Rest des Lebens schützen wollen.

## Bloßstellen oder blamieren

Als ich ungefähr fünf oder sechs Jahre alt war, ging ich mit meiner Mutter zum Metzger. Ich stand also im Geschäft, wie kleine Jungs das halt so machen und bewunderte mit hungrigem Blick die leckeren Würstchen in der Theke. Und als ob meine Gebete erhört wurden, kam die nette Metzgerin und reichte mir eine Scheibe Fleischwurst mit den Worten: „Hier mein Kleiner, die ist für dich."

Völlig zufrieden mit mir und der Welt, steckte ich mir die Wurst in den Mund. Die Erwachsenen um mich herum schauten mich an und schienen sich mit mir zu freuen. Da erklang die laute Stimme meiner Mutter durch den Raum: „UND WAT SACHT MAN?"

Alle schauten jetzt auf mich und ich wünschte mir, dass sich der Boden unter mir öffnet und mich auf der Stelle vor all diesen Menschen verschlingt. Im selben Moment erfolgte schon das nächste Kommando meiner Mutter in gehobener Lautstärke, so dass es jeder bis in die letzte Reihe inklusive der Metzgerin hören konnte: „Sach mal Danke zu der lieben Frau oder weißt du nich, wat sich gehört?"

Der Boden unter mir blieb weiterhin verschlossen, keine Flucht möglich. Was tun? Natürlich brach ich in Tränen aus. Meine Mutter schnappte mich und verließ den Laden mit den Worten: „Beim nächsten Mal bleibst du zu Hause und Würstchen bekommst du auch nicht mehr, bis du lernst, dich zu bedanken."

Super, ein kurzer Moment der Glückseligkeit und schon ist alles im Eimer.

Toll, so soll man also als Kind lernen, wie man danke sagt, indem man vor allen Leuten bloßgestellt wird. Hätte sie mich doch erst mal die Wurst in Ruhe verzehren lassen und wenn sie noch den dankbaren Blick gesehen hätte, mit dem ich die Metzgerin ansah, dann wäre alles gut gewesen. Aber leider....

Dabei ist die Wahrheit doch eine ganz andere!

Wem war es denn peinlich? Ja genau, Du ahnst es schon. Meiner Mutter! Sie hatte doch nur Angst, dass die anderen Leute im Laden denken, sie hätte ihr Kind schlecht erzogen. Also, wem war es denn nun peinlich? Richtig, der lieben Mutter.

Die nächsten Besuche beim Metzger waren für mich kein entspanntes Erlebnis mehr.

An dieser Stelle höre ich immer wieder so manche Eltern, die mir erklären wollen, dass ihr Kind doch irgendwie lernen muss, danke zu sagen.

Ja, dem stimme ich zu. Allerdings warum denn auf diese Art? Erinnere dich selbst einmal, wie Du als Kind blamiert oder vorgeführt wurdest. Wenn Du meinst, dass es bei dir nie so war, dann erinnere dich doch mal daran, wie es für dich auf Familienfesten war. Vielleicht erzählten deine Eltern alte peinliche Geschichten über dich, die sie so lustig fanden. Allerdings fanden nur *sie* es lustig.

Wenn Du schon ein Vater, eine Mutter bist oder wirst, dann achte darauf, dass Du deine Kinder auf keinen Fall bloßstellst und ihnen somit eine falsche Scham vermittelst, die Du in deinem Leben auch nicht willst.

Eine Teilnehmerin erzählte mal im Seminar, dass sie als jugendliches Mädchen ihre Tage bekam und die blutige Hose in den Mülleimer warf. Abends am Tisch holte der

Vater die Hose vor der versammelten Familie hervor mit der Frage: „Wem gehört die denn?"

Wie peinlich das für sie war, möchte ich gar nicht erklären, das kannst Du dir denken. Danach hatte sie sich jahrelang wegen ihrer Blutungen geschämt.

Das kann es mit uns machen, wenn wir blamiert oder vorgeführt werden.

Auch wenn Du jetzt als Elternteil bemerkst, dass Du es genauso machst, dann sei freundlich zu dir. Denn Du würdest es bestimmt nicht in diesem Bewusstsein tun. Du warst unbewusst und glaubtest, dein Bestes zu tun.

In den meisten Fällen ist es so, dass Menschen, die andere erniedrigen, selbst erniedrigt wurden. Insofern bedeutet das nichts anderes, als dass wir alle Opfer von Opfern sind. Nur mehr Bewusstheit über unser Leben und über das eigene Verhalten kann uns helfen, die Kette zu durchbrechen.

Wir sollten liebevolle Erwachsene für unsere Kinder sein und sie partnerschaftlich in ihrem Lernprozess unterstützen. Wir sind oft zu streng mit ihnen, was das Lernen bestimmt nicht erleichtert.

Hätte die Mutter mir Zeit gelassen, dann wäre ich vielleicht von selbst drauf gekommen, der Metzgerin zu danken. Sie hätte mir auch draußen in Ruhe erklären können, dass meine Dankbarkeit die Metzgerin erfreuen würde, dann hätte ich es bestimmt verstanden.

Würdest Du deine Freundin im Laden lauthals anbrüllen, wenn sie vergisst, danke zu sagen? Wohl eher nicht. Vielleicht würdest Du sie unter vier Augen freundlich darauf hinweisen: „Du hast vergessen, dich zu bedanken, aber ist nicht so schlimm, passiert mir auch schon mal."

Frag dich doch mal, warum wir Kinder anders behandeln, als unsere Freunde?

Stell dir vor, Du sitz am Tisch und dein Kind hat ein Glas Milch neben sich stehen. Es zappelt herum, weil es gut gelaunt ist und sich freut, gleich fernsehen zu dürfen. Du sagst: „Zappele nicht rum und pass auf das Glas auf!" Wie auf Bestellung geschieht es. Dein Kind haut aus Versehen das Glas vom Tisch.

Was sagst Du wohl jetzt? Ja, wahrscheinlich so was wie: „Verdammt noch mal, kannst du nicht aufpassen? Ich habe es dir doch gesagt!"

Oder Du holst aus und scheuerst ihm eine, weil es so unaufmerksam war.

So weit so gut. Jetzt stell dir vor, deine beste Freundin/dein bester Freund besucht dich und sitzt bei dir am Tisch und haut aus Versehen ein mit Rotwein gefülltes Glas vom Tisch.

Was sagst Du wohl jetzt zu ihr/ihm?

Vielleicht: „Ist nicht so schlimm, ich hol schnell einen Lappen"?

Auf jeden Fall wirst Du ihm/ihr keine scheuern oder ihn/sie beschimpfen.

Und jetzt stell dir noch eine andere Variante vor. Ein Prominenter, den Du bewunderst, ist bei dir zu Gast, weil Du vorher bei einer Fernsehverlosung ein Dinner mit einem Promi bei dir zu Hause gewonnen hast.

Ihr sitzt also da, unterhaltet euch und habt Spaß. Plötzlich schlägt der Promi vor Lachen um sich und haut auf einmal die Weinflasche vom Tisch. Das Ganze landet auf deinem schönen Teppich.

Was sagst Du jetzt wohl?

Wahrscheinlich: „Machen Sie sich keine Sorgen über den Teppich, ich wollte sowieso einen neuen kaufen." Oder: „Meine Schuld, ich hätte die Flasche woanders hinstellen sollen, ich mach es schnell weg."

Wenn ich diese Geschichte auf einem Elternabend erzähle, müssen immer alle lachen, weil es ja genauso abläuft.

Ich frage dann: „Warum behandeln wir unsere eigenen Kinder oder unseren Partner schlechter als eine fremde Person oder die beste Freundin?" Das gibt vielen zu denken. Mir gefällt der Gedanke und ich gehe sogar noch weiter und sage:

„Behandle deinen Partner, dein Kind, wie deinen besten Freund oder deine beste Freundin."

Bevor Du dich beim nächsten Mal aufregen willst über etwas, was dein Partner nach deinen Maßstäben falsch gemacht hat, halt kurz an und frage dich: „Was würde ich jetzt sagen oder tun, wenn es meine beste Freundin oder mein bester Freund wäre?"

Wahrscheinlich etwas völlig anderes, vielleicht würdest Du mit mehr Verständnis und Wertschätzung reagieren. Frag dich selbst, warum Du es bei deinem Partner anders machen willst. Schließlich ist er dir doch an jedem Tag viel näher.

Es ist dein Verstand, der deinen Partner herunterstuft und dir ein falsches Bild macht. Du machst dir bestimmte Vorstellungen (Programme), wie die eigenen Kinder und der Partner sich zu verhalten haben und wenn es dann anders kommt, flippst Du aus. Für die beste Freundin hast Du andere Vorstellungen (Programme) gelernt.

So etwas wie: *„Beste Fründe stonn zusamme"* oder aus den alten Märchen und Filmen, wo Freunde Blutsbrüder bis in den Tod sind oder wie echte Freundinnen wie bei Hanni und Nanni. Einer ist für den anderen da. Aber was Partnerschaft bedeutet, hast Du nur bei deinen Eltern erlebt. Vielleicht hat deine Mutter deinen Vater wie einen Trottel behandelt oder umgekehrt. Wie man Kinder behandelt, hast Du auch durch deine eigene Erziehung erlernt. Schau einfach mal, ob Du es genauso machst wie deine Eltern.

Es sind diese erlernten Programme, die Du verinnerlicht hast und weiterlebst. Wenn Du z.B. als Junge erlebt hast, wie schlecht dein Vater deine Mutter behandelt hat, jedoch mit seinen Freunden respektvoll umgegangen ist, dann ist es wahrscheinlich, dass Du es genauso machst.

Fang an, diese Verhaltensweisen zu überprüfen. Vielleicht hängst Du dir für den Anfang einen Zettel an die Kühlschranktür, wo draufsteht:

*Behandele Deinen Partner/Deine Partnerin wie Deinen besten Freund oder Deine beste Freundin!*

## 7. Denken verursacht Stress

### Die Tücken des Denkens

So lange sich alle so verhalten, wie es unseren Vorstellungen entspricht, ist alles in Ordnung. Wenn andere sich nach ihren Vorstellungen verhalten, dann geht's los. Du ärgerst dich und es kommt zu Streit und Auseinandersetzungen. Das Problem ist doch nur deine Art zu denken, sonst nichts.

Stell dir vor, Du sitzt im Zug. Gegenüber von dir sitzt ein Mann, der schnarcht und dabei komische Geräusche macht. Jetzt fängst Du an, auf das Schnarchen zu achten (dein Verstand springt darauf an) und Du denkst dir: *Unverschämtheit, kann der nicht zu Hause schnarchen? Und überhaupt, diese komischen Geräusche, das stört mich.* Nach einer halben Stunde hast Du dich gedanklich über diesen Idioten so hochgeschaukelt, dass dir fast der Kragen platzt.

In diesem Augenblick fängt in der Reihe hinter dir ein zweijähriges Kind an, seine Lungen zu testen und schreit los, was das Zeug hält. Du wirbelst herum und schaust nach der Mutter, die gelassen dasitzt und das Kind streichelt und wippt, während der Kleine noch eine Oktave höher schreit.

Wieder denkst Du: *Auch das noch, ich werde verrückt. Kann die auf ihr Balg nicht besser achten und für Ruhe sorgen, Unverschämtheit.*

Du fühlst dich jetzt voller Ärger, bist gereizt und wegen dem kleinen Schreihals gestresst, da kommt eine Durchsage des Zugführers:

„Achtung, Achtung, bitte bewahren Sie die Ruhe. Es hat einen technischen Defekt gegeben, so dass eine Weiche fehlgeleitet wurde und uns ein Schnellzug auf demselben Gleis entgegenkommt. Wir können nicht anhalten und hoffen, dass die Leitstelle das Problem behoben bekommt, ansonsten lassen Sie uns beten."

Jetzt wirst Du voller Panik und betest zum lieben Gott: „Lieber Gott, hilf mir, ich will nicht sterben, Ich verspreche dir, mich nie mehr über schreiende Kinder oder schnarchende Menschen zu beklagen." Du schwitzt und bekommst furchtbare Angst. Da kommt die neue Durchsage des Zugführers: „Liebe Fahrgäste, das Problem ist gelöst, der Zug ist umgeleitet."

Du und die anderen Fahrgäste jubeln laut auf, während der Mann gegenüber weiter schnarcht und das Kind hinter dir weiter brüllt.

Du sinkst entspannt zurück in deinen Sessel und schaust auf den schnarchenden Mann mit freundlicher Miene. Dann drehst Du dich zu dem Kind um und denkst dir:

*Es gibt Schlimmeres.* Du kannst auf einmal über diese Situation mit dem Mann und dem Kind lachen.

So kann es laufen. Zuerst hast Du z. B. Kopfschmerzen und deine Gedanken kreisen darum. Dann schneidest Du dir aus Versehen den Finger ab. Jetzt sind die Kopfschmerzen nicht mehr wichtig, weil der Finger mehr schmerzt. Du gehst zum Arzt. Dieser näht dir deinen Finger an und stellt nebenbei fest, dass Du Krebs hast. Jetzt ist der Finger unwichtig, weil es um dein Überleben geht.

Das Problem ist weder der schnarchende Mann noch das Baby oder deine Kopfschmerzen, sondern deine Gedanken. Unser Verstand springt sofort an, wenn es anders kommt, als wir denken.

Stell dir vor, Du wärst bewusst und würdest einfach wahrnehmen, dass dein Gegenüber Geräusche macht. Du würdest auf deine Gedanken achten und sie ändern: *Der hat es gut, er schläft in Ruhe tief und fest.*

*Das ist ja lustig, welche Geräusche er macht, vielleicht mache ich die auch wenn ich schlafe. Ich frag mal meine Frau.*

Jetzt schaust Du amüsiert und fühlst dich gut. Da schreit der Kleine und wieder wirst Du dir deiner Gedanken bewusst und änderst sie in Fürsorge: Oh je, der Arme hat bestimmt Hunger, der sieht ja putzig aus. Du drehst dich um und bietest der Mutter deine Hilfe an. Sie bedankt sich bei dir. Vielleicht führst Du mit ihr im Verlauf der Fahrt eine interessante Unterhaltung über Kinder.

Was die Durchsage betrifft kannst Du auch hier, wenn deine Gedanken in Panik sind, bewusst versuchen, dir beruhigende Gedanken zu machen. Überlege, was Du zur Rettung des Zuges beitragen kannst, anstatt schreiend durch den Zug zu rennen.

Es gibt nur wenig, worüber Du die Kontrolle hast. Aber Du musst die Kontrolle über dein Denken erlangen. Dein Denken über Menschen, Situationen und Dinge führen zur Entstehung deiner Gefühle und dann zu deinen Handlungen. Ärger und Wut entstehen aus falschem Denken!

Du kannst deine Gedanken ändern und dadurch auch dein Verhalten, was zu neuen Erfahrungen führt. Immer, wenn Du dich ärgerst, hast Du jemandem etwas unterstellt. Du unterstellst einer Situation, einer Sache etwas oder einem Menschen sein Verhalten. Nimm dir einfach mal etwas, worüber Du dich ärgerst und schreib deine Gedanken darüber auf. Dann stelle dir die Frage, ob es wirklich wahr ist, was Du denkst?

Danach stell dir die Frage, ob es noch andere Deutungsmöglichkeiten gibt.

Über dieses Thema könnte ich ein ganzes Buch schreiben. Vielleicht später. Jetzt wollen wir erst einmal versuchen, noch ein wenig mehr Licht in das Thema Gedankenkontrolle hineinzubringen.

### Wenn Du denkst, dass Du denkst, dann denkst Du nur, dass Du denkst!

Oder Du glaubst zu wissen, wer die oder der andere ist, weil er das tut, was er gerade tut.

Dieser Satz scheint verwirrend zu sein. Wenn ich dir jedoch einmal zum Verständnis ein Beispiel gebe, wird dir bestimmt dazu ein Licht aufgehen. Es handelt sich wieder einmal um ein tolles Spiel, mit dem unser Verstand neue Tragödien erschafft und sich beschäftigen kann.

Es ist eine besondere Vorliebe unseres Verstandes, die Menschen aufgrund dessen, was sie tun, zu beurteilen. Du glaubst, dass Du genau weißt, warum der Eine oder die Andere bestimmte Dinge tun.

Die Dinge sind in 90% aller Fälle nicht das, was sie zu sein scheinen. Was macht denn unser Verstand da ständig? Er urteilt und will damit anhand einer Lüge Sicherheit vermitteln. Schau mal, immer wenn der menschliche Verstand etwas nicht sofort versteht, fällt er ein Urteil und schon hast Du Sicherheit und etwas, worüber Du dich ärgern, belustigen oder den Mund zerreißen kannst.

So, jetzt gebe ich dir hierfür ein dir bestimmt gut bekanntes Beispiel.

Du fährst auf der Autobahn auf der linken Spur. Plötzlich rast von hinten ein roter Mercedes mit vier Insassen heran, ganz dicht auf deine Stoßstange.

Na, was meinst Du? Was wird dein Verstand sich wohl jetzt in Windeseile für ein Urteil bilden?

Vielleicht so etwas wie: *Blöder Vollidiot, was bedrängt der mich hier, spinnt der?*

Das war das Urteil. Und wie das halt so ist, wenn der Richter das Urteil gesprochen hat, folgt die Strafe. Und was könnte das sein?

Genau, Du fährst jetzt einfach ein wenig langsamer, um dem Kerl zu zeigen, dass Du so etwas mit dir nicht machen lässt.

Jetzt blinkt der Kerl auch noch mit der Lichthupe. *Unverschämtheit*, urteilt dein Verstand und das erfordert doch gleich noch eine Zulage und Erhöhung der Strafe. Du fährst jetzt mit den Autos auf der rechten Spur parallel auf einer Höhe, so dass der „Blödmann" auf keinen Fall vorbeikommt.

Im Grunde ist das schon eine recht beängstigende Situation, finde ich. Es hat was von „Krieg auf der Autobahn". Und jeder von euch kann dieses Fahrspiel fast jeden Tag auf der Autobahn beobachten.

OK, weiter geht's. Der Typ im Mercedes fängt an zu hupen und Du wirst noch ärgerlicher. Das führt dazu, dass Du dein Radio anmachst, um das Hupen nicht zu hören. Dein Verstand arbeitet schon auf Hochtouren und will, dass der Kerl hinter dir endlich einsieht, dass Du im Recht bist. Du willst ihn ja nur lehren, wie er sich auf der Autobahn zu verhalten hat. Du bist jetzt sozusagen Richter und Vollstrecker zugleich.

Du spürst wie deine Siegessicherheit wächst. Dein Verstand sagt: *Dir werde ich es zeigen*. Du bist jetzt voll in deinem Film und Herr der Sache. Glaubst Du!

Auf einmal hörst Du, wie im Radio eine wichtige Ansage kommt: „Achtung an alle Autofahrer auf der A3! Bitte die linke Fahrspur frei machen, ein roter Mercedes mit Notärzten ist unterwegs zu einer Unfallstelle. Ein Bus mit Schulkindern ist schwer verunglückt."

Ups, was war denn das? Jetzt bist Du aus deinem Film erwacht und fragst dich: *Was mache ich denn eigentlich hier für eine Aktion?*

Da hast Du doch gedacht, dass Du alles richtig machst und dann so was....

Wie fühlst Du dich jetzt wohl nach diesem kleinen Irrtum? Schämst Du dich vielleicht? Fühlst Du dich schlecht, vielleicht sogar ein klein wenig schuldig? Also, nichts wie rechts rüber und den Mercedes vorbeilassen!

Du kannst dich bei deinem unbeaufsichtigten Verstand bedanken, dass er dich belogen hat und dafür gesorgt hat, dass Du dich am Ende schlecht und schuldig fühlst. Aber kein Problem, dein Verstand hilft dir da gerne wieder mit folgenden Gedanken raus:

*Was fahren die auch einfach ohne Blaulicht herum? Da soll mal jemand Bescheid wissen. Denen werde ich eine Beschwerde schreiben für den Schreck, den die mir eingejagt haben.*

Zack, und schon bist Du das Opfer und wieder in der Unbewusstheit deines urteilenden Verstandes. Das klappt fast immer. Zuerst machst Du dein Urteil und spielst den Rächer der Enterbten. Wenn Du dann feststellst, dass Du dich geirrt hast, drehst Du die Sache einfach so herum, dass Du am Ende das arme Opfer bist.

Der Trick an der Sache ist einfach. Du sorgst dafür, dass der andere auf jeden Fall die Schuld in die Schuhe geschoben bekommt, denn Du bist auf keinen Fall schuldig, sondern das Opfer. Du glaubst also zu wissen, wie die Dinge sind und machst dann einfach ein paar Runden mit. Du glaubst, Du hast Recht und kannst aus dieser Haltung heraus das Urteil und die Bestrafung ausführen.

Überlege mal. Würde der Autoschlosser über die Straße laufen und sich unter jedes Auto legen? Er legt sich unter dein Auto und sagt dir: „Mein Herr, Ihr Auspuff müsste demnächst erneuert werden."

Bist Du der Autoschlosser, der draußen herum rennt und schaut, was mit den anderen nicht stimmt? Ich hoffe nicht!

So. Und jetzt möchte ich dir noch etwas zum Thema „Recht haben" sagen.

Bestimmt kennst Du das von anderen oder von dir selbst.

Der Verstand versucht auf jeden Fall, sich ins Recht zu setzen und über andere zu urteilen, ohne zu wissen was wirklich los ist. Das Tragische dabei ist, dass sogar Menschen sterben können, nur um Recht zu behalten. Oder glaubst Du, dass diese Sache auf der Autobahn immer so glimpflich ausgeht?

Mach jetzt mal einen Test und beobachte deinen Verstand wie er urteilt:

Eine Frau steht am Hamburger Hafen und Du siehst, wie ein Mann ihr 100 Euro in die Hand drückt.

Na, was hast Du gedacht, was hier los ist? Ich habe diesen Test schon mehrere Male in meinen Seminaren gemacht und fast alle hatten blitzartig dasselbe Urteil im Kopf. Sie ist eine Prostituierte!

Und schon glauben wir zu wissen, was los ist. Dabei ist das Einzige, was Du wirklich weißt: Ein Mann hat einer Frau Hundert Euro im Hamburger Hafen gegeben. Aber egal, für deinen Verstand ist die Sache klar und damit hat es sich.

Am Abend erzählst Du dann deiner Frau oder deinen Freunden, was Du vermeintlich gesehen hast: *Ein Mann hat Hundert Euro für Sex bezahlt, das sei echt das Letzte.* Du hast deine Beobachtungen durch eine Lüge ergänzt.

Pass auf, die Story geht weiter. Am nächsten Morgen gehst Du mit deiner Frau einkaufen und siehst diese Frau vom Hafen. Du wirst aufgeregt und schaust dich um, wo deine Frau ist. Denn Du willst ihr ja unbedingt diese verruchte Person zeigen. Da drehst Du dich herum und siehst, wie deine Frau bei ihr steht und die beiden sich angeregt unterhalten und dabei lachen.

Na was soll denn das? Deine Frau winkt dir und stellt dir ihre Bekannte von der Arbeit vor. Du denkst natürlich gleich an ihren Nebenjob und wartest ab, bis Du zuschlagen kannst und diese Person auffliegen lässt.

Du lässt dann einfach so nebenbei den Satz fallen: „Habe ich Sie nicht gestern am Hafen gesehen?" Daraufhin die Bekannte, völlig belustigt und amüsiert: „Ja, das war echt ein Spaß, ich habe mit einem Freund, dem Klaus, den ihre Frau auch von der Arbeit kennt, um Hundert Euro gewettet, dass ich bei dieser Jahreszeit im Hafen schwimmen gehe. Und das habe ich gemacht. Als ich wieder angezogen war, habe ich ihn doch gleich zur Kasse gebeten."

Tja, aus der Traum! Und Du bist wieder in der Realität angekommen.

Versuch doch jetzt einfach mal, noch zehn weitere Möglichkeiten für diese Situation zu finden. Was könnte es noch sein? Anstatt immer nur zu urteilen und dir damit die Möglichkeit zu nehmen, die Wahrheit herauszufinden oder andere Aspekte hinzuzuziehen.

Also los! Suche noch zehn Möglichkeiten! Zum Beispiel:

*Eine Frau hat einen Geldschein fallen lassen, ein fremder Mann sieht das und gibt ihn ihr zurück. Oder...*

*Ein Vater gibt seiner Tochter Geld für ihre Shoppingtour.*

Weiter! Du bist dran!

Du wirst sehen! Wenn Du dir die Zeit nimmst und dir auch andere  Möglichkeiten überlegst anstatt direkt zu reagieren, dann werden die Dinge spannend. Du fängst an, dir bewusste Gedanken über die Personen und Situationen zu machen, anstatt, wie die meisten Menschen, einfach zu urteilen.
Frage dich nach jedem Urteil:
Stimmt das?
Kann ich das wirklich wissen?
Was sind die Fakten und Beobachtungen?
Welche Möglichkeiten gibt es noch?

Mit diesen und ähnlichen Fragen kehrst Du in die Gegenwart zurück und überprüfst dein Denken.

## Nicht die Dinge, die geschehen, sind das Problem, sondern wie wir darüber denken oder urteilen!

Folgende Beispiele sollen dir aufzeigen, wie unterschiedlich Menschen aufgrund ihrer Urteile reagieren können.

Stell dir vor, Du fährst am Samstag in die Stadt. Plötzlich entdeckst Du eine Parklücke. Gerade als Du hineinfahren willst, drängelt sich jemand einfach vor dir hinein, obwohl Du geblinkt hast und zuerst da warst.

Variante 1: Du siehst die Situation und sagst dir: *Ist nicht so schlimm, vielleicht hatte er einen wichtigen Grund.* Du bleibst entspannt und suchst einen anderen Parkplatz. Der Tag ist gerettet.

Variante 2: Du ärgerst dich und hupst. Dann brüllst Du noch hinterher: „Blödmann, das war mein Parkplatz." Du fährst weg und regst dich noch eine Weile darüber auf. Das führt dazu, dass dein freier Samstag leider nicht mehr zu einem entspannten Einkaufserlebnis wird.

Variante 3: Du regst dich auf, haust auf die Hupe, springst aus dem Wagen und brüllst hinterher. Doch der andere ist schon in der Apotheke verschwunden. Du denkst: *So leicht kommt der mir nicht davon.* Du rennst ihm hinterher, machst die Tür zur Apotheke auf und faltest den Mann vor versammelter Mannschaft zusammen. Als Du fertig bist und dich schon gut fühlst, weil Du es dem Anderen so richtig gezeigt hast, antwortet der Mann: „Tut mir leid, ich brauche dringend Insulin, meine Frau hat Zucker und ist zusammengebrochen."

Peng! Das ist jetzt durchaus so eine Situation, wo Du dich am liebsten vor Scham weg wünschen würdest.

Warum schreibe ich das? Ich versuche dir zu zeigen, dass wir durch unser vorschnelles Urteilen so reagieren können, dass es oft einen Schaden anrichtet, der uns hinterher leidtut.

Bis hierher kannst Du ja noch damit leben. Aber es gibt noch eine vierte, wie einst in Amerika, Variante: Der Mann hat sich so aufgeregt und sein Verstand war so voller Hassgedanken, dass er ein Gewehr aus dem Kofferraum geholt hat und den anderen erschossen hat.

Das nennt man auch eine Kurzschlussreaktion! Was meinst Du, wie es diesem Menschen wohl ging, als der aus diesem Film erwacht ist? Völlig sinnlos, wegen einem blöden Parkplatz. Sein Verstand hat sich im Recht gefühlt, er hat Gedanken und Urteile über den anderen produziert, die diese Reaktion in ihm hervorgerufen haben.

Diese Kurzschlussreaktionen, die wir ja selbst alle kennen, sind Reaktionen und Handlungen, die uns anschließend leidtun. Es ist diese Instanz in unserem Kopf, unser unbeaufsichtigtes Denken, das uns in dieser Situation zu unüberlegten Handlungen verleitet. Wir glauben, berechtigt zu sein, den anderen zu bestrafen. Jemand in unserer Nähe sagt oder tut etwas, was uns nicht gefällt. Dann rasten wir aus, schreien, toben oder verletzen uns gegenseitig.

Der Mann mit dem Gewehr hatte in diesem Augenblick keine Wahl, da er sich nicht bewusst war, was da in ihm vorging. Wenn er sich hätte stoppen können und sich Zeit genommen hätte, über den wirklichen Grund seines Ärgers nachzudenken, dann hätte er es verhindern können. Welche Bedürfnisse in ihm wurden denn nun wirklich nicht erfüllt? Was führte zu diesem unkontrollierbaren Zorn?

Wenn wir lernen, unseren Verstand zu beobachten und sehen, welche Urteile er fällt, sind wir in der Lage, Einfluss auf unser Leben und unsere Reaktionen zu nehmen. Wir sind dann in unseren Handlungen freier. Freiheit bedeutet in diesem Fall für mich: *Zwischen Aktion und Reaktion eine Pause zu machen.*

## Wer hat Recht?

Viele Menschen streiten um ihr Recht, wo es oft nur um Sturheit und die starre Haltung des Verstandes geht. Nicht selten beschäftigen sie Anwälte und Gerichte, um zu beweisen, dass sie Recht haben.

Dieser ganze Streit um „Wer hat Recht?" führt zu nichts. Stattdessen rauben sich die Menschen damit nur ihre Lebensfreude.

Klagokart ist des Anwalts Liebling. Das heißt, Du kannst klagen, bis der Arzt kommt und das Ganze wird auch noch von der Versicherung bezahlt. Da kann man denen von der Versicherung doch keinen Vorwurf machen, schließlich geht es doch um Angebot und Nachfrage. Und bei diesem Thema „Wer hat Recht?" scheint die Nachfrage ja riesig zu sein.

Jetzt weißt Du, warum der Beruf des Rechtsanwalts so lukrativ ist.

Ich kenne Leute, die scheinen die ganze Nachbarschaft verklagt zu haben und berauben sich damit ihres Friedens. Sie sagen überzeugt: „Ich will ja nur mein Recht!" Aber genau das will der andere natürlich auch.

Wer hat denn jetzt eigentlich Recht?

Es gibt Menschen, und nicht gerade wenige, die der Meinung sind, dass ihre Sicht der Dinge die einzig objektive Wirklichkeit darstellt. Darüber hinaus sind sie der Meinung, dass alle anderen sich danach zu richten haben. Aber stimmt das denn wirklich?

Und was passiert, wenn da noch fünf andere kommen, die der gleichen Ansicht sind, dass ihre Wirklichkeit auch die einzig richtige ist? Tja, das kannst Du dir schon vorstellen. Sie werden sich so lange streiten oder sich auf die Köpfe hauen, bis einer Recht bekommen hat.

Dazu eine kleine Geschichte, die ich einmal gelesen habe.

*Es waren einmal fünf weise Gelehrte. Sie alle waren blind. Diese Gelehrten wurden von ihrem König auf eine Reise geschickt und sollten herausfinden, was ein Elefant ist. Und so machten sich die Blinden auf die Reise nach Indien. Dort wurden sie von Helfern zu einem Elefanten geführt. Die fünf Gelehrten standen nun um das Tier herum und versuchten, sich durch Ertasten ein Bild von dem Elefanten zu machen.*

*Als sie zurück zu ihrem König kamen, sollten sie ihm nun über den Elefanten berichten. Der erste Gelehrte hatte am Kopf des Tieres gestanden und den Rüssel betastet. Er sprach: „Ein Elefant ist wie ein langer Arm." Der zweite Gelehrte hatte das Ohr des Elefanten ertastet und sprach: „Nein, ein Elefant ist vielmehr wie ein großer Fächer." Der dritte Gelehrte sprach: „Aber nein, ein Elefant ist wie eine dicke Säule." Er hatte ein Bein des Elefanten berührt. Der vierte Weise sagte: „Also ich finde, ein Elefant ist wie eine kleine Strippe mit ein paar Haaren am Ende", denn er hatte nur den Schwanz des Elefanten ertastet. Und der fünfte Weise berichtete seinem König: „Also ich sage, ein Elefant ist wie eine riesige Masse, mit Rundungen und ein paar Borsten darauf." Dieser Gelehrte hatte den Rumpf des Tieres berührt.*

*Nach diesen widersprüchlichen Äußerungen fürchteten die Gelehrten den Zorn des Königs, konnten sie sich doch nicht darauf einigen, was ein Elefant wirklich ist. Doch der König lächelte weise: „Ich danke Euch, denn ich weiß nun, was ein Elefant ist: Ein Elefant ist ein Tier mit einem Rüssel, der wie ein langer Arm ist, mit Ohren, die wie Fächer sind, mit Beinen, die wie starke Säulen sind, mit einem Schwanz, der einer kleinen Strippe mit ein paar Haaren daran gleicht und mit einem Rumpf, der wie eine große Masse mit Rundungen und ein paar Borsten ist."*

*Die Gelehrten senkten beschämt ihre Köpfe, nachdem sie erkannten, dass jeder von ihnen nur einen Teil des Elefanten ertastet hatte und sie sich zu schnell damit zufrieden gegeben hatten.*

Wer von den fünf weisen Blinden hat denn jetzt Recht? In der Geschichte behaupten alle fünf, Recht zu haben. Das kann man doch verstehen, weil sie ja alle blind sind und jeder von ihnen hat unterschiedliche Körperteile ertastet und beschrieben. Man müsste einen Sehenden nehmen, der die Sache betrachtet und die Einzelheiten zusammenfügt, um zu wissen, was ein Elefant ist.

Aber wie ist das im Alltag, im Zusammenleben mit den anderen Menschen in deiner Nähe? Da gibt es so viele Sehende, die blind sind. Die immer glauben, Recht zu haben. Es gibt sogar so genannte **BESSERWISSER** oder **RECHTHABER**, die ständig mit dir diskutieren, bis Du aufgibst und sie ihr Recht bekommen.

Das führt zu gar nichts, weil es beim Rechthaben immer Gewinner und Verlierer gibt. Besonders gut kann man das bei Verhandlungen im Gericht beobachten. Die Tür geht auf und Du siehst sofort, wer gewonnen und wer verloren hat. Die eine Partei mit hängenden Schultern (die Verlierer), die andere Partei mit fröhlichen Gesichtern (die Gewinner). Denn der Richter hat entschieden, wer Recht und wer Unrecht hat. Und wer mit seinem Urteil nicht einverstanden ist, kann um Recht in der höheren Instanz klagen. Koste es was es wolle.

Aber wir wollen ja hier nicht über die Gerichte sprechen, sondern über unseren eigenen inneren Richter, der zu wissen glaubt, was Recht und Unrecht ist. Immer wenn Du sagst: „Ich habe Recht.", sagst Du automatisch: „Der andere hat Unrecht." Wenn beide behaupten, Recht zu haben, dann kannst Du dir vorstellen, dass oft wegen jedem Blödsinn gestritten wird, was das Zeug hält. Ich rede hier nicht von den wichtigen Angelegenheiten, für die man ein Gericht zur Klärung benötigt, sondern von den Dingen, die unser Leben belasten und die wir viel einfacher mit unseren Nachbarn und Mitmenschen klären könnten.

Ein befreundetes Paar war mal bei uns zu Besuch. Während eines Gespräches über ihren letzten Urlaub fingen die beiden an, sich darüber zu streiten, wie der Name des Hotels war, in dem sie letztes Jahr waren. Jeder versuchte lauthals den anderen mit den Worten zu übertreffen: „Ich bin mir ganz sicher, dass ich Recht habe, das Hotel hieß....". Da sich beide ganz sicher waren, im Recht zu sein, wechselten sie auf eine neue Ebene und versuchten, mit Beleidigungen den anderen zum Nachgeben zu bringen. Am Ende sagte sie: „Du bist mir viel zu blöd."

Darauf antwortete er: „Du weißt ja immer alles besser."

Jetzt saßen die beiden bei uns da und waren wegen so einem Schwachsinn aufeinander sauer. Jeder wollte Recht haben und weil ja beide glaubten, im Recht zu sein, gab keiner von ihnen nach. Dabei wäre es doch so einfach.

Einfach nicht mitmachen!

Immer, wenn Du eine Auseinandersetzung hast, stelle dir die Frage: „Geht es um Rechthaben?" Wenn Du die Antwort mit ‚Ja' beantworten kannst, höre sofort auf. Oder fang am besten gar nicht erst an, dem Anderen zu beweisen, dass Du Recht hast. Du beförderst den anderen auf den Verliererplatz und das ist keine Kommunikation auf Augenhöhe. Und liebevoll ist es auch nicht. Warum musst Du Recht haben? Dein Ego fühlt sich dann überlegen und groß. Seit ich das erkannt habe und es nicht mehr praktiziere, sind alle meine zwischenmenschlichen Beziehungen viel besser geworden. Die Menschen in meiner Nähe wissen, dass sie nicht verurteilt oder eines Besseren belehrt werden.

Für mich ist das viel entspannter. Ich kann dadurch echtes Zuhören praktizieren.

Aber noch mal zu dem befreundeten Pärchen. Nach ein paar Minuten hatten sich beide beruhigt und der Abend schien gut zu laufen.

Ihr Freund war plötzlich verschwunden und kam nach 10 Minuten mit einem Siegesstrahlen im Gesicht und dem Beweisfoto in der Hand zurück, auf dem der Name des Hotels stand. „Siehst du, ich hab doch Recht. Ha, ha." Da ist der Freund wirklich nach Hause gerannt, um seiner Freundin und uns sein Recht zu beweisen!

Na ja, nun hatte er seine Partnerin dumm dastehen lassen und der Abend war gelaufen, allerdings nur für die beiden und besonders für ihn. Schade.

Da wollte jeder Recht haben und am Ende hat einer gesiegt. Scheinbar gesiegt, denn der Verlierer, in diesem Fall seine Freundin, fühlte sich gedemütigt und war sauer.

## Methoden der Einflussnahme

In unserem Gesprächsverhalten gibt es verschiedene Methoden, die wir anwenden, um Recht zu bekommen. Es sind bestimmte eintrainierte Strategien, die wir von unseren Eltern und Vorbildern gelernt haben.

Diese wenden wir an, um andere dazu zu bringen, das zu tun, was wir wollen und um unser Recht durchzusetzen. Alle Methoden sind dir bestimmt bestens bekannt.

Drohen:

*„Wenn du nicht aufräumst, kannst du dein Essen alleine kochen!"*

*„Entweder du beeilst dich jetzt oder ich fahre ohne dich los!"*

Ja, das sind doch schöne verpackte Drohungen und das Beste daran ist, dass sie auch noch so klingen, als hätten wir uns das selbst eingebrockt, bzw. wir sind das selbst schuld.

Als Kinder lernen wir das von unseren Eltern, Lehrern und von den Menschen in unserer Umgebung:

*„Wenn du nicht fleißig lernst und dich nicht anstrengst, wird aus dir nichts."*

*„Wenn du nicht artig bist, dann werden Mama oder Papa böse."*

*„Wenn du nicht aufisst, kriegen wir morgen schlechtes Wetter."*

*„Wenn du dich nicht benimmst, kommt die Polizei."*

Na super, da wirst Du auch noch als Kind für das Wetter verantwortlich gemacht! Nur weil Du keinen Hunger mehr hast oder weil es dir nicht schmeckt. Und die Polizei macht auch noch wegen dir einen Sondereinsatz!

„Achtung, Achtung, böses Kind in Sicht, sofort verhaften und einsperren!"

Und was noch viel schlimmer ist, Du wirst für die Gefühle deiner Eltern, Lehrer und Menschen deiner Umgebung verantwortlich gemacht. Und als Kind lernst Du dann, dass Du das alles verdient hast, weil Du ein böses Kind warst. Toll nicht? Da soll doch mal einer damit klarkommen.

Später als Erwachsene werden wir dann immer noch bedroht, nur etwas freundlicher verpackt. Aber im Grunde steckt dasselbe System dahinter.

Wenn Du z.B. nicht mit Begeisterung das Essen verzehrst, welches dein Partner gekocht hat, dann folgen Sätze wie:

„Du isst ja gar nicht, das habe ich extra für dich gekocht. Also wenn es dir nicht schmeckt, koche ich nicht mehr."

Eine kleine Drohung und schon bist Du wieder der kleine Junge oder das Mädchen von damals. Du steckst jetzt echt in der Klemme, da wird dir gedroht und Du bist sofort in dem Film: *Wenn ich jetzt nicht aufesse, ist sie (oder er) böse auf mich (ich bin ein böser Junge/böses Mädchen), und zu essen gibt es auch nichts mehr.*

Alle Drohsätze fangen immer mit: „Wenn nicht, dann......" an.

Oder wie wär's damit:
„Wenn Sie die Sachen bis morgen nicht fertig haben, werde ich einen anderen Kollegen damit beauftragen", sagt dein Vorgesetzter.

Du könntest sagen:
„Ja, das ist eine gute Idee, machen Sie das ruhig, ich werde morgen wohl nicht fertig werden, weil ich jetzt pünktlich Feierabend mache und mich zu Hause auf meine Lieblingsserie im Fernsehen freue."

Leider ist es nicht so einfach. Denn in der Aussage des Vorgesetzten steckt eine verpackte Drohung, die dich dazu bringen soll, länger zu arbeiten und dir noch mehr Stress zu machen.

Im Grunde sagt er übersetzt: „Wenn die Sachen morgen nicht erledigt sind, dann zeigt das, wie unfähig Sie sind und dann muss ich den Kollegen Meier damit beauftragen, den Sie nicht leiden können. Er wird dann allen anderen Arbeitskollegen erzählen, dass er diesen Auftrag bekommen hat, weil Sie zu langsam sind und nicht bereit waren, sich für die Firma einzusetzen. Weiterhin werde ich, falls Sie sich nicht bessern (weil Sie ein böses Mädchen/ein böser Junge sind) Ihre Entlassung veranlassen."

So, das klingt schon anders, oder? Echt harte Drohung! Nicht wahr? Aber da Du ja kein Kind mehr bist, werden solche Sachen unter dem Deckmäntelchen der Freundlichkeit anders verpackt.

So ein Feigling! Als Kind hättest Du ihn, wenn er in deinem Alter gewesen wäre, in seinen Hintern getreten. Als Erwachsener geht es dir gefühlsmäßig wahrscheinlich genauso, nur da musst Du dich mehr zusammenreißen.

Wir drohen also auf direkte Art:

„Entweder Du machst... (Was ich von dir will)... oder... (ich bestrafe dich)....“

Oder wir drohen auf freundliche und verpackte Art, die ich oben beschrieben habe.

Was hältst Du davon? Hast Du doch bestimmt auch schon öfter gemacht, oder? Falls nicht, glaub ich dir das nicht. Aber macht ja nichts, lass uns weiterschauen, was noch alles passiert.

Was Du bestimmt in deinem Umfeld und auch bei dir beobachten kannst ist die Tatsache, dass Du und viele andere genau dasselbe machen!

Wir drohen unseren Kindern, dem Partner, z. B. mit der Aussage: „Ich weiß genau, dass ich Recht habe. Und wenn Du noch ein Wort sagst, dann flippe ich aus.“ Klingt wirklich böse. Doch überleg mal, wie oft wurde dir schon mit allen möglichen Dingen gedroht? Wie z. B. dem Verlust von Nähe zu geliebten Menschen, Freundschaft, Partnern, die sich verweigern, weil Du dich nicht so verhältst, wie sie dich gerne hätten.

Also, sei ein artiger Junge/ein artiges Mädchen, sonst..........

Weißt Du, warum das mit dem Drohen im Grunde so tragisch ist?

Durch meine Arbeit als Antigewalt- und Konflikttrainer, bin ich viel an Schulen und auch mit Eltern und Lehrern im Gespräch. Und immer wieder höre ich diese Sätze: „Er hat keine Lust. Er ist faul. Er will seine Hausaufgaben nicht machen. Er bringt mich zum Wahnsinn, usw.“

Da wird gedroht, bestraft und geschimpft! Und *„das blöde Kind“* hat keinen Spaß an der Schule und am Lernen, um etwas im Leben zu erreichen.

Wundert dich das? Warst Du nicht selbst ein Kind?

Seltsam, oder? Aber im Grunde doch klar. Da lernt das Kind, dass es diese Dinge aus Angst vor Strafe machen muss. Und nur so lange die Strafe Anreiz genug ist (wobei man das Maß ja recht gut erhöhen kann), wird es diese Leistung versuchen zu erbringen. Allerdings werden das Lernen und die Aussicht auf die Zukunft dann nur noch mit Anstrengungen, Streit, Bestrafung und Stress verbunden. Vor allem muss der Druck erhalten werden, damit das Kind weitermacht und die Leistungen erbringt.

Punktum, das Kind lernt nicht, warum es all das tun soll und dass es in seiner wunderbaren Macht liegt, im Leben das zu erreichen, was sein Herz erfüllt. Es erkennt nicht, welche großartigen Möglichkeiten ihm offenbart werden und dass Lernen auch Freude machen kann.

Das Kind hat dann einfach irgendwann keine Lust mehr. Immer dieser Stress und die Erfahrung, dass das einzige Druckmittel der Eltern und Lehrer neue Strafen und schlechte Noten sind. Früher oder später ist es für viele Schüler auch kein Druckmittel mehr.

Ein Lehrer sagte mal: „Man müsste wieder die Prügelstrafe einführen. Früher, da gab es noch Zucht und Ordnung. Das würde den jungen Menschen wieder Orientierung geben."

Was würden dann aber die Beweggründe sein, warum die Kinder lernen sollten? Im Grunde nur aus Angst! Angst vor den Schmerzen, Angst vor Gewalt.

Ob das mehr bringt?

Als unsere Eltern noch Kinder waren, wurde körperliche und verbale Gewalt in der Schule und Zuhause häufig angewendet. Die Kinder haben gelernt, sich aus Angst vor dem Schmerz und der Bestrafung zu fügen.

Heute ist körperliche Gewalt gegen Kinder an Schulen und in Elternhäusern/Haushalten streng verboten. Und obwohl sie hinter vielen verschlossenen Türen noch stattfindet, scheinen die Dinge in Schulen mit dem Lernen nicht besser zu werden. Im Gegenteil, viele Kinder widersetzen sich in der Schule und zu Hause diesem Druck, weil sie den Sinn des Lernens nicht richtig erkennen und einsehen.

## Kritik

Ein weiteres beliebtes Mittel zur Förderung heißt: Kritisieren.

Das fängt ungefähr so an:

*„Hab ich dir das nicht schon hundertmal gesagt?"*

*„Jedes Mal muss ich dich erinnern."*

*„Immer wieder lässt du alles hier liegen."*

Das kennst Du bestimmt auch aus deiner eigenen Erziehung. Oder entdeckst Du vielleicht, dass Du es auch zu deinen Kindern oder deinem Partner oft sagst? Wir glauben, dass Kritik helfen wird, den anderen dazu zu bringen, sich anzustrengen. Doch wenn Du mal genau auf die Wörter schaust, **jedes Mal, immer wieder, 100 mal gesagt**, wirst Du feststellen, dass es dich genauso wenig motivieren würde, etwas zu verändern, wenn es dein Chef zu dir täglich sagen würde.

*„Liebe/r Frau/Herr Müller, ich habe es Ihnen schon 100 mal gesagt, dass Sie darauf achten sollen, nach Feierabend im Büro das Licht aus zumachen. Glauben Sie, ich habe nichts Besseres zu tun, als Sie jedes Mal darauf hinzuweisen?"* Mit diesen Worten verlässt dein Chef gereizt den Raum.

Ehrlich, wie fühlst Du dich wohl mit dieser Kritik? Im Grunde fühlst Du dich doch total frustriert. Dein Verstand sagt dir: *Du bist aber auch zu blöd. Schon 100 mal war der im Büro und hat es dir gesagt, aber 100 mal haben wohl nicht gereicht, damit du lernst an das Licht zu denken.*

Toll, jetzt denkst Du, dass Du zu blöd für alles bist. Vielleicht wirst Du sauer und denkst, der *kann mich...* Was dazu führt, dass die Geschichte mit dem Licht weitergeht. Bei dieser Art von Kritik wird jede Motivation im Keim erstickt. Bei Kindern wie bei Erwachsenen. Wenn Du es hundertmal nicht verstehst, ist es doch sowieso egal.

Übrigens! Wer die Menschen in seiner Umgebung kritisiert, ist meistens selbst frustriert und überreizt, weil er selten eine Verbesserung durch seine Kritik bewirkt. Im Gegenteil. Viele widersetzen sich, weil sie Kritik als ungerecht empfinden. Andere bekommen dadurch Druck und machen noch mehr Fehler. Also, derjenige, der kritisiert, bekommt meistens kein zufriedenstellendes Ergebnis. Bleibt die Frage, warum kritisieren wir dann weiter? Es passiert unbewusst. Und dein Chef hat in diesem Moment kein anderes Mittel im Kopf. Er spricht, ohne wirklich anwesend zu sein. Er hat kein Bewusstsein darüber, dass er dich verletzt.

Wenn ich ihm die Frage stellen würde: „Was wollen Sie Positives mit Ihrer Aussage für die Mitarbeiterin/den Mitarbeiter erreichen?" Dann wird er mir antworten: „Ich möchte, dass sie/er aufmerksamer ist, sich mehr Mühe gibt, zuverlässiger ist."

Das sind doch alles Eigenschaften, die sich jeder Chef wünscht, oder? Also eigentlich alles positiv. Wenn ich ihm jetzt sagen würde: „Und Sie haben schon einige Male mit Kritik versucht, die Mitarbeiterin/den Mitarbeiter dazu zu bewegen, an das Licht zu denken?"

Dann würde er sagen: „Ja genau."

„Und hat es funktioniert?", würde ich wieder fragen.

„Nein,", wird seine Antwort lauten.

„Aber was soll ich denn sonst machen?", sagt er dann wahrscheinlich.

Genau das ist der Punkt. Was soll er sonst machen? Er weiß es nicht, es ist ihm nicht bewusst. Deshalb macht er es immer wieder, ohne zu bemerken, dass er keine Veränderung damit erreicht.

Du denkst vielleicht: ‚Schön blöd'. Doch schau mal, wie oft Du andere ohne Erfolg kritisierst.

Du siehst, dass es niemandem was bringt.

Du könntest deinem Chef auch sagen: „Ich glaube, Sie haben sich verzählt. Ich habe da eine Liste geführt. Da ist sie ja. Hmmm, mal sehen. Also in den letzten 12 Monaten habe ich es genau 8 Mal vergessen. Daran gedacht habe ich genau 283 Mal."

Nicht schlecht, oder? Aber Du müsstest ja über jeden Vorgang Listen führen, um dich zu verteidigen. Es gibt ja Menschen, die haben die Kritik zum Beruf gemacht. Hast Du sie dir mal genau angeschaut? Z. B. diesen berühmten Buchkritiker, der schon Preise für seine Kritik bekommen hat und des Öfteren im Fernsehen zu sehen ist?

Da haben die anderen die Hosen voll, wenn er kommt, um ihr Buch zu zerreißen. Er ist die leibhaftige Kritik in Person. Und wenn Du in sein Gesicht schaust, siehst Du den kritischen Blick und seine Mimik verrät doch gleich, dass da wenig Freude und Hoffnung in ihm ist. Solche Leute bezeichnen sich gerne als Realisten. Es gibt ja mittlerweile für alles eine Person, die deine Leistungen kritisch beurteilt. Du siehst, es geht weiter.

Erst die Eltern, dann die Lehrer und wenn Du dann als Erwachsener mit Freude und Spaß ein Buch oder ein Lied schreibst, dann kommt einer daher und kritisiert es.

Aber das macht nichts, weil ich nämlich finde, dass die Kritik mehr über den Kritiker aussagt, oder was meinst Du?

Mach also weiter und habe Spaß an dem, was Du tust. Andere zu kritisieren ist einfach. Du brauchst einfach nur nach Fehlern zu suchen, die Du ja immer finden wirst, da Du nur aus deiner Sicht alles bewertest.

Kritik zerstört die Motivation! Es gibt ja Leute, die von positiver Kritik sprechen. Allerdings stehen den meisten Menschen allein bei dem Wort Kritik die Haare hoch. Ich finde, dass eine Ermutigung und der Blick auf die guten Seiten eine Veränderung und Verbesserung schaffen. Jeder hat positive Seiten und Ansätze, die oft als Kind durch Kritik im Ansatz gebremst wurden.

Hätte der Chef gesagt: *„Liebe/-r Frau/Herr Müller. Ich habe beobachtet, dass Sie dieses und jenes sehr zu meiner Zufriedenheit machen und deshalb bin ich froh, dass Sie in unserer Firma sind. Das wollte ich Ihnen schon immer mal sagen."*

Das wäre doch echt eine Motivation!

Und wenn er dann noch sagt: *„Mir ist aufgefallen, dass Sie am Freitag und am Mittwoch das Licht angelassen haben. Ich bin verunsichert, ob Sie es bemerkt haben. Können Sie bitte darauf achten, es immer aus zu machen, wenn Sie das Büro verlassen, weil es mir wichtig ist, Energie zu sparen. Vielen Dank und ein schönes Wochenende wünsche ich Ihnen."*

Und er verlässt das Büro mit einem freundlichen Lächeln.

Jetzt denkst Du wohl, *schön wär's*. Aber schau doch selbst mal, welche Variante dir lieber wäre.

Vielleicht siehst Du das Thema Kritik jetzt auch unter einem anderen Aspekt und beim nächsten Mal, wenn Du jemanden kritisieren willst, schau erst mal auf seine guten Seiten und Qualitäten und erwähne zuerst diese mit Lob und Anerkennung.

## Schuld

Es gibt noch viele andere Methoden zur Beeinflussung. Dazu gehört noch das „*Zuweisen von Schuld*", das wir ja alle bestens kennen. Dann wäre da noch das Thema „*Verantwortung abgeben*". Das klingt ungefähr so:

*„Das liegt alles nur an dir, dass wir nicht klar kommen. Du redest ja auch ohne Punkt und Komma."*

Da wird also das Problem einfach auf den anderen geschoben.

Oder wie wär's mit dem **„Analysieren"**. Es klingt so:

*„Ich weiß genau, was mit dir nicht stimmt oder warum du das machst!"*

Es gibt noch eine Menge Methoden, die andere anwenden, um uns dazu zu bringen, ihre Bedürfnisse zu erfüllen. Wichtig für dich ist, dass Du erkennst, welches Spiel gerade läuft und dass Du da nicht mitmachst.

Du ziehst dir den Schuh sozusagen nicht mehr an.

## Verantwortung für dein Leben!

Verantwortung für mein Leben bedeutet für mich, dass alles was ich tue, rede, fühle, erlebe, bewusst in mir aufnehme und annehme. Es ist wie mit dem Lernen; früher habe ich mit Verantwortung immer nur Druck und Angst verbunden.

Ich kenne das aus eigener Erfahrung. Ich wurde mit allen Mitteln, von Schlägen bis zum Anschreien, zum Lernen und zur Einsicht gezwungen. Schließlich meinten sie es doch nur gut mit mir. Wie kann es denn aber sein, wenn man es gut mit mir meint, dass ich dann Gewalt erfahren muss? Das fühlt sich für ein Kind nicht richtig an. Und das Lernen macht da sowieso keinen Spaß.

In der Grundschule gab es eine Lehrerin, die mich ständig angeschrien hat. So lernte ich dort leider auch nicht, dass Lernen mit Spaß und Freude vermittelt werden kann. In der fünften Klasse hatte ich dann genug. Ich widersetzte und wehrte mich, indem ich das Lernen verweigerte und viele Fehlzeiten hatte. Alle schlechten Noten dieser Welt, mangelhaft und unzureichend, bewirkten als Druckmittel nichts. Und so kam es, dass ich in der achten Klasse aufgrund fehlender Leistungen die Schule verlassen musste.

Ich hatte leider nicht gelernt, dass es in **meiner** Verantwortung liegt zu lernen und dass es Wege gibt, mit Freude und liebevoller Unterstützung statt mit Drohen und Strafen zu lernen.

Somit kannst Du dir vorstellen, warum es für mich so normal war, mit langem Gesicht aufzustehen und zur Arbeit zu gehen. Weil ich nicht die Erfahrung gemacht hatte, dass es Freude machen kann, zu arbeiten und zu lernen. Arbeit und Leben sind schließlich kein Zuckerschlecken. So lernst Du halt auch sehr früh, dass diese zwei Lebensaufgaben mit sehr viel Anstrengung verbunden sind. Da gab es immer diesen schönen Spruch von einem meiner Vorgesetzten:

„Man kann sich in des Lebens Kuchen nicht immer nur die Rosinen suchen!"

Ja, toll! Und schon ist das Leiden erklärt.

Mir selbst wurde erst viel später klar, dass ich es in der Hand habe, mein Leben zu gestalten. Als junger Mann habe ich dann alles nachgeholt. Meinen Schulabschluss mit einer guten Leistung und eine Berufsausbildung mit einem guten Notendurchschnitt.

Der Unterschied zu früher war einfach, dass ich mich entschieden hatte, das zu tun und dass ich verstand, dass ich es nur für mich tue und dass ich mein Lernverhalten ändern kann. Allerdings passte ich mich nicht dem Lerntempo der Schule an, sondern nahm mir Zeit, alles in meinem Tempo durchzuarbeiten. Zuhause hatte ich alle Lösungsbücher für Mathe und habe von vorne angefangen, da ich meine vielen Lücken schließen musste. Nach einem halben Jahr Vorbereitung ging ich dann zur Schule und holte dort alles nach.

Jetzt weiß ich, dass ich mein Leben in der Hand habe. **Ich** entscheide, was gut für mich ist. Die Meinungen der Anderen sind deren Meinungen und ich kann mein Leben so gestalten, wie ich es für richtig halte. Ich lebe in der Gesamtheit aller Möglichkeiten und was andere über mich denken ist deren Angelegenheit.

Ich bin frei und kann entscheiden, und das nach meinem eigenen inneren Kompass und nicht nach Vorstellungen anderer.

Ich brauche mir selbst keinen Druck mehr aufzubauen oder mir Angst einzujagen, damit ich ins Tun komme und auch von niemand anderem.

Als Kind haben sie dir vielleicht einiges eingeredet und auch mit Gewalt vermittelt, doch heute bist Du erwachsen und kannst dich von den Fesseln der Vergangenheit befreien.

Früher versuchten unsere Eltern, Lehrer, Vorgesetzen, mit all diesen Mitteln, angefangen bei Drohen bis zu den Schuldzuweisungen, aus uns bessere Menschen zu machen. Ich glaube aber nicht, dass Gewalt bessere, sondern ängstliche und unsichere Menschen erzeugt.

Die Konditionierungen, die daraus entstehen, haben für das ganze Leben Folgen. Überleg mal, Du könntest einem Kind beibringen, dass es Angst vor Stofftieren hat. Du musst nur die Angst und ein schlechtes Gefühl erzeugen. Wahrscheinlich wird es als Erwachsener dann Stofftiere hassen. So sind auch wir alle konditioniert worden, im Guten wie im Schlechten. Überprüfe das doch selbst mal bei dir. Welche Abneigungen hast Du? Und was wurde dir als Kind darüber vermittelt?

Vielleicht denkst Du, dass es bei dir zu Hause keine Gewalt gab. Dazu musst Du wissen, was Gewalt bedeutet. Das ist nicht nur die körperliche Variante.

Gewalt ist jede Form von Einwirkung auf andere Menschen gegen deren Willen, sowohl körperlich, als auch psychisch. Tragisch daran ist, dass die Personen, die sich solcher Mittel bedienen, bei Erfolg diese wiederholen.

Mohandas Karamchand Gandhi hat dazu mal gesagt:
„Was mit Gewalt erreicht wurde, kann nur mit Gewalt erhalten werden!"

Nimm dir Zeit und lass den Satz einmal auf dich wirken. Da ist doch etwas dran! Schau dir doch die Gefängnisse mal an. Alle voll! Und wie viele bessere Menschen kommen denn da heraus? Wie viele kommen vor allem zur Einsicht? Bei vielen Strafgefangenen höre ich nicht die Aussage: „Ja, das war mein Fehler und dafür bin ich jetzt hier und danach werde ich mein Leben ändern und nie mehr etwas gegen die Gesetze tun."

Eher klingt das oft so: „So ein Mist, die Bullen haben mich erwischt; das Schwein hat mich verraten; die waren schneller als ich; die haben mich überrascht; habe halt Pech gehabt."

Dahinter steckt keine Einsicht, sondern eher die Opferhaltung. Die anderen sind schuld. Warum? Weil er nicht verstanden hat, dass er für seine Taten die volle Verantwortung tragen muss.

## Egal, was Du im Leben tust, Du trägst die Verantwortung dafür!

Eine Teilnehmerin in einem meiner Seminare erzählte mir einmal folgende Geschichte: Als achtjähriges Kind sollte sie in kürzester Zeit ein langes Lied auswendig lernen. Das klingt vielleicht gar nicht so schwer. Allerdings, wenn Du aus Deutschland kommst und das Lied in Englisch ist, sieht das schon ganz anders aus.

Also haben die Eltern sich kurzerhand eine tolle Möglichkeit einfallen lassen, womit sie das Ganze beschleunigen konnten.

Das ging folgendermaßen: Man nehme das Kind, sperre es so lange auf die Toilette, bis es das Lied kann. Toll oder? Das einzig Positive für das Kind war: Wenn es musste, war es am richtigen Ort. Was allerdings das Auswendiglernen betraf, so war es für das Kind ein echter Horrortrip.

Jetzt stell dir einmal vor, Du bist auf dem Klo und kannst nicht heraus. Die Eltern stehen davor und schimpfen mit dir und Du kannst vor lauter Weinen und Tränen keine Zeile mehr erkennen. Das ist bestimmt keine entspannte Situation.

Du strengst dich auf jeden Fall an und lernst, was das Zeug hält, um aus dieser Situation heraus zu kommen.

Am Ende funktionierte es. Sie zeigte mir ein altes Foto, auf dem sie „total glücklich" das fröhliche englische Lied mit hochrotem Kopf und gesenktem Blick vortrug.

Die Eltern hatten ihr Ziel jedenfalls erreicht und bekamen ihr Lob von den Anwesenden, weil sie es geschafft hatten, ihrer Tochter ein fremdsprachiges Lied beizubringen. Die Mittel zur Erreichung des Zieles hatten die Eltern den Anwesenden allerdings vorenthalten. Ist doch klar! So einen guten Trick verrät doch keiner. Aber ich bin mir sicher, dass jeder von denen seine eigene Auswahl an Tricks hatte.

Stell dir einmal vor, der Lehrer sperrt alle seine Schüler auf die Toilette. Da müssten die Toilettenanlagen ja größer sein als die Schule. Zumindest bräuchte die Schule mindestens genauso viele Toiletten wie Schüler.

Ich war z. B. in einer Hauptschule auf einem Schulzentrum mit fast tausend Schülern. Stell dir das mal vor! All diese Toiletten! Tausend Stück! Du willst dann mal aufs Klo und musst überall anklopfen. Und anstatt da einer sagt: „Besetzt!" Rufen sie alle: „Nein, jetzt nicht, ich muss lernen und weiß auch nicht, wann oder ob ich hier überhaupt noch mal herauskomme."

Und 30 Jahre später stellst Du beim Klassentreffen fest, dass einige Schüler fehlen und dein alter Lehrer sagt dir, dass Du wohl auf der Toilette nachschauen musst.

Und da waren tatsächlich noch einige, die es trotzdem nicht geschafft haben. Stell dir mal vor! Sie sind schon in Rente und sitzen immer noch da!

Falls Du also jemanden aus deiner alten Klasse vermisst, schau einfach in die Schultoiletten. Sicherlich wirst Du da auch die beschriebenen und beschmierten Wände und Türen entdecken. Je mehr da steht, desto länger waren sie da drin.

Jetzt lachst Du vielleicht, aber im Grunde ist es nicht lustig. Und die oben beschriebenen Eltern haben bestimmt ähnliche Dinge erlebt und machen nur das gleiche mit ihren Kindern.

Was hat das mit *Aufwachen* zu tun?

Solange alle nur das mit den Kindern und Menschen machen, was sie erlebt haben und nicht wach genug sind, um das zu bemerken, wird es auf diesem Planeten Generation zu Generation weiter gegeben. Wenn aber auch nur einer das erkennt (aufwacht) und beschließt, das so auf keinen Fall mit anderen zu machen, sondern überlegt, was er sich selbst in dieser Situation gewünscht hätte und dann genau das macht, dann ist der erste Schritt getan. Die Kette ist dann durchbrochen und es entstehen neue Möglichkeiten.

Wenn ich den Teilnehmern und Eltern die oben beschriebene Geschichte erzähle und alle lachen, dann frage ich: „Würden Sie Ihr Kind so behandeln, wenn es Ihnen bewusst wäre und Sie eine andere Wahl hätten?" Und alle sind sich einig, dass sie anders und vor allem liebevoller handeln würden. Das zeigt auch, dass es den Betroffenen in diesen Momenten nicht bewusst ist und dass sie wie ein Automat handeln.

## Automaten

Willst Du so leben? Wie ein Automat?

Was machen Automaten denn eigentlich? Sie führen auf Knopfdruck Befehle aus, die vorher einprogrammiert wurden.

Dein Verstand drückt auf den Knopf und Du reagierst einfach. Hinterher denkst Du dir dann: „So ein Mist, schon wieder ist mir das passiert. Habe mich aufgeregt und mir fiel im richtigen Moment nichts ein." Aber kurze Zeit später wiederholt sich alles wieder. Du glaubst, dass Du es diesmal anders gemacht hast und stellst fest, dass Du schon wieder denselben Partner, Chef, Freund hast.

Wie kommt es denn, dass es am Ende genauso passiert, obwohl Du genau weißt: ‚Das will ich auf keinen Fall noch einmal erleben'. Es ist zum Haare raufen! Da hast Du dir vorgenommen, dass dein nächster Partner auf jeden Fall anders sein soll, denn Du willst nicht schon wieder so ein Drama erleben. Am Anfang sieht das mit dem neuen Partner noch gut aus, doch kurze Zeit später entpuppt er sich mit denselben Verhaltensweisen wie der alte.

So bestätigen übrigens viele Frauen das Lied „Männer sind Schw....". Diese Meinung hat zur Folge, dass sie immer als Bestätigung herhalten kann.

Aber wie ist das denn jetzt wirklich?

Ich sag dir jetzt etwas, was zu dem eben beschriebenen Ereignis mit dem neuen Partner passt. Die Verpackung war neu, der Inhalt war der gleiche.

Da warst Du dir total sicher, dass er ganz anders ist und schon wieder sitzt Du in der Falle.

Gleichzeitig fängst Du in einer neuen Firma an, weil dein alter Chef immer zu viel forderte und dich kritisierte, wenn Du seine Anforderungen nicht erfüllt hast. Endlich hast Du nach langer Leidenszeit und unzähligen schlaflosen Nächten und Heulkrämpfen diese neue Stelle durch eine Freundin vermittelt bekommen. Na endlich! Nach monatelanger Trauer und Leidenszeit scheint der Tag der Befreiung aus deinem Leiden gekommen, Du hast die Stelle bekommen.

Du musst zwar noch vier Wochen in der alten Firma arbeiten, aber seltsamerweise macht dir das jetzt gar nichts mehr aus. Im Gegenteil. Irgendwie fühlst Du so etwas wie Trauer und den einen oder anderen Arbeitskollegen wirst Du wohl auch vermissen. Vor allem tun dir die armen Arbeitskollegen Leid (deine Leidensgenossen), die ja jetzt weiter für diesen blöden Chef arbeiten müssen.

Aber Du scheinst ja Glück zu haben und bist endlich von diesem Leid erlöst. Die anderen Kollegen müssen da bleiben. Da fühlt man doch schon so etwas wie Stolz und Mitgefühl mit den armen Kollegen. Na ja, auf jeden Fall beginnst Du mit deiner neuen Arbeitsstelle und am Anfang scheint es so, als hättest Du eine Stelle beim Weihnachtsmann bekommen. Lustig, lustig trallallallala. Die Arbeitskollegen sind super nett, alle helfen sich. Dein Chef redet zwar nicht viel, scheint aber in Ordnung zu sein. Und Du glaubst: alles richtig gemacht!

Doch eines Morgens hörst Du, dass ein Kollege den Platz räumen muss (gefeuert) und dass Du seine Arbeit so lange mit einer Kollegin teilen musst. Aber nur vorübergehend. Wer's glaubt?

Und schon musst Du an jedem Tag länger arbeiten. Und an manchen Tagen sogar noch länger, weil deine Kollegin die Kinder von der Schule holen muss und Du ja Single bist. Tja, auch das noch. Aber Dein Chef hat ja gesagt, dass es nur vorübergehend ist.

Eines Tages, so acht Monate später, sinnierst Du über das Wort VORÜBERGEHEND.

Du fragst dich: Wie lange ist das denn eigentlich – vorübergehend? Gibt es da eine klare Definition? Jetzt schaust Du im Duden nach, aber nirgendwo steht etwas über eine genaue Zeitangabe.

Ich sag es dir. Vorübergehend heißt individuell in Kürze, demnächst, nach einiger Zeit, später oder wie in deinem Fall: Niemals!

Als dir das klar wird, gehst Du zum Chef und willst nachhören. Dein Chef lobt deinen Einsatz und verspricht, dass sich bald etwas ergeben wird (also niemals).

Mittlerweile hast Du schon kaum noch Freunde, weil Du sowieso keine Zeit für eine Verabredung hast. Doch es gibt ja noch deine alten Arbeitskollegen (Leidensgenossen), mit denen Du jetzt häufiger telefonierst, um gemeinsam über das Thema: „Böse Chefs und immer ist es dasselbe, egal wo du bist", gemeinsam zu jammern (Leidenstherapiegruppe).

Das gibt Trost und lässt einen noch eine Weile durchhalten. Spätestens nach einem weiteren Leidensjahr in deinem Leben weißt Du, dass alles wie vorher ist. Allerdings hast Du jetzt mehr Leidensgenossen und zwei Chefs, über die Du dich beklagen kannst. Und wenn Du noch ein paar Mal wechselst, na ja, da kommt vielleicht schon einiges zusammen. Egal, alleine bleibst Du mit dem Thema jedenfalls nicht.

Durch deine Leidensgenossen (zu denen übrigens alle gehören, die so denken) wirst Du jetzt nach einer langen Zeit der Frustration mit Sätzen gestärkt wie: *Du muss man durch. Woanders ist es auch nicht besser usw.* Ja, schön zu wissen, dass man nicht alleine leidet und anscheinend ist das normal, also was soll's, mach das Beste draus?

Das ist zwar nur ein Beispiel, doch genauso ist es bei vielen Menschen auf der Arbeit und im Privatleben. Aber Kopf hoch, man gewöhnt sich an alles. Und so kommt es, dass Du diesen Wahnsinn für dein Leben hältst und weiterhin glaubst, dass Du ja eh nichts Besseres findest. Also gibst Du vielleicht auf. Warum soll es dir auch besser gehen als den anderen Mitarbeitern in deiner Firma? Der Rest deiner Motivation, es noch einmal zu versuchen, wird dir jetzt noch von deinen alten Arbeitskollegen, Freunden oder deiner Familie mit den Worten geraubt: *Sei froh, dass Du noch eine Arbeit hast, da draußen sind 5 Millionen Arbeitslose.*

Bei so viel Unterstützung lässt Du es doch gleich bleiben und fügst dich mit all den Anderen in dein Leid. Ich will damit sagen, dass jeder Mensch eine Arbeit finden kann, die Freude macht. Es erfordert Mut und Klarheit über die eigenen Fähigkeiten. Wenn Du weißt, was Du willst, musst Du nur herausfinden, wie Du es erreichen kannst, um die nötigen Schritte zu gehen. Viele Menschen geben einfach zu früh auf.

Die einen wollen Klavier lernen und geben auf, andere wollen malen und geben auf. Schau einmal in die Hörsäle der Universitäten, wenn das Studium beginnt. Am Anfang sind sie restlos ausgefüllt, doch ein Jahr später lichten sich die Reihen.

Es ist nichts Schönes daran zu sehen, wenn Menschen aufgeben. Wenn so viele aufgeben, gibt es immerhin für dich die gute Nachricht, dass genug Platz für die entsteht, die weitermachen wollen.

Ein Teilnehmer im Seminar sagte einmal zu mir: „Aber wenn jeder seinen Lieblingsjob macht, was wäre dann mit den Bauarbeitern?"

Ich sagte zu ihm: „Es gibt viele Menschen, die gerne am Bau arbeiten. Dieser Job kann auch viele Vorteile haben. Frische Luft, du bist draußen, hast körperliche Betätigung usw. Denn es gibt für jede Stelle Menschen, die ihren Job gerne machen."

Sei mutig und lass dir keine Angst einjagen. Selbst bei 3 Millionen Arbeitslosen. Was ist schon so schlimm daran? Das sind genauso Menschen wie Du und ich. Sie sind genauso wertvoll und so sollten sie auch behandelt werden, wenn sie wirklich auf der Suche nach einem Job sind, der ihnen auch Freude machen soll.

Ja, stell dir das vor! 3 Millionen Arbeitslose (mit ständigem Wechsel) und Du kommst zum Arbeitsamt und sagst: „Ich hätte gerne einen Job mit folgenden Bedingungen: Der Chef soll freundlich sein, die Mitarbeiter ebenfalls, alle halten zusammen und arbeiten miteinander, einen schönen Arbeitsplatz an dem ich mich entspannen kann und voller kreativer Gedanken bin, flexible Arbeitszeiten. Ach ja, ich möchte noch in den Entscheidungsprozess der Firma einbezogen werden und dass mein Einsatz gesehen und belohnt wird. Einen fairen Chef und ein gutes Gehalt, eventuell noch ein dreizehntes Monatsgehalt und dass ich meinen gesetzlichen Urlaub jedes Jahr planen kann wie ich es will."

Da schaut die Vermittlerin dich an und schüttelt nur noch den Kopf. Wahrscheinlich sagt sie dann so etwas wie: „Ja, ist denn schon Weihnachten? Was glauben Sie, wo Sie hier sind?"

Ja wo bist Du wohl? Beim Amt für Arbeit, welches die letzten Jahre vielleicht durch deine Steuern finanziert wurde. Und da sitzt dann dieser Mensch, der dich fragt, welchen Job Du gerne machen würdest. Als Du ehrlich antwortest, kriegst Du auch noch einen drauf.

Dann sollen sie dich doch nicht fragen, sondern direkt sagen: „Seien Sie froh, wenn ich eine Stelle für Sie finde. Bei 3 Millionen Arbeitslosen darf man nicht wählerisch sein."

Dein Verstand sagt: Jetzt hast Du es schwarz auf weiß, also sei zufrieden. Für dich ist es jedoch ein Problem, denn Du willst doch nur eine Arbeitsstelle, bei der Du dich wohl-fühlst, und da sagt man dir so etwas.

Kein Wunder, dass die Leute so ungern da hingehen. Immerhin wird dir eine Lösung angeboten, Hartz 4, ALG II.

Ich frage dich: Willst Du das einfach glauben und dich fügen? Ein ängstliches Kind sein? Ich habe das selbst schon früher erlebt und mich eine Zeit lang mit diesem Gedanken abgefunden.

Es ist wie in dem Film „Täglich grüßt das Murmeltier". Den solltest Du dir unbedingt anschauen, falls Du ihn noch nicht gesehen hast.

Da geht es um einen Menschen, der täglich morgens wach wird und für den jeder Tag derselbe zu sein scheint. Und egal, was er macht, alles bleibt beim gleichen Ablauf. Im Grunde ist es eine Geschichte wie bei den meisten Menschen. Am Ende findet dieser Mensch jedoch die Lösung und kommt aus dem Alltagsfilm heraus. Aber die Frage, die Du dir gerade wohl stellst, ist: Wie komme ich aus **meinem** Film, aus dem Kreislauf ewiger Wiederholung, heraus?

Aber noch einmal zurück zu der Vorgeschichte mit der Arbeitsstelle und dem Arbeits-amt.

Zunächst einmal glaubst Du ja, ein Opfer in dieser Sache mit dem Chef zu sein. Du kannst dir gar nicht erklären, woran das liegt und dass es etwas mit dir zu tun haben könnte. Schließlich kannst Du doch nichts dafür, dass dein Chef so blöd war. Eins steht für dich fest: Die anderen sind schuld. Das sind: dein Chef, deine Freundin, die dir den Job vermittelt hat, das Leben, welches dich straft, die Wirtschaftslage, deine Eltern, die 3 Millionen Arbeitslosen... usw.

Du siehst, die Liste der Schuldigen ist immer schnell gemacht, doch was ist mit **Dir**? Wie sieht denn **Dein** Anteil an der Sache aus? Hast Du wirklich nichts damit zu tun? Hat der liebe Gott einfach beschlossen, dich ein bisschen zu ärgern? Und vielleicht spielt er ja da oben mit ein paar Verwandten von dir „Mensch, ärgere dich nicht" und die lachen sich über dich kaputt, weil Du wieder reingefallen bist.

### Schuld und Vergebung

Zufrieden und ganz ausgeglichen mit dem Leben zu sein geht nicht, solange da diese Gedanken und Gefühle gegenüber deinen Eltern sind, die dich aufregen und in die Opferrolle schicken. *Wenn die damals anders gewesen wären..., meine Eltern sind schuld, dass ich..., ich hasse sie, weil..., jedes Mal macht oder sagt mein Vater..., meine Mutter nervt, weil.....*

Das sind sie, die alten Strukturen, denen wir uns widersetzen. Auf die wir heute noch als erwachsene Kinder reagieren. Schau doch einmal bei dir nach, wie es zwischen dir und deinen Eltern läuft und wie Du da immer noch reagierst? Vielleicht fragst Du dich: *Wie komme ich da bloß heraus und wann weiß ich, dass es vorbei ist?*

Genau diese Frage habe ich mir auch gestellt. Und als ich wach für diese Dinge wurde, da musste ich ganz schön schlucken. Da hatte ich die meiste Zeit meines Lebens in der Rebellion und im Widerstand gegen mich selbst und gegen die Welt gelebt, weil ich mich im Grunde selbst für schlecht und nicht liebenswürdig gehalten habe.

In meiner Familie gingen alle zur Kirche und haben nach außen auf den guten Ruf geachtet. Immer gab es etwas über die schlechten Menschen von nebenan zu beklagen. Meine Oma hat uns jeden Sonntag in die Kirche geschickt und zu Hause abgefragt, was der Pastor gepredigt hatte. Gott allein weiß, woher sie es wusste, denn einmal bin ich nicht hingegangen und habe gelogen, und sie wusste es.

Dafür gab es dann zu Hause strenge Züchtigungen. Da musste ja für mich als Kind der Eindruck entstehen, dass ich der leibhaftige Sohn des Satans war. Unterstützt durch die Aussage meiner Oma in Kombination von Schlägen mit den Worten: *Du Düvel* (Teufel). Das führte wirklich dazu, dass ich glaubte, ich sei nichts wert und voller Schuld und Sünde. Später, als ich älter wurde, hieß es dann immer, dass Schläge nicht geschadet haben, wir sind ja alle damit groß geworden.

Super oder? Da kriegst Du als Kind Schläge mit der Erklärung, dass Du selbst schuld bist, weil Du nicht gehorchst, und schon bist Du, wie sie dich gerne hätten. Und später, wenn Du älter bist und über diese Sachen nachdenkst, dann sagen sie dir so etwas wie: *Leichte Schläge auf den Hinterkopf steigern das Denkvermögen.*

Du bist also durch die Schläge heute so ein intelligentes Kind geworden und sollst dich auch noch dafür bedanken!

Also, ich habe noch kein Kind oder keinen Erwachsenen sagen hören: „Danke, liebe Eltern, dass ihr mich gezüchtigt und angeschrien habt. Danke, dass ich Schmerzen erleiden durfte und als Kind verlassen und einsam war."

Tief im Herzen wissen die Eltern ja, dass es Unrecht war, dass die Schläge eigentlich ein Ausdruck ihrer eigenen Hilflosigkeit waren. Sie können es nur nicht zugeben. Einmal konnten sie es selbst nicht sehen, und außerdem hätten sie sonst ihre Fehler eingestehen müssen. Und das wäre mit dem Verlust ihrer Kontrolle und Macht verbunden gewesen.

Meine Mutter hatte mir Folgendes offenbart: „Dich hätte ich als Kind am liebsten erwürgt, weil du immer Mama gerufen hast, sobald du alleine im Hof warst." Hätte ich als Kind gewusst, dass sie mich jedes Mal am liebsten erwürgt hätte, dann hätte ich wohl nicht gerufen.

Ja, die Botschaften zielen immer darauf ab, dass Du selbst SCHULD und somit ein armes Opfer bist.

Ich sag dir einmal eine Wahrheit, die dich betrifft und eine Wahrheit, die deine Eltern und die Familie betrifft.

Alles, was Du als Kind Schlimmes erlebt hast, war wirklich schlimm und zwar genauso, wie Du es heute siehst. Du musst kein schlechtes Gewissen haben, wenn dir deine Eltern versuchen einzureden, dass es ja gar nicht so schlimm war. Bitte belüge dich wenigstens nicht auch noch selbst. Für deinen Heilungsprozess ist das die Grundlage, dass Du dir die Wahrheit sagst.

Und es ist wichtig, dass Du mit deinen Eltern Frieden schließt und vergeben kannst. Sie sollten so sein können wie sie sind. Und Du solltest keinen Bedarf mehr haben, deren Erwartungen zu erfüllen oder umgekehrt. Jeder kann bleiben wie er ist. Du bist kein Kind mehr und Du bist nicht auf dieser Welt, um so zu sein, wie andere Menschen dich gerne hätten.

Glaub mir, das ist möglich und es macht dich frei. Der Weg wird allerdings nicht einfach, wenn Du nur mit dem Kopf versuchst zu vergeben. Viele sagen in meinen Seminaren, dass sie ihre Eltern nicht aus der Schuld entlassen und schon gar nicht Verständnis aufbringen wollen.

Dazu sage ich - Verständnis und Einfühlung heißt ja nicht, dass Du **einverstanden** bist mit dem, was passiert ist. Allerdings hilft es dir, zu verstehen, warum Du so bist und deine Eltern so sind wie sie sind.

Jetzt kommen wir zur Wahrheit deiner Eltern.

Sie haben nur ihr Bestes getan. Und ihre Absicht war, dass es dir in deinem Leben gut geht und dass aus dir ein guter Mensch wird. Du sollst deine Schule schaffen und einen guten Beruf erlernen. Dass Du eine tolle Frau oder einen tollen Mann heiratest und eine glückliche Familie gründest. Ich wette, wenn ich deine Eltern frage, ob das stimmt, werden sie sagen: *Ja, genau das wollten wir. Leider ist er/sie heute immer noch ohne Kinder, geschieden und ohne Arbeit.*

Ja, alle Methoden haben aus dir nicht das gemacht, was sie gerne gehabt hätten. Und falls doch, bist Du auch unglücklich, weil es deren Vorstellung war. Alle wollten nur dein Bestes. Jetzt kannst Du damit aufhören und dich fragen: *Was ist denn mein Bestes und wie will ich es denn machen, ohne mich zu bestrafen und durch zu viel Anstrengung zu zwingen? Sondern freiwillig, weil es mir als erstrebenswert erscheint?* Mach dich frei von der Angst und tu genau das, was Du für richtig hältst und nicht die Anderen.

Die Angst bremst nur dein Potential und hindert dich daran, nach deinen Vorstellungen zu leben.

Also hör auf, dir von Anderen Angst einjagen zu lassen. Hör vor allem damit auf, dir selbst Angst einzujagen.

## Die Schlange und das Seil

Oft machen wir uns selbst Angst und versetzen uns unnötig in Panik.

Stell dir einmal vor, Du gehst an einem sonnigen Nachmittag in deinen Garten und willst aus dem Schuppen dein Fahrrad herausholen. Du öffnest die Tür und versuchst im Dunkeln den Lichtschalter zu ertasten. Du gehst in den Raum hinein und da siehst Du sie, eine Schlange auf dem Boden, direkt vor deinen Füßen. Panik und die nackte Angst überkommen dich. Du springst mit einem Satz zur Tür und stolperst hinaus. Du bleibst liegen und atmest schwer. Die Angst lähmt alle deine Glieder. Der „Schreck" ist dir sozusagen in die Glieder gefahren.

Da kommt deine kleine Schwester. Sie sieht dich da liegen und fragt, was Du denn da unten machst? Ohne auf eine Antwort zu warten geht sie in den Schuppen. Du springst auf und schreist ihr hinterher, um sie zu warnen, doch Du hörst nur, wie sie im Schuppen lacht und vor sich hin singt. *Das kann doch nicht sein*, denkst Du und öffnest vorsichtig die Tür des Schuppens und machst das Licht an. Da steht deine Schwester mit einem Seil in der Hand und sagt: „Da ist ja mein Springseil, ich suche es schon so lange." Dir wird klar, dass es keine Schlange war, vor der Du dich zu Tode geängstigt hast, sondern nur ein Seil. Jetzt musst Du selbst lachen und kommst dir töricht vor.

Warum diese Geschichte? Es ist wie im wahren Leben. Wir sehen oft eine Gefahr, wo gar keine ist. Wir versetzen uns mit unseren Gedanken und Vorstellungen in Angst und Schrecken. Dabei brauchst Du nur das Licht deiner Bewusstheit im Kopf und im Herzen anstatt im Schuppen, und schon siehst Du, dass da meistens keine Lebensgefahr herrscht.

## Wie wir Furcht und Schrecken in uns wecken!

Die Kunst, uns selbst Angst einzujagen, lernen wir schon sehr früh von unseren Eltern und Verwandten. Später übernehmen wir die Angst von den ängstlichen Menschen um uns herum. Alle wollen etwas Spannung, aber bloß kein Risiko eingehen. Du musst in das Unbekannte gehen, um Neues zu erfahren und um zu wachsen. Alle warnen uns immer nur vor dem Risiko. Aber so geht es nicht. Ohne Mut und einer Portion Vertrauen in deine Unternehmungen wirst Du immer nur in der zweiten Reihe deines Lebens sitzen. Die Angst vor dem Scheitern ist oft größer als der Mut, es zu versuchen. Hierzu möchte ich dir einen weisen Spruch, der mir sehr gefällt und mich immer bestärkt hat, ans Herz legen:

*„Du wirst keine Meere entdecken, solange Du nicht den Mut hast, die Küste aus den Augen zu verlieren."*

Also hör auf damit, dir ständig Angst einzujagen!

Sei bewusst und beobachte das Verhalten mal bei einem Bekannten/einer Bekannten oder einem Freund, wenn er oder sie zu dir kommt und dir von einer Sache berichtet, die gerade in seinem/ihrem Leben passiert.

Eine Bekannte von mir kam letztens völlig fertig und niedergeschlagen zu mir. Ich dachte schon, *wer weiß, was passiert ist.*

„Ist jemand gestorben?", fragte ich.

Darauf antwortete sie: „Nein, ich habe die Nachzahlung der Heizkosten bekommen! Dreihundert Euro." Sie hatte Angst, dass ihr zu wenig Geld übrig bleibt oder dass sie demnächst ohne Heizung dasteht. Vielleicht kommt dann der sibirische Winter, in dem sie dann in ihrem Wohnzimmer zum Eisblock friert.

Die Wahrheit ist, dass sie einen guten Job hat und dass sie die Rechnung bezahlen konnte. In ihrem Kopf allerdings sah das anders aus. Da sah sie sich schon am Rande des Ruins, völlig verarmt und einsam.

Klingt lustig und doch irgendwie bekannt. Sobald Du etwas Neues ausprobieren willst oder ein Hindernis in deinem Leben auftaucht, geht der Verstand hin und suggeriert Gefahr. *Achtung, Achtung! Rotes Alarmschild! Dein Ende naht, und das schon bei einer Nachzahlung. Was macht sie denn, wenn es echt mal gefährlich wird?*

Die meisten Ängste, die wir so haben, sind völlig unbegründet; sie lähmen nur unsere Handlungsfähigkeit.

Ich bat also meine Bekannte, sich hinzusetzen und erst einmal zur Ruhe zu kommen. Dann gab ich ihr einen Zettel, damit sie aufschreibt, welche gefährlichen Gedanken in ihrem Kopf ablaufen.

In ihrem Fall stand auf dem Zettel – *die nächste Rechnung kommt bestimmt und dann kannst du deine Verbindlichkeiten nicht mehr zahlen. Am Ende hast du Schulden. Du verdienst nie genug Geld. Du hast nichts zurückgelegt. Später, wenn du alt bist, bist du arm.*

Als wir den Zettel betrachteten, war uns beiden klar, dass sie sich schrecklich fühlte. Mit diesen Gedanken im Kopf würde jeder Angst bekommen. Diese Art von Gedanken haben sie paralysiert. Sie konnte nicht mehr klar sehen und erkennen, dass es ihr Verstand war, der ihr in Wirklichkeit Angst machte. Das kennen wir doch alle, oder? Als wir jeden einzelnen Gedanken mit folgenden Wenn-dann-Sätzen und Fragen untersuchten, stellte sich heraus, dass nichts davon bewiesen werden konnte oder gar stimmte. Ein Beispiel:

*Wenn du alt bist, bist du arm.* Mit diesem Satz kann sie sich Sorgen machen bis sie alt ist. Kann sie denn wirklich wissen, dass sie im hohen Alter arm sein wird?

Die Antwort ist – Nein. Gibt es noch andere Möglichkeiten, die eintreten könnten?

Ja. Es könnte sein, dass sie einen guten und liebevollen Mann kennenlernt, der Geld hat. Sie werden heiraten und für immer glücklich sein. Vielleicht bekommt sie einen besseren Job mit mehr Gehalt und sie legt eine Altersvorsorge an.

Mit dieser Art der Gedanken kam sie in eine bessere Stimmung und ihre Klarheit kehrte zurück. Abgesehen davon, dass sie erst 25 Jahre alt ist und es noch früh genug für eine Altersvorsorge ist. Vor allem hat sie noch das ganze Leben vor sich. Warum glauben wir denn unseren Angstfilmen mehr als vielen anderen Möglichkeiten?

Es liegt eben an diesem einen Film. Der Film läuft vor unseren Augen in 3D und Dolby Surround ab. Also in Top Qualität. Du glaubst, dass es echt sein muss und dein Verstand setzt alle Mittel ein, um dich zu lähmen. Erst deine Bewusstheit, dass der Film ein Film ist und nicht mehr, kann dir helfen zu erkennen, was da passiert.

## Angst als Schutz?

Die Angst will dich vor dem Versagen und dem damit verbundenen Schmerz schützen. Mit zunehmendem Alter riskierst Du immer weniger. Die meisten Menschen haben am Anfang ihres Lebens eine gesunde Einstellung und Haltung zum Risiko. Als Kinder können wir es kaum erwarten, uns ins Abenteuer zu stürzen. Alles ist so neu und bereit zu erforschen. Deswegen finden Eltern ihre kleinen Kinder immer dort, wo sie auf keinen Fall hingehen sollen. Mit dem Finger in der Steckdose, beim Spaziergang auf der Hauptstraße oder sie erwischen es dabei, wie es am Schwanz des Nachbarhundes zieht.

Ein gesundes, glückliches Kind testet seine Fähigkeiten und geht immer, um zu wachsen, mit Begeisterung ein Risiko ein. Die ersten Schritte, die oft mit einer Landung auf dem Hintern enden, schrecken das Kind nicht ab. Es steht immer wieder mit Begeisterung auf und versucht es erneut. Der Turm aus Legobausteinen, der immer wieder einstürzt – das Kind fängt immer wieder mit Begeisterung an und stapelt die Steine neu, bis der Turm steht. Auch Du hast gelernt zu laufen und deinen Turm zu bauen.

Mit der Zeit deines Heranwachsens hat sich das geändert. Irgendwo zwischen dem 13. und 21. Lebensjahr. In dieser Zeit ging es immer mehr um Sicherheit und Absicherung. Am Anfang sind das die Eltern mit ihren Warnungen und übertriebenen Ängsten. Sie wollen dich vor allem schützen und warnen. Je ängstlicher die Eltern sind, desto unsicherer werden die Kinder. Diese haben später dann ein starkes Streben nach Sicherheit.

Als ich ein sechsjähriger Junge war, genoss ich ein richtig abenteuerliches Leben. Direkt nach der Schule lief ich nach Hause und stärkte mich mit einer Mahlzeit, um nach erledigten Hausaufgaben mehr Kraft für jeglichen Unsinn, der auf mich draußen wartete, zu haben. Meine Mutter sagte dann zu mir: „Jang erus spille." Was übersetzt soviel heißt wie: Geh raus spielen.

Also lief ich ganz allein zum Wald an den Rhein, wo die anderen Kinder schon auf mich warteten. Wir kletterten, machten Feuer und bauten Baumhäuser. Das alles ohne Eltern, Ordnungsamt und Polizei.

Erst abends kam ich wieder Heim, und nie hat einer gefragt: *Hallo mein liebes Kind, wo warst du denn? Mit wem hast du gespielt und was habt ihr gemacht?*

Keiner hatte Angst um seine Kinder, und wir durften unsere Erfahrungen machen. Das gibt es heute kaum noch und in den Großstädten schon gar nicht. Die Eltern würden vor Angst sterben, wenn sie wüssten, dass ihr Sechsjähriger am Rhein ein Feuer macht oder auf die Bäume klettert. Davon abgesehen würde er sowieso von der Polizei oder dem Ordnungsamt nach Hause gebracht. Anschließend würden die Eltern eine Verwarnung wegen Vernachlässigung der Aufsichtspflicht erhalten und müssten bei der Stadt die Reinigungskosten für die Feuerstelle bezahlen.

Kein Wunder, dass keine Kinder da draußen mehr spielen. Da regiert die Angst. Viele Kinder sitzen dann zu Hause vor dem Fernseher oder vor dem Computer und bewundern ihre Actionhelden. Als Erwachsene riskieren wir dann nichts mehr, sondern sitzen nur noch vor der Glotze und feuern unsere Helden an. Oder wir freuen uns, wenn andere ein Risiko eingehen und gewinnen. Wir schauen zu, wie andere Erfolg und Glück im Leben haben. Wir sehen Sieg und Niederlage. Doch all das spielt sich nur noch vor uns auf dem Bildschirm ab.

Die wahre Würze im Leben besteht darin, etwas Neues zu machen, etwas zu erschaffen und in das Unbekannte zu gehen. Denn nach Sicherheit und ständiger Absicherung zu streben wird dein Leben ersticken und vernebeln.

Die beste Absicherung und Sicherheit bekommst Du erst, wenn Du drei Meter unter der Erde bist.

## Die falsche Brille

Siehst Du, was Du glaubst oder glaubst Du, was Du siehst?

Nimm dir mal einen Moment Zeit und denk über diesen Satz nach.

Da ist doch was dran, oder? Ich sehe das so. Wir Menschen tragen verschiedene Brillen mit verschiedenen Aussichten. Bestimmt hast Du schon von der rosaroten Brille gehört. Wenn Du durch sie hindurch siehst, dann ist die Welt vor deinen Augen fröhlich und leicht. Die Leute mit der rabenschwarzen Brille sagen dann, dass Du aufpassen musst, weil deine Brille rosa ist und dich belügt.

Welche Brille ist denn die richtige? Ich sage, keine von den beiden. Weil Brillen immer nur auf der Basis unserer Erfahrungen hergestellt sind. Sie sind sozusagen unsere Filter, durch die wir die Welt sehen. Tragisch wird es dann, wenn Du glaubst, dass deine Sicht auf die Welt die einzig richtige ist und Du erwartest, dass alle anderen diese auch annehmen. Du schaust halt nur durch eine Brille, deren Gläser nicht klar sind, sondern eine Illusion erzeugen. Dazu möchte ich dir ein Beispiel nennen.

Stell dir vor, Du wirst als junger Mann oder als junge Frau von deinem Partner belogen und am Ende auch betrogen. Du warst so verliebt und hast geglaubt, dass dir so etwas niemals passieren kann. Du leidest und erfährst einen tiefen Schmerz, aus dem Du eine neue Brille hergestellt hast. Die Brille heißt Eifersucht und Misstrauen.

Also übersetzt: WER MIT EIFER SUCHT, WAS LEIDEN SCHAFFT.

So, jetzt weiter zur Geschichte. Nach einiger Zeit, vielleicht nach einem Jahr oder einigen Jahren, je nachdem wie groß deine Angst vor der nächsten Enttäuschung ist, kann Folgendes passieren:

Du hast endlich jemand Neues kennengelernt und es sieht alles wirklich ganz gut aus. Der neue Partner scheint dir die Sterne vom Himmel zu holen und Du kannst es kaum glauben. Also lässt Du dich darauf ein, weil es ja dein größter Wunsch ist. Allerdings bist Du auf der Hut und achtest genau auf die Zeichen. Was glaubst Du, welche Zeichen das sind? Ja genau, ob der Andere sich so verhält, dass Du dir seiner sicher sein kannst. Und dabei hilft dir deine Brille, die Brille der Eifersucht. Glaubst Du nicht? Pass auf:

Du gehst mit der neuen Errungenschaft auf eine Partie, zu der ihn seine Bekannten eingeladen haben, um dich kennen zu lernen. Recht schnell stellst Du fest, dass die Leute alle ganz nett zu sein scheinen. Du fängst an, dich langsam wohl zu fühlen und kannst dein Glück kaum fassen.

Auf einmal bemerkst Du, dass dein neuer Partner laut lacht und sich angeregt mit ein paar Frauen oder Männern unterhält. Zunächst denkst Du noch, dass es bestimmt nur daran liegt, weil sie sich alle so lange nicht gesehen haben. Aber Du hast da so eine Erinnerung und damit kommt bei dir auch ein merkwürdiges Gefühl hoch. Du schaust noch mal genauer hin und setzt dazu unbewusst eine Brille auf, die dir jetzt helfen soll, klarer zu sehen. Allerdings ist diese Brille manipuliert und Du siehst keine Freude durch die rosaroten Gläser, sondern Eifersucht. Du schaust jetzt damit genau hin und siehst plötzlich ganz klar die Bestätigung. Dein Partner unterhält sich nicht, sondern flirtet! In jeder seiner Gesten siehst Du den Beweis, dass er mit allen anderen Frauen flirtet und dich auf kurz oder lang verlassen wird.

In Wahrheit hat dein Partner den Frauen gerade erzählt, was für eine tolle Frau er in dir sieht und dass er dich liebt und hofft, dass ihr für immer zusammen bleibt.

Aber das nimmst Du natürlich mit dieser Brille nicht wahr. Du fühlst dich schlecht und wirst auf deinen Partner wütend, weil er sich mit anderen amüsiert. Beleidigt und enttäuscht setzt Du dich schmollend in eine Ecke. Am späteren Abend kommt dein Freund zu dir und fragt dich, was denn mit dir los sei?

Patzig antwortest Du: „Nichts!"

„Aber ich sehe doch, dass mit dir etwas ist",  fragt er weiter.

„Dann musst Du besser hinsehen. Kauf dir eine Brille. Und außerdem will ich jetzt nach Hause", antwortest Du gereizt.

Auf dem Weg nach Hause machst Du ihm noch wegen der Frauen eine schöne Szene. Du lässt ihn deutlich spüren, dass Du sauer bist. Der Abend war für dich eine Katastrophe und dein Partner ist daran schuld. Die Wahrheit ist aber, dass Du deinen Freund für deinen Film und deine Gefühle verantwortlich machst, weil Du in deiner Vergangenheit eine schlechte Erfahrung gemacht hast und diese jetzt durch deine Brille auf ihn projizierst.

Nehmen wir einmal an, Du merkst es nicht (wie die meisten im Leben) und das Spiel geht weiter. Du bist noch eine Woche lang auf deinen Freund sauer und strafst ihn mit Liebesentzug und Vorwürfen. Daraufhin fühlt er sich schlecht und hilflos. Das schmerzt ihn und er will das nicht mehr erleben. Weil er aber nicht bemerkt, dass es dein Thema ist, beschließt er, die Schuld auf sich zu nehmen. Bei der nächsten Party kontrolliert er genau sein Verhalten, damit Du ja nicht wieder sauer bist.

Die Partys machen ihm jetzt sowieso nicht mehr so viel Spaß, weil Du immer eifersüchtig und auf der Hut bist. In ihm sammeln sich Frust und Ärger, wofür er dir die Schuld gibt. Es kracht immer wieder zwischen euch, weil er sich eingeengt und Du dich von anderen Frauen bedroht fühlst. Als es dann eskaliert, wirst Du von ihm sitzen gelassen.

Schade. Alles nur wegen einer falschen Brille. Wenn Du wenigstens deinem Augenarzt die Schuld geben könntest, weil er dir die falschen Gläser verpasst hat, dann wärst Du sauer und würdest sie zurückbringen und den Arzt wegen Täuschung verklagen. Aber das Leben kannst Du nicht verklagen. Du musst nach innen gehen und deinen Partner von der Last der Verantwortung befreien, weil es nicht seine Gefühle und Erfahrungen sind. Aber wie macht man das?

Wenn Du bewusst genug bist und erkennst, dass Du im Grunde nur Angst auf Grund deiner alten Erfahrungen von Verlust und Verrat bekommst, dann könntest Du zu deinem Partner Folgendes sagen, wenn er dich fragt, warum Du schmollst:

„Ich fühle mich gerade schrecklich einsam und hilflos, aber das hat nichts mit dir zu tun, es ist meine alte Erfahrung. Kannst du mich einmal in den Arm nehmen?"

Das wäre bestimmt besser. Darüber hinaus könntest Du ihm erzählen, was in dir gerade vorgeht oder vorgegangen ist. Das würde übrigens dazu führen, dass sich dein altes Programm auflöst.

Jetzt noch zu einer wichtigen Täuschung deines denkenden Verstandes, die eine Menge Schwierigkeiten und Konflikte in deinem Leben verursacht.

## Andere sind dafür verantwortlich, wie ich mich fühle!

Das ist der größte Irrtum, dem die meisten Menschen unterliegen. Die Anderen sind niemals der Grund, sondern nur der Auslöser. Der Grund bist Du selbst, bzw. deine Art zu denken. Du fühlst dich schlecht und suchst im Außen den Grund. Da findet sich natürlich immer etwas woran es liegt, und sei es das Wetter oder der Vollmond. Diese beiden kannst Du allerdings nicht zur Verantwortung ziehen. Da sagst Du dann, so ist das halt. Doch was ist, wenn Du schlechte Laune hast und jemand in deiner Nähe laut auflacht? Da geht dir doch gleich die Hutschnur hoch! Du sagst vielleicht: „Geht's auch leiser?" Der Andere nennt dich einen Spaßverderber und schon geht das Theater los. Du machst dir deine Gedanken über den Anderen und diese sind nicht gerade freundlich. *Blöder Idiot, was fällt dem ein, hier so einen Krach zu machen und mich auch noch einen Spielverderber zu nennen!* Dem werde ich es zeigen. Vielleicht haust Du ihm eine rein oder jagst ihn mit „freundlichen" Worten davon.

Du glaubst jetzt zu wissen, warum Du dich schlecht fühlst. Nämlich wegen diesem Idioten. Es ist dein Denken, deine Gedanken sind es, die immer wieder diese Gefühle in dir erzeugen.

Stell dir Folgendes vor: In deinem Wohnzimmer plätschert ein Zimmerbrunnen vor sich hin. Dein Verstand sagt, *wunderbar dieses Plätschern*, und schon fühlst Du dich wohl.

Am nächsten Tag sitzt Du wieder im Wohnzimmer und lauschst dem schönen Plätschern ganz entspannt. Dein Freund kommt herein und Du sagst ihm, wie schön dieses Plätschern dich beruhigt. Dein Freund ist erstaunt und meint, dass der Brunnen aus ist und dass es die Toilettenspülung ist, die plätschert.

Schon ist die ganze Entspannung dahin. Du wirst unruhig und das Geplätscher nervt dich. Dein Verstand sagt: *So ein Mist, diese Spülung, dieses Geräusch macht mich noch verrückt.* Jetzt fühlst Du dich gestresst und bist nervös. Du hast gedacht, der Brunnen läuft. Dabei war es dasselbe Geräusch und es ist dir vorher gar nicht aufgefallen. Ich will damit jetzt nicht sagen, dass alle anstatt eines Zimmerbrunnens die Toilettenspülung laufen lassen sollen. Das kostet zu viel Wasser, ansonsten wäre es eine Alternative. Und mal ganz ehrlich, ein Zimmerbrunnen sieht im Wohnzimmer doch besser aus als eine Toilette.

Was will ich damit sagen? Ob wir ein Geräusch als störend empfinden oder nicht hängt auch wieder davon ab, wie wir darüber denken. Als ich zum ersten Mal dieses Pfeifen in meinen Ohren bemerkte, war mein Frieden dahin. Heute ist es für mich keine Störung mehr, ich verschwende keine Gedanken mehr daran. Denn nur dadurch wurde ich bewusster. Das heißt, dass ich heute mehr inneren Frieden und Ruhe habe, als in der Zeit ohne Geräusche in meinen Ohren. Irgendwann verstand ich, dass diese Geräusche in meinen Ohren mich dazu bringen wollten, nach Innen zu hören und bei mir zu sein. Am Anfang war es die Hölle in mir, die den größten Teil meiner Gedanken ausmachte. Bestimmt kennst Du auch dieses Pfeifen im Ohr. Fast jeder hat es schon einmal kurzzeitig gehabt und war froh, als es wieder weg war. Manchmal entsteht es nach viel Lärm wie z. B. nach einem Rockkonzert oder einem Discobesuch.

Bei mir war es ein Hörsturz. Nein, es waren drei, und ich habe die ersten beiden als Warnung ignoriert. Zwei Mal ist das Pfeifen wieder verschwunden und beim dritten Mal blieb es dann. Mein Verstand ist sofort draufgesprungen und hat eine Leidensgeschichte daraus gemacht. Ich hatte pausenlos Stress und Angst und war nicht in der Lage, mich von meinen Leidensgedanken zu distanzieren. Erst als ich erkannte, dass ich mein Denken beobachten und meinen Körper selbst zur Ruhe bringen kann, entstand eine Pause und Frieden kehrte ein.

Ich wusste, dass es die Art war, wie ich darüber dachte, die mich leiden ließ. Mein Verstand erzählte mir, dass mein Leben zu Ende ist und dass ich sterben werde und selbst schuld bin. Das Geräusch wird mich umbringen. Mein denkender Verstand lief zur Höchstform auf und hatte die Kontrolle übernommen. Ich hatte keine ruhige Minute mehr, bei Tag und bei Nacht.

Ich wollte das Problem im Kopf lösen. Doch Probleme lassen sich nicht im Kopf lösen, weil sie ja genau dort entstehen. Genau wie bei der Klospülung. Sobald der Denkapparat unkontrolliert loslegt, wird es schwierig, weil er fast immer ein Problem aus allem macht.

Das soll nicht heißen, dass Du die Klospülung oder wie in meinem Fall das Rauschen im Ohr, ignorieren sollst. Versuch es einmal anders. Nimm es wahr und höre, was dein Verstand dir erzählt. Beobachte es, ohne einzugreifen und dann entscheide ohne Leidensgedanken, was zu tun ist. Es gibt immer eine Möglichkeit, etwas zu tun was hilft und sei es, still zu werden und zu entspannen. Also noch mal, Du bist nicht das Problem und Du hast auch keine. Dein Denken macht erst eins daraus. Das musst Du erkennen, sonst hat der Verstand zuviel Macht über dich.

*Doch wie soll das gehen,* fragst Du dich? Du musst anhalten und dir Zeit nehmen. Am besten ist es, wenn Du meditierst oder entspannst. Der Mensch ist das einzige Lebewesen, das seine Gedanken und Handlungen beobachten und reflektieren kann. Kein Tier kann das. Kein Hund und auch kein Affe. Der Mensch kann seine Handlungen überdenken, daraus seine Schlüsse ziehen und sein Verhalten ändern.

Ich habe ein Tagebuch, in das ich jeden Morgen nach der Meditation reinschreibe, was gut war und was ich verbessern möchte. Am Abend vor dem Schlafengehen nehme ich mir etwas Zeit und gehe den Tag in Gedanken noch einmal durch. Ich schaue, was nicht so gut gelaufen ist und wie ich es morgen besser machen kann. Das hat zu einer Reihe von positiven Veränderungen in meinem Leben geführt. Vor allem habe ich viele Fehler aus der Vergangenheit nicht mehr wiederholt.

Wenn ich diese Übung meinen Teilnehmern in den Seminaren und Ausbildungen ans Herz lege, höre ich immer wieder dieselbe Ausrede.

„Ich habe keine Zeit dafür." Das ist traurig, weil genau dieses kleine bisschen Zeit dein Leben drastisch verändern wird. Die Meisten stehen auf und rennen einfach in den Tag los. Ohne in Ruhe in sich hineinzuschauen und zu sich zu kommen. Dann kreieren sie jede Menge Schwierigkeiten, mit denen sie sich dann den ganzen Tag herumschlagen müssen und sind abends fertig mit der Welt.

Stell dir vor, Du wärst ein Gärtner und solltest einen Garten anlegen. Jedoch nimmst Du dir keine Zeit darüber nachzudenken, welche Pflanzen an welche Stelle passen.

Das ist nämlich eine echte Wissenschaft. Es gibt Pflanzen, die an schattigen Plätzen lieber stehen und andere, die lieber in der Sonne stehen. Auch gibt es bestimmte Zeiten, in denen gepflanzt werden sollte. Du würdest bestimmt nicht im Winter Tulpen pflanzen.

Wenn Du jetzt all diese Pflanzen an die falschen Stellen pflanzen würdest, dann hättest Du eine Menge Schwierigkeiten, über die Du dich anschließend ärgern würdest. Die Pflanzen würden eingehen oder einfach nicht aufblühen, weil sie zu viel oder zu wenig Sonne haben oder im Winter einfach erfrieren.

Wenn Du darüber nachdenkst, macht es doch Sinn, sich Zeit zu nehmen und sich zu informieren und genau hinzuschauen, anstatt einfach loszulegen und sich dann zu wundern, dass es nicht funktioniert. Das ist wie mit deinem Leben. Schau, was Du so an Gedanken und Handlungen täglich einpflanzt, dann weißt Du auch, was dabei herauskommt.

Nimm dir jeden Tag Zeit und lerne, dich zu beobachten. Schau deine Gedanken und Handlungen an.

Auf der Arbeit musst Du auch genaue Arbeitsabläufe einhalten und überwachen, sonst hast Du bald vielleicht keine Arbeit mehr.

In Schulen und Kindergärten wird ständig reflektiert. Als Lehrer und Erzieher erwarten deine Ausbilder und Vorgesetzten von dir, dass Du reflektieren kannst. Diese Reflektion bezieht sich allerdings nur auf die einzelnen Situationen und Aktivitäten mit den Kindern und Gruppen, aber nie auf dich, was deine Gedanken und deine Haltung betrifft. Es werden Abläufe reflektiert wie: *Warum haben Sie diesen Raum gewählt? – oder – Warum machen Sie Schritt zwei bis fünf mit den Kindern so und nicht anders? Was würden Sie beim nächsten Mal bei derselben Aktivität anders machen?*

Keiner fragt: *Wie ist denn Ihre Haltung? Was fühlen Sie und denken Sie in der Situation?* Die innere und äußere Haltung, mit der Du etwas machst, hat eine viel stärkere Wirkung auf die Menschen. Wenn Du deinen Verstand einfach unbeaufsichtigt lässt, dann bastelt er dir ständig neue Sorgen und Probleme. Ein Problem, welches er gerne macht, kennst Du bestimmt.

## Ich ärgere mich über mich selbst!

Das habe ich früher ständig erlebt, wenn ich etwas nicht gut gemacht habe oder mit mir unzufrieden war. Dazu eine kleine Anekdote:

Nachdem ich aus dem Urlaub zurück war, kam eine Klientin zu mir zum Coaching. Wir hatten uns drei Wochen nicht gesehen und ich fragte sie: „Wie geht es dir?"

„Eigentlich ganz gut", sagte sie.

Darauf ich: „Und uneigentlich?"

„Na ja...", sagte sie, „...ich hatte eine gute Zeit und vieles läuft besser. Allerdings ärgere ich mich seit letzter Woche über mich selbst."

„Wie machst du das denn?", wollte ich wissen.

„Nun, ich habe seit zwei Wochen Urlaub und habe mir einiges vorgenommen, wozu ich sonst nicht komme. Und dann habe ich letzte Woche bemerkt, dass ich immer noch nicht joggen war, obwohl ich es doch machen wollte. Und darüber ärgere ich mich und mache mir Druck."

„Was soll das denn?", fragte ich.

Sie schaute mich mit zusammengekniffenen Augen an.

„Da hast du endlich Urlaub und kannst dich erholen und was passiert? Du ärgerst dich über dich selbst? Das ist doch mal was Interessantes. Hast du eigentlich eine Ahnung, was du da machst? Da ist niemand da, über den du dich ärgern kannst und was machst du? Du ärgerst dich über dich selbst und das schon eine Woche lang!", ich blickte zu ihr und sprach weiter.

„Du versetzt dich selbst in einen Alarmzustand und machst dir Stress. Stell dir mal vor, dein Körper wird von dir sozusagen unter Druck gesetzt. Das heißt, er schüttet Adrenalin aus, um sich auf einen bevorstehenden Angriff einzustellen, damit er sich verteidigen kann oder für die bevorstehende Flucht genug Energie hat.

Aber da passiert ja nichts, weil ja keiner da ist, außer dir. Du tadelst dich, *das habe ich wieder nicht geschafft usw.* Und was passiert mit dem ganzen Adrenalin, welches du in dich selbst hineinschüttest? Richtig, es bleibt in dir drin und vergiftet deinen Körper. Das würdest du doch niemals freiwillig machen, oder?"

Ihre Antwort war ein klares „*Nein*".

Hier siehst Du, was dein Verstand für ein neues Spielchen mit dir macht, wenn Du nicht aufpasst. Er sagt dir einfach, was Du nicht geschafft hast und schaffen müsstest. Aber warum?

Weißt Du eigentlich, wie viele Menschen sich über sich selbst ärgern, weil sie Dinge nicht schaffen? Frag Du dich doch einmal, was das soll?

Was erreichst Du damit, wenn Du dich selbst angreifst? Wenn Du klar und bewusst bist, brauchst Du das nicht mit dir zu machen. Da läuft es endlich einmal gut und es ist kein Ärger in Sicht und was machst Du? Du ärgerst dich über dich. Tolle Sache oder? Ärger ist ein schlechter Antreiber, er verursacht nur Stress und schlechte Laune. Das alles geschieht in deinem Kopf und Du machst es ohne es zu bemerken. Ärger ist gefährlich und kann eine Menge Schaden bei dir und anderen Menschen anrichten.

Du sitzt da und ärgerst dich über dich! Hör auf mit dem Blödsinn! Jedes Mal, wenn dir auffällt, dass Du dich ärgerst, halt an und frage dich: Was mache ich denn da gerade wieder?

Sei dir bewusst, dass Du es bist, der das alles veranstaltet.

Dazu eine schöne Geschichte, die ich mal gelesen habe und die es auf den Punkt bringt.

*– Das Tor zum Himmel –*

*Der Zen-Meister Hakuin war nicht nur ein hervorragender Zen-Meister, sondern auch ein bedeutender Lehrer.*

*Einst kam ein Krieger zu ihm, ein Samurai, ein großer Soldat, der fragte:*

*„Gibt es eine Hölle? Gibt es einen Himmel? Und wenn es Himmel und Hölle gibt, wo sind die Tore? Von wo aus betrete ich sie?"*

*Er war ein einfacher Krieger. Krieger sind immer einfach, ohne Hintergedanken, ohne Berechnung. Für sie gibt es nur zwei Dinge, Leben oder Tod. Er war nicht gekommen, um irgendeine Ideologie zu hören; er wollte wissen, wo das Tor war, um die Hölle meiden und den Himmel betreten zu können. Und Hakuin antwortete auf seine Art und Weise, die nur ein Krieger verstehen konnte.*

*„Wer bist Du?", fragte er.*

*Der Krieger antwortete: „Ich bin ein Samurai."*

*In Japan ist es eine sehr stolze Sache, ein Samurai zu sein. Es bedeutet, dass man ein perfekter Krieger ist, ein Mensch, der nicht einen Augenblick zögert, sein Leben zu opfern.*

*Er sagte: „Ich bin ein Samurai, ich bin ein Anführer von Samurais. Sogar der Kaiser erweist mir Respekt."*

*Hakuin lachte und sagte: „Du, ein Samurai? Du siehst aus wie ein Bettler!"*

*Sein Stolz war verletzt. Der Samurai vergaß, weshalb er gekommen war. Er zog sein Schwert und wollte Hakuin auf der Stelle umbringen.*

*Da lachte Hakuin und sagte: „Dies ist das Tor zur Hölle. Mit diesem Schwert, dieser Wut, diesem Ego, öffnet sich hier das Tor."*

*Der Samurai verstand unmittelbar. Er steckte das Schwert zurück in die Scheide... und Hakuin sagte: „Und hier öffnet sich das Tor zum Himmel."*

*Hölle und Himmel sind in Dir! Beide Tore sind in Dir. Wenn Du Dich unbewusst verhältst – da ist das Tor zur Hölle.*

*Wenn Du wach und bewusst wirst – da ist das Tor zum Himmel.*

*Der Geist ist der Himmel, der Geist ist die Hölle, und der Geist hat die Möglichkeit, beides zu werden. Aber die Menschen denken weiterhin, dass sich alles irgendwo da draußen befindet. Himmel und Hölle liegen nicht am Ende des Lebens, sie sind hier und jetzt.*

*In jedem Augenblick öffnet sich die Tür. In einem einzigen Moment kannst Du aus der Hölle in den Himmel gelangen, aus dem Himmel in die Hölle...*

*„Wenn Du bewusst bist, bist Du im Himmel. Bleib wach, bleib auf der Hut, bleib bewusst! Noch einmal – Du hast die Wahl!"*

Diese Geschichte zeigt, dass alles **in uns** ist und  nicht da draußen.

Wir erzeugen durch die Art, wie wir denken, unsere Gefühle und Reaktionen.

Die Hölle steht für mich als das Drama, das wir oft durch unser unbewusstes Denken und Handeln in unserem Leben selbst kreieren. Die Tür zum Himmel öffnet sich genau dann, wenn wir bewusst werden und sehen, was wirklich ist.

Wenn Du in deinen Gedanken über den Anderen festsitzt und glaubst, er will dir was, dann wirst Du eine abwehrende oder strafende Haltung ihm gegenüber annehmen. Das hat zur Folge, dass sich der Andere  zurückzieht oder angreift, weil er sich bedroht oder abgelehnt fühlt. Und so kommt es dann zur selbsterfüllenden Prophezeiung.

## Früher war alles besser

Unter uns: War früher wirklich alles besser? Überleg mal. Wenn Du vor 120 Jahren mit der Kutsche nach Berlin wolltest, musstest Du schon dein Testament machen, denn sicher war das nicht, dass Du heil oder lebend da ankommst. Räuber und Wegelagerer waren nicht gerade selten.

Und für Frauen war das sowieso eine schlimme Zeit, da sie kaum Rechte hatten und auf die Willkür des Mannes  angewiesen waren. Eine Frau ohne einen Mann konnte nicht viel erreichen. Sie war von ihm und der Männergesellschaft abhängig. Die Menschen hatten nicht so eine lange Lebenserwartung wie heute. Kinder und Erwachsene sind an einfachen Erkältungen gestorben, die heute für die Medizin kein Problem mehr darstellen. Es gab zwei Weltkriege, in denen Millionen von Menschen getötet wurden. Hungersnöte und Verzweiflung waren die Folgen. Die Menschen wussten nie, was der nächste Tag bringt.

Es gab keine pädagogischen Einrichtungen und auch keine Sprachförderung. Auch keine Gas- und Zentralheizung und Hartz IV erst recht nicht. Diese Liste könnte ich unendlich weiterführen.

Warum schreibe ich das? Weil heute und jetzt der beste Zeitpunkt in unserem Leben ist. Noch nie gab es so viel Sicherheit in Deutschland wie jetzt. Du lebst in der Gesamtheit aller Möglichkeiten. Schau einmal: Jeder kann, wenn er will, sofern er gesund und beweglich ist, alles erreichen. Du hast in Deutschland einfach alle Möglichkeiten. Sei dir dessen bewusst und hör auf zu klagen. Mach die Augen und dein Herz auf und spüre dein Leben mit aller Kraft.

Warum sind dann trotzdem so viele Menschen unglücklich?

Nur dein Denken erschafft das Leiden in dir und in der Welt da draußen. Der Verstand will immer mehr, er ist unersättlich und nie zufrieden. Er will auf den Mars, er will reich werden, mehr Geld und Macht haben, ein größeres Haus besitzen, und es ist irgendwie nie genug. Sobald Du etwas hast, schaust Du schon nach etwas Besserem. Erst der ganze Besitz und Kram erschafft doch den Stress. Spätestens dann, wenn Du ihn wieder loswerden willst. Wie soll da Frieden einkehren?

Bei mir war das so: Ich hatte ein richtiges Freizeitlager mit allen möglichen Spielzeugen, wie z. B. Inliner, Surfbrett, Schlagzeug, Malstaffelei, ein tolles Fahrrad (Beachcruiser), Nordic Walking Ausrüstung, S pinning Ausrüstung, Boxsack und Handschuhe. Ah ja, und die Tauchausrüstung auch noch. Das ist noch längst nicht alles. Ich hatte so viele Hobbys, dass ich mich nie für etwas 100%ig entscheiden konnte. Bei schönem Wetter hatte ich richtig Stress. *Was mache ich heute*, lautete die Frage? Fahrrad fahren, Inliner fahren, tauchen oder lieber doch walken gehen?

Meistens habe ich drei bis vier Sachen davon an einem Tag gemacht und war dann unzufrieden, dass ich für die anderen Sachen zu wenig Sonne und Zeit hatte. Aber die Hauptsache war, dass ich allen anderen erzählen konnte, was ich doch alles unternommen hatte. Die anderen waren erstaunt und neidisch. Damit fühlte ich mich dann toll.

Ich war sozusagen ein toller sportlicher Kerl. Allerdings war ich innerlich leer und unzufrieden. Als ich das verstand, wollte ich den Kram loswerden und nur das behalten, was ich genießen konnte.

Schon war der nächste Stress im Kopf da. Wohin damit? Versteigern? Verkaufen? Aber nicht zu billig! Lange Rede kurzer Sinn, am Ende habe ich es an Menschen verschenkt, die es brauchen konnten.

Und außer ein paar kurzen Gedanken wie *‚Dafür hast du soviel Zeit und Geld investiert'* war ich jetzt frei. Da ich heute nirgendwo mehr mithalten muss, mache ich das, was mir

Freude bereitet. Bücher schreiben, Fitnesstraining machen, mit meiner Frau und dem Hund im Wald spazieren gehen, Freunde treffen, saunieren, meditieren usw. Ich frage mein inneres Kind, was es gerne machen möchte und bekomme immer eine gute Antwort. Probiere ruhig alles aus, doch lass davon ab, wenn es dich belastet und dir keinen Spaß macht. Jede Aktivität kann Spaß machen und wenn nicht, dann lass es doch einfach. Du musst dich nicht zwingen. Höre auf dein Herz und deinen Körper, denn sie kennen die Antwort. Der Verstand will dich nur kritisieren und dir Druck machen. Doch stell dir vor, es gäbe diese Stimme nicht mehr im Kopf, die dich herunterputzt und dir Angst macht, dann wärst Du in deinen Entscheidungen frei!

Die Stimme in meinem Kopf hat dazu immer gesagt: „Wenn es keinen inneren Kritiker und Antreiber mehr gibt, dann macht doch keiner mehr etwas und alle werden faul!" Nein, es ist anders. Du gehst immer noch zum Sport, doch es bereitet dir Vergnügen und Du machst etwas, was dir Spaß macht und nicht, was die anderen für effektiver halten. Vielleicht gehst Du lieber zum Tanzkurs anstatt zum Joggen, weil es dir einfach mehr Freude bereitet.

Gib dem Kind in dir eine Chance. *„Ihr müsst wieder werden wie die Kinder."* – so auch in der Bibel.

Gerade während ich diese Zeilen schreibe sitze ich mit einer Decke auf der Wiese vor meinem Haus. Mein Hund turnt herum und ein wunderschöner gelber Schmetterling setzt sich auf meinen Laptop. Ich wohne direkt am Wald und ich genieße diese Momente ganz besonders.

*Lerne wieder zu spielen und dich an den kleinen Dingen zu erfreuen, die dir das Leben schenkt. Das Lächeln eines Kindes, Schmetterlinge, spielende Hunde, barfuss über die Wiese laufen, auf Bäume klettern usw. Du bist nie zu alt für diese Dinge, probiere es aus. Vielleicht wirst Du es alles verrückt finden. Und genau das ist es auch. Sei verrückt! Mach es jetzt gleich, egal, ob es regnet oder schneit. Geh auf eine Wiese und zieh deine Schuhe aus. Spüre das Gras unter deinen Füßen und freu dich darüber.*

Weißt Du, was ich gerne mache? Bei einem Sommergewitter nackt auf der Terrasse stehen und duschen. Das macht richtig Spaß und verleiht mir unbeschreibliche Energie. Gemeinsam mit meiner Frau hüpfen wir in dem Regen, so wie der liebe Gott uns geschaffen hat. Wir lachen, spielen mit dem Wasser in der Luft und genießen das Gefühl der unendlichen Freiheit, vereint mit der Natur, Körper und Geist.

Ich könnte dir noch unzählige Ideen liefern, womit Du deinem Leben wieder Freude zuführen kannst, doch das wäre ein Buch für sich.

So, jetzt wollte ich noch etwas zu einem Lieblingsthema der meisten Menschen schreiben... **Geld**.

## Warum ist am Ende des Geldes noch so viel Monat übrig?

Geld regiert die Welt! Geld wächst nicht auf den Bäumen! Geld verdirbt den Charakter! Je mehr Geld ich habe, desto schlechter geht es den anderen usw.

Was sind deine Annahmen und Glaubenssätze über das Geld? Wie viel Geld Du auch besitzt oder nicht, es hängt immer von deinen Annahmen über das Geld ab. Also, wenn Du pleite bist und am Ende des Geldes bei dir noch jede Menge Monat übrig ist, dann wird es Zeit, deine Annahmen über das Geld zu prüfen.

Vielleicht sagst Du *Ja, die anderen verdienen ja auch mehr als ich oder haben einen besseren Job.* Nein, das ist nicht der Grund. Ich beobachte oft bei den Menschen, die pleite sind und jammern, dass sie bestimmte Glaubenssätze über das Geld pflegen und sich das immer wieder beweisen.

Ein Teilnehmer in meinen Seminaren sagte: „Ja das Geld wächst halt nicht auf den Bäumen und außerdem werden sowieso immer nur die Reichen noch reicher." Er sagte es in einem klagenden und ein wenig verzweifelten Ton.

Ich fragte ihn darauf, wie seine finanzielle Situation denn gerade so sei? Darauf sagte er: „Welche finanzielle Situation? Bei mir gibt es keine. Kaum habe ich etwas Geld zusammen, ist es schneller weg als ich gucken kann. Ich verdiene halt nicht so viel wie die anderen."

Darauf ich: „Das hat nichts damit zu tun. Sieh mal, in einer Firma sind zehn Leute mit demselben Gehalt oder besser gesagt, mit deinem Gehalt angestellt. Was meinst Du, sind sie auch alle in der Mitte des Monats pleite und können sich nichts mehr leisten? Nein, es werden einige ein Haus bauen und Sparverträge abschließen. Andere sind vielleicht noch früher pleite als Du. Es liegt nicht am Gehalt, sondern an deinen Überzeugungen, die Du eben schon genannt hast."

„Welche Überzeugungen?", fragte er erstaunt.

„*Geld wächst halt nicht auf den Bäumen* und außerdem werden sowieso immer nur die Reichen noch reicher. Das waren doch deine Worte?" – sagte ich – „Wo hast du diese Überzeugung denn her? Wie war das bei dir zu Hause, was haben deine Eltern über das Geld gesagt?"

Darauf er: „Es war nie genug da und mein Vater hat immer über die Reichen geschimpft und dass Gott immer nur auf den dicksten Haufen macht. Darauf hat meine Mutter dann immer gesagt, das Geld wächst halt nicht auf den Bäumen."

„Du hast also sehr früh gelernt, dass Geld nicht leicht zu bekommen ist und dass es sowieso nur für die Reichen bestimmt ist und nicht für dich", sagte ich.

Die Einstellung zu Geld lernen wir in unserer Familie und viele glauben auch, dass das Geld schwer zu bekommen ist.

Eine meiner Teilnehmerinnen erzählte von ihrer Mutter, die sich mit dem Spruch „Geld verdirbt den Charakter" äußerte.

Ich fragte sie, wie es denn wäre, wenn sie heute erfahren würde, dass sie 500.000 Euro geschenkt bekommt.

Darauf sie: „Um Gottes Willen! Soviel Geld! Nein, das will ich gar nicht. Außerdem bringt das nur Neid und Missgunst mit sich."

Ich sagte zu ihr: „Du würdest dich also mit so viel Geld nicht wohl fühlen?"

„Nein, ich glaube nicht. Damit würde ich nicht zu Recht kommen", antwortete sie.

Diese Einstellungen zeigen zwei wesentliche Aspekte auf. Erstens glauben die beiden Erwähnten nicht daran, dass sie Geld genug verdient haben und immer noch verdienen. Zweitens fühlen sie sich damit nicht wohl.

Wenn das dein Glaube ist, wie soll das Geld dann *leicht* zu dir kommen? Beide beschreiben aufgrund ihrer Überzeugungen ihren Kampf um das Geld, mit dem sie sich ihre Überzeugungen beweisen.

Ich fühle mich mit Geld wohl und trage immer einen Hundert Euro Schein in meiner Hosentasche. Probier es aus, steck dir einen Hundert Euro Schein in die Tasche und fang an, dich damit wohlzufühlen. Keine Angst, Du verlierst ihn nicht, Du bekommst vom Universum immer alles zurück. Übrigens verlierst Du auch alles, was Du anderen wegnimmst, nur meistens an anderen Stellen und zu einem anderen Zeitpunkt. Vielleicht gibt dir die Verkäuferin an der Kasse aus Versehen zwanzig Euro zuviel raus und Du freust dich über ihre Unkonzentriertheit und steckst das Geld ein. Eine Woche später bekommst Du einen Bußgeldbescheid im Wert von zwanzig Euro, weil Du zu schnell gefahren bist. Das Universum sorgt immer für einen Ausgleich und eine Balance.

Ich selbst habe täglich die Haltung, dass ich nur der Verwalter vom Geld bin und nicht sein Eigentümer.

Zahlst Du alle Rechnungen mit einem Lächeln und freust dich? Wahrscheinlich nicht. Ich segne jede Rechnung und wünsche dem Empfänger viel Glück damit. Das funktioniert und ändert die Einstellung zum Geld. Geld ist eine Energieform, die fließen muss.

Energie muss fließen, sonst staut sie sich und irgendwann befreit sie sich, um in den Fluss zu kommen. Deshalb erfahren alle reichen Leute immer wieder mal einen größeren Verlust.

Wenn alle ihr Geld festhalten würden, dann würde die Wirtschaft zusammenbrechen.

Viele Menschen sparen jeden Pfennig und setzen sich förmlich darauf, aus Angst vor Verlust und Armut. Doch das Festhalten macht sie unbeweglich und starr in ihren Möglichkeiten. Sie sind zu stark auf das Geld fixiert und genau das verhindert, dass das Geld zu ihnen kommt.

## Festhalten und fixiert sein

Alles, was wir unbedingt haben wollen und dem wir hinterher jagen, scheint uns davon zu laufen.

Alles, was wir festhalten wollen, verlieren wir irgendwann. Egal, ob es Zustände, Menschen oder Dinge sind. Wenn wir uns daran klammern, werden wir es verlieren.

Ich habe neulich einen Film gesehen, in dem gezeigt wurde, wie man Affen fangen kann. Das ging so: Man bohrt in einen Baum ein Loch und zwar so, dass eine ausgestreckte Hand hinein passt. Sobald man dann die Hand zur Faust macht, bekommt man sie nicht mehr heraus. Dann legt man Nüsse in dieses Baumloch. Kurz danach erscheinen die ersten Affen. Einer geht hin und greift in das Loch nach dem Futter. Jetzt bekommt er seine Hand nicht mehr heraus, weil er das Futter, die Nüsse, in seiner Faust festhält. Der Affe schreit und versucht, die Hand heraus zu ziehen, aber er kommt nicht auf die Idee, das Futter los zu lassen. Und somit brauchen die Fänger nur noch hinzugehen, den Affen einfach zu betäuben und anzubinden. Der Affe hat sich lieber fangen lassen als los zu lassen.

Jetzt denkst Du vielleicht *Ganz schön blöd, der Affe*. Wir Menschen sind da allerdings auch nicht viel anders. Wir würden zwar den Trick mit dem Loch im Baum durchschauen und die Nüsse loslassen, aber die Tricks, die unser Verstand anwendet, um uns am Leiden festhalten zu lassen, die bemerken wir meistens nicht.

Wenn sich deine Geliebte von dir trennt, willst Du nicht loslassen, obwohl sie schon längst bei einem Anderen ist. Das ist dir egal, Du bleibst mit der Hand im Baum und leidest weiter. Wenn deine Arbeitsstelle gestrichen wird, hältst Du gedanklich daran fest und leidest weiter, obwohl es dir nichts bringt. Die Hand bleibt im Loch. Du hältst krampfhaft fest und bist dadurch nicht in der Lage, dich frei für das Neue und Unbekannte zu machen und dich diesem zu öffnen.

Egal, ob das Alte schlecht war, es ist dir wenigstens vertraut. Das Neue ist unbekannt und macht dir Angst.

Ich habe einmal einen schönen Satz gehört, der zu diesem Thema passt:
*Nichts bleibt, wie es ist und nichts wird, wie es mal war.*

Denk mal in Ruhe darüber nach. Egal, was in deinem Leben ist, es wird sich über kurz oder lang ändern. Wir halten oft an vertrauten Zuständen fest, doch sie sind den Veränderungen des Lebens unterworfen. Alles wandelt sich. Schau doch in die Natur, kein Baum blüht ewig. Wir wollen, dass alles gut wird und dass es so bleibt, wie es ist. Wenn es dann anders kommt, wünschst Du dir, dass es wieder wird wie früher, doch das ist nicht möglich.

Wenn Menschen sich trennen, hoffen sie, dass der Andere wieder zurückkommt, um gemeinsam das früher erfahrene Glück weiter zu leben. Das geht nicht. Wenn der andere zurückkommt, dann ist es ratsam, neu anzufangen. Ganz neu. So als wäret ihr euch gerade begegnet. Das schafft mehr Möglichkeiten und Offenheit. Schließlich ist der eine ja gegangen, weil ihm der alte Zustand nicht mehr gefallen hat. Ihr müsst beide neu anfangen.

Lass all deine alten Begrenzungen und Vorstellungen los und fang einfach neu an. Meine Devise dazu ist: *Alles bleibt anders!*

## Du bist schuld! Die Opferrolle!

Jemand, dessen Namen ich leider nicht mehr weiß, hat mal gesagt: *„Schuld ist eine Stadt im Osten, sonst nichts."*

Die anderen sind schuld!? Wo musst Du denn hinschauen? Schau tief in dich hinein, genau da, wo Du normalerweise nicht hinsehen willst.

Unser Verstand schaut immer nach außen. Auf das Objekt, also auf das, was er im Außen sieht. Aber was glaubst Du, wohin dein Herz schaut? Das Herz schaut nach innen in das Subjekt, also nach dir, und es will Liebe geben und sich mit all den anderen Herzen verbinden. Da gibt es keine Boshaftigkeit!

Du musst also nach innen gehen, um deine Wahrheit zu finden, denn nur in deinem Herzen steht sie geschrieben. Dein Herz versucht dir schon so viele Jahre zu sagen, was für dich das Richtige ist. Aber der Verstand setzt alle Mittel der Logik ein und will, dass Du nur im Außen suchst.

Eine andere Art der Schuldzuweisung, die unser Verstand besonders gut kann, ist es, die Schuld an andere zu verteilen. Das hört sich dann ungefähr so an:

*Meine Eltern sind schuld, mein Partner, meine Arbeitskollegen, mein Chef, die Nachbarn, das Wetter...*

Dein Denken bewegt sich ständig mit der Blickrichtung auf die anderen und was sie machen. Alles Mögliche ist der Grund, aber auf keinen Fall Du selbst.

Wo das hinführt kannst Du, glaube ich, erahnen.

Dein Verstand beginnt dir zu erzählen: Wenn damals bestimmte Dinge anders gelaufen wären, wäre mein Leben heute besser. Soweit so gut. Nachdem das klar ist und Du dich schon ein bisschen schlechter fühlst, fängt dein Verstand an, dir zu erzählen, welche Fehler Du damals alle gemacht hast und schon fühlst Du dich schuldig.

Oder jemand sagt etwas zu dir, macht eine Bemerkung oder ist ärgerlich, und Du machst dir noch tage- und nächtelang Gedanken, was Du falsch gemacht hast. Du denkst, dass Du dich anders verhalten solltest, obwohl es vielleicht gar nichts mit dir zu tun hat. Stattdessen gibst Du dir immer zuerst die Schuld.

Könnte es denn nicht auch sein, dass der andere ungerecht zu dir ist oder dass er schlechte Laune hat? Warum willst Du immer die Verantwortung für das Verhalten anderer übernehmen? Dein Verstand sagt einfach, dass **Du** schuld bist und dass mit dir etwas nicht stimmt, also verurteilt er dich!

Toller Trick, oder? Und Du bekommst es noch nicht einmal mit. Und wenn es dann so richtig schlimm oder unerträglich für dich wird, dann sagt dein Verstand: *So schlimm ist es ja auch wieder nicht. Das wird irgendwann besser* (schwacher Trost). Aber genau damit hält er dich unter seiner hausgemachten Kontrolle, indem er Leid erzeugt und dann Trost spendet.

Jetzt denkst Du bestimmt: *Was soll der Blödsinn?*

Tja, der Verstand ist wie ein wildes Tier. Wenn Du nicht wach bist und die Kontrolle übernimmst, dann wird in deinem Leben einiges passieren, was Du freiwillig niemals bestellen würdest.

Es gibt auch noch andere Versionen von Schuld. Z. B., wenn Du an einer Krankheit leidest, die Du auf dein Verhalten in der Vergangenheit zurückführen kannst. Nehmen wir mal an, Du hast aufgrund eines Bandscheibenvorfalls schwere Rückenprobleme. Auf den Rat der Ärzte lässt Du es operieren. Doch nach dem Eingriff merkst Du, dass Du kaum noch schmerzfrei leben kannst.

Dein Arzt sagt zu dir: „Das liegt daran, dass Sie sich falsch bewegt und in Ihrem Leben zu schwer gearbeitet haben. Da musste es ja so kommen."

Du liegst zu Hause und was macht dein Verstand? Er plagt dich mit diesen Bildern von Schuld und Vorwürfen, Du hättest alles falsch gemacht. Schlimm genug, dass dein Arzt dir so etwas sagt, nein, jetzt sagst Du es dir selbst auch noch und sorgst dafür, dass Du dich hilflos und schuldig fühlst. Du leidest. Und wenn es schlecht läuft, dann bleibst Du darin gefangen.

Das sieht dann ungefähr so aus: Du bist allen anderen gegenüber nur noch verzagt. Du beklagst dich über dein Schicksal, bist total negativ eingestellt. Du bist mürrisch und unfreundlich, was wiederum dazu führen kann, dass die Menschen in deiner Umgebung dich lieber meiden, weil es sie runterzieht.

Das bedeutet, dass Du dich selbst zum Opfer durch diese Gedanken machst, die einfach in dir ablaufen, ohne dass Du sie einmal stoppen und hinterfragen kannst.

Am Ende hast Du einen neuen Film produziert: **„Die Opferrolle!"**

Du glaubst, ein Opfer des Geschehens zu sein und keinen Einfluss auf deine Situation haben zu können.

Das Wort *Opfer* klingt echt hart, aber im Grunde bedeutet es Folgendes:
Immer wenn Du etwas tust, was Du eigentlich nicht machen willst, bist Du in einer Opferrolle.

Jetzt denkst Du vielleicht, dass Du eine Menge Sachen machst, auf die Du keine Lust hast. Vielleicht hast Du keine Lust auf deine Arbeit oder auf das Kind der Nachbarin aufzupassen. Im Grunde sind das ja alles Tätigkeiten, die auch Spaß machen können. Allerdings gibt es ein bestimmtes Merkmal, woran Du erkennen kannst, ob Du in der Opferrolle steckst. Und zwar dann, wenn Du dich bei dir oder bei den anderen darüber beschwerst oder beklagst.

Nehmen wir einmal die Freundin, die dich bittet, auf ihr Kind aufzupassen. Du hast eigentlich keine Zeit, willst aber die Freundschaft nicht gefährden und höflich sein. Du bist nicht in der Lage, Nein zu sagen. Also machst Du es trotzdem und innerlich ärgerst Du dich anschließend darüber. Du denkst vielleicht: *So ein Mist, kann die nicht mal jemand anderen fragen? Immer kommt die zu mir, wenn sie etwas hat.*

Ja warum wohl? Warum soll sie woanders hingehen, wenn sie ja genau weiß, dass Du niemals ablehnst, weil Du dann mit deinem sogenannten schlechten Gewissen kämpfen musst. Die Menschen in unserer Umgebung spüren instinktiv, mit wem sie es machen können und mit wem nicht.

Schau mal, bestimmt kennst Du auch jemanden in deiner Umgebung, der immer zu allem *Ja und Amen* sagt und der sich anschließend gerne über die anderen beklagt, weil er für die anderen immer alles machen muss und wie ungerecht es ja sei. Aber ich frage dich: Wer ist denn derjenige, der das ändern kann? Ja richtig, nur die Person selbst. Wenn Du darauf wartest, dass die anderen sehen, wie sehr Du leidest, dann kannst Du lange warten. Du musst dich hinstellen und für dich sorgen. Sag einfach – *Nein*.

Für mich war das früher immer sehr schwierig, etwas abzulehnen, ich habe lieber nach Ausreden gesucht. So was wie: „Oh, tut mir leid, ich muss arbeiten." Mit dieser Art von Lügen habe ich mich nie wohl gefühlt. Tja, ich wollte halt niemanden vor den Kopf stoßen. Allerdings habe ich mich selbst damit vor den besagten Kopf gestoßen. Ich habe geglaubt, dass die anderen mich nicht mehr mögen, wenn ich ablehne. Stattdessen habe ich gelogen und Ausreden erfunden. Ich hatte Angst, etwas abzulehnen, und im

Grunde habe ich mit diesem Verhalten nur mich selbst abgelehnt. Mit Lügen und Ausreden fühlst Du dich im Grunde immer irgendwie schuldig und schlecht.

Es gibt Menschen, die ihr ganzes Leben in einer Opferrolle verbringen. Ein Merkmal dafür ist, dass diese sich ständig über andere beklagen. Insbesondere über den Staat, den lieben Gott, das Wetter, ihre Partner usw. Immer sind die anderen schuld. Das Tragische an der Sache ist, dass diese Menschen ihre Träume und Wünsche nicht leben können, weil sie viel zu sehr darauf fixiert sind, anderen Menschen die Schuld zu geben.

Wenn Du jemand bist, der oft zu Unrecht beschuldigt wird, dann nimm das nicht mehr an. *Jeder Mensch ist für sein eigenes Leben verantwortlich!* Anderen für die eigene Unfähigkeit, sich seine Wünsche und Träume zu erfüllen, die Schuld zu geben, ist eine klassische Opferrolle. Jetzt braucht er ja nicht mehr für sein Leben die Verantwortung zu übernehmen, weil Du ja schuld bist.

Beim Thema **Schuld** *und* **Opferrolle** gibt es verschieden Varianten.

Zunächst einmal die einfache:
Du hast in deinem Schrank eine Tüte Chips, die Du auf keinen Fall heute leer essen willst. Soweit so gut. Als Du am nächsten Tag aufwachst, stellst Du erschrocken fest, dass die Tüte leer ist und dass außer dir keiner zu Hause war. Tja, das wäre die leichte Variante von einer **Opferrolle**. Du denkst dann *Wie ist das möglich?* Du hast doch nur vier oder fünf Mal hineingegriffen und kannst dich nicht erinnern, alles aufgegessen zu haben. So ein Mist.

Du wirst frustriert und machst dich jetzt fertig, weil das in dieser Woche schon zum dritten Mal passiert ist.

Ja, was ist denn da eigentlich passiert? Waren vielleicht die Mäuse da?

OK. Ich verrate es dir. Dein Verstand hat dich ausgetrickst und dafür gesorgt, dass Du nur die vier bis fünf Mal in die Chipstüte hineingegriffen hast und das bewusst mitbekommen hast. Den Rest hat er schnell selbst aufgegessen und dich dabei mit anderen Gedanken und Filmen beschäftigt.

Du hast es halt nicht bewusst mitbekommen (Du warst sozusagen wieder einmal nicht anwesend), als Du die Tüte im Vorübergehen leer gemacht hast.

Das hat doch auch was, oder? Die Tüte ist leer und Du kannst es dir gar nicht erklären. Du wurdest ein Opfer dieser Umstände.

Das ist wie bei so vielen Menschen, die sich über ihr Gewicht beklagen und sagen: „Ich verstehe das gar nicht, ich esse doch kaum etwas." Das nennt man auch **Tilgen** und

*Löschen* von Gedanken und Erinnerungen. Der Verstand kann dich somit sehr gut in der Leidensrolle festhalten.

Du erinnerst dich nur daran, dass Du morgens nichts gegessen hast und mittags nur einen Salat. Ist ja echt nicht viel.

Ach ja, bei längerem Nachdenken war da ja abends noch die eine oder andere Tafel Schokolade und vielleicht noch drei bis vier Kinderriegel. *Aber daran kann es doch wohl nicht liegen, sagt der Verstand, das ist doch auch für Kinder gut.*

Tja, Du merkst schon, das Wort heißt **Schönreden**, was der Verstand sehr gut kann.

Aber Du weißt ja, er kommt dir zur Hilfe, wenn Du dann schlecht drauf bist. Z. B. mit Sätzen wie: *Jetzt kann ich den Rest aus dem Schrank auch noch essen und ab morgen gibt's dann nur noch Salat.*

Bis zum nächsten Mal, wenn Du wach wirst und in derselben Situation bist.

Alles das geschieht nicht bewusst. Oder willst Du mir erzählen, wenn Du die Wahl hättest, würdest Du es genauso wieder und wieder machen?

Opferrolle heißt auch, dass Du nicht frei entscheidest und zunächst wohl keine Wahl hast - bis zu dem Moment, an dem Du erkennst, wie das Spiel funktioniert und dass **Du** derjenige bist, der das selbst verursacht. Jetzt kannst Du niemanden mehr dafür beschuldigen, außer dich selbst. In diesem Fall schiebt dein Verstand dir die Schuld in die Schuhe mit Sätzen wie: *Siehst Du, das hast Du davon, Du bist zu gierig usw.*

Ja, dann fühlst Du dich doch gleich wieder ein Stückchen schlechter und vielleicht resignierst Du dann nach dem Motto - *Jetzt ist es doch sowieso egal, da komme ich sowieso nicht gegen an. Wenn das Zeug hier ja auch immer rumliegt.* Oder Du schiebst es auf die Kinder, weil die es immer haben wollen oder auf deinen Partner, weil er das immer vom Einkaufen mitbringt. Mit dem Unterschied, dass er oder sie das Zeug seltsamerweise tonnenweise essen kann und Du schon beim Lesen des Fettgedruckten in der Zeitung zunimmst.

Ja, ja, es ist schon ein Dilemma, da kann man doch echt verzweifeln!

Ganz schön anstrengend, oder? Es ist wie ein Kampf gegen Windmühlen, und manche Menschen machen es so ihr Leben lang (lebenslange Diät). Damit hat dein Verstand dich gut in der Hand und kann mit dir ein scheinbar nie endendes Spiel spielen, bei dem Du am Ende immer verlierst.

Bei näherer Betrachtung sieht die Sache mit den Chips jetzt doch nicht mehr so harmlos aus, oder? Du kämpfst gegen etwas, was Du selbst erzeugst.

Tragisch dabei ist, dass daraus auch noch etwas anderes entsteht, nämlich jede Menge Schuld. Du fühlst dich schuldig, weil Du es wieder gemacht hast und es nicht stoppen kannst. Opferrollen führen immer in die Schuld. Das heißt, Du bist dein eigener Richter und verurteilst dich dafür auf übelste Weise. Was willst Du damit erreichen? Wie fühlst Du dich dann? Was soll der Blödsinn? Du hast alles selbst in deinen Gedanken gemacht.

Ein besonderer Trick zeigt sich in der nächsten Phase.

Dein Verstand hilft dir jetzt, indem Du feststellst, dass jedes Mal, wenn Du dieses schlechte Gefühl hast, Du einfach nur etwas essen musst, und schon fühlst Du es nicht mehr. Im Gegenteil, Du fühlst dich besser. Leider nur für kurze Zeit, und schon brauchst Du mehr davon. Das nennt man dann Sucht.

Das erinnert mich an das Buch **„Der Kleine Prinz"** von Antoine de Saint-Exupéry. Da gibt es eine Stelle, wo der kleine Prinz einen Alkoholiker trifft und ihn fragt: „Warum bist du so unglücklich?"

Und der Mann antwortet: „Weil ich trinke."

Daraufhin fragt der kleine Prinz: „Warum trinkst du denn?"

Darauf der Mann: „Weil ich unglücklich bin."

Überleg mal, würde dieser Mann sich bewusst entscheiden, weiter zu trinken, wenn er die Wahl hätte?

Es ist ein Hamsterrad, und ohne das nötige Bewusstsein für das, was ich tue und wie ich es tue, gibt es keinen Ausweg.

Wie sieht der Ausweg aus?

Zunächst einmal – *Raus aus der Schuld und hinein in die Verantwortung!*

Der einzige Weg aus der Opferrolle ist, die volle Verantwortung (nicht Schuld) für alles was In delnem Leben Ist zu übernehmen. Keine Ausreden mehr, keine Gründe und auch keine Rechtfertigungen.

*„Wer sich nicht verändern will, findet Gründe. Wer Veränderung will, findet Möglichkeiten."*

Also schlage das Buch der Ausreden zu und fange an, bewusste Entscheidungen zu treffen. Werde dadurch frei und stark. Verantwortung gibt dir Kraft und macht dich zu einer eigenständigen Person. Glaub mir, ich weiß, worüber ich da schreibe, denn ich habe diesen ganzen Kram schon einmal hinter mir.

Es ist immer besser, wachsam zu sein und sich bewusst zu entscheiden, als entschieden zu werden.

Übrigens, falls Du lieber keine Entscheidungen treffen willst, aus Angst, sie könnten falsch sein, sei dir sicher, dass andere gerne für dich entscheiden. Wenn das dann nicht in deinem Sinne war, hat das den Vorteil, dass Du es ja anstandslos auf denjenigen schieben kannst (Opferrolle), der so entschieden hat.

Fühle doch mal, wie sich dieses Wort anfühlt – *SCHULDIG*.

Wie läuft ein schuldiger Mensch durchs Leben? Hängende Schultern, Augen nach unten – er fühlt sich minderwertig, klein, unwichtig – das ist kein schönes Dasein, oder?

Jetzt fühl mal diese Wörter – *VERANTWORTUNG – VERANTWORTLICH*.

Wie bewegt sich dieser Mensch durch das Leben? Aufrecht, mit klarem Blick nach vorne. Er weiß, was er will, er trägt die Verantwortung für sein Handeln und sein Tun. Das ist kraftvoll und bringt dich auf den richtigen Kurs.

An dieser Stelle gebe ich dir noch ein Beispiel zum besseren Verständnis, wie die Opferrolle im Leben entsteht. Denn sie hat auch einen Erfahrungshintergrund. Es lohnt sich, sie sich anzuschauen und zu verstehen.

Aus meiner Arbeit in der Gewaltprävention resultiert folgender wichtiger Satz: *Täter und Opfer ziehen sich an!*

## Täter und Opfer ziehen sich an!

In der Realität sieht das so aus, dass der eine durch sein Verhalten den anderen auf sich aufmerksam macht.

Das ist den Personen zunächst nicht bewusst. Denn nur das Bewusstsein darüber kann die Person aus der Opferrolle holen, indem sie lernt, sich anders zu verhalten.

*Hier jetzt mein Beispiel:*

Stell dir vor, Du wurdest als Kind von einem Schäferhund in den Hintern gebissen, und das hat so richtig weh getan.

Was glaubst Du wohl ab sofort? Richtig! Alle Hunde, besonders Schäferhunde, sind gefährlich.

Du hast also etwas Neues gelernt (konditioniert). Konditionierungen entstehen übrigens durch Schmerz oder häufige Wiederholungen ein- und derselben Aktion.

Zurück zum Schäferhund... 20 Jahre später...

Du gehst entspannt auf dem Gehweg. Plötzlich kommt dir ein Schäferhund entgegen. Was glaubst Du, was passiert?

Du bekommst zunächst einen Schreck und zuckst zusammen. Durch diese Bewegung wird der Hund auf dich aufmerksam und wenn er frei ist, kommt er auf dich zu. Allerdings zunächst nur, um zu schauen, warum Du dich so seltsam verhältst.

In deinem Kopf hat dein Verstand den alten Film neu gestartet (alle Schäferhunde sind gefährlich und beißen...). Jetzt kommen die Gefühle dazu - Angst und Panik. Der Hund riecht deine Angst und nimmt deine Panik sofort wahr.

Deine Reaktion könnte jetzt z. B. folgende sein:

Du drehst dich um und läufst davon. Das ist, wie Du dir schon denken kannst, keine gute Wahl. Dein Weglaufen weckt den Jagdtrieb des Schäferhundes und er wird dir hinterher jagen.

Vielleicht läufst Du nicht davon. Du gerätst in Panik und trittst einfach nur nach dem Hund. Das wiederum bewegt den Hund dazu, zuzuschnappen und dich am Ende zu beißen.

Somit hast Du schon wieder diese Erfahrung gemacht, die dir bestätigt, dass alle Schäferhunde gefährlich sind.

Wenn der Hund allerdings an der Leine ist, wirst Du die Straßenseite wechseln und dem Hund, der dir hinterher bellt oder knurrt, aus dem Weg gehen.

Auch hier wirst Du weiterhin in dem Glauben bleiben, dass alle Hunde gefährlich sind. Du bleibst in diesem Glauben gefangen, den Du dir durch dein unbewusstes Verhalten bestätigst.

Bestimmt fragst Du dich gerade: *Was heißt denn selbst bestätigen und sich unbewusst verhalten?* Die Person trägt doch keine Schuld, wenn der Hund sie beißt.

Warte, es geht ja noch weiter. Und denke daran, es geht nicht um Schuld, sondern um Verantwortung.

Nehmen wir an, der Hund ist an der Leine. Da kommt eine andere Person und geht einfach an dem Hund vorbei, beide beachten sich nicht.

Warum? Die Person hatte keine schlechten Erfahrungen mit Hunden bzw. mit Schäferhunden. Um genau zu sein, sie hat mit Hunden gar nichts zu tun und interessiert sich nicht dafür. Der Hund übrigens auch nicht.

Soweit so gut, die Story geht weiter...

Derselbe Hund geht weiter, und eine andere Person kommt ihm entgegen. Sie bleibt stehen, freut sich und hält die Hand hin, damit der Hund schnüffeln kann. Am Ende freuen sich beide, der Hund wedelt mit dem Schwanz und ist ganz euphorisch.

Warum?

Diese Person hatte andere Erfahrungen mit Hunden bzw. mit Schäferhunden. Sie hat selbst zwei Hunde und liebt besonders diese Rasse über alles.

Was zeigt uns dieses Beispiel?

Wie die Begegnung mit dem Schäferhund verläuft, hängt vom Verhalten der Person und deren Erfahrungen ab. So lange die Person noch nicht versteht, dass sie mit ihrem reaktiven Verhalten diese Situation auf sich zieht, hat sie auch keinen Einfluss darauf. Darum ist es wichtig, zu verstehen, wie die Sache funktioniert und wie sie durch eine Änderung des eigenen Verhaltens positiv beeinflusst werden kann.

Wichtig dabei ist es auch, zu verstehen, dass es nicht um Schuld geht,  sondern immer um Verantwortung. Es hilft der Person nicht, wenn Du sagst, dass sie selbst daran schuld ist, dass der Hund sie wieder gebissen hat. Schließlich läuft sie ja immer weg, wenn sie einen Hund sieht. Die Person wird sich dadurch nur noch schlechter und hilfloser fühlen.

Besser ist es, zu verstehen, welches Verhalten den Hund aufmerksam gemacht und zu seiner Reaktion gebracht hat. Wenn das klar ist, kann die Person die Verantwortung für ihr Verhalten übernehmen und etwas Neues ausprobieren. Das führt dann dazu, dass sie Handlungsfähigkeit erreicht.

Also, schau hin und versuche herauszufinden, was dein Anteil an der Geschichte ist. Und dafür übernimmst Du jetzt die Verantwortung, indem Du damit aufhörst, die anderen Menschen oder Umstände zu beschuldigen.

Ab hier beginnst Du, bewusster zu werden und dich für das zu entscheiden, was Du wirklich in deinem Leben willst.

Ein weiteres Handicap auf dem Weg zu dir ist die Vorstellung, dass das Leben anders sein sollte als es ist. Bei näherer Untersuchung habe ich eine Formel entdeckt, die diesen Trugschluss in dir unterstützen soll. Ein weiterer Trick deines Verstandes. Die Formel lautet *ASAS – Alles Sollte Anders Sein.*

## Alles sollte anders sein!

Widerstand gegen das Leben leisten wir immer dann, wenn wir nicht annehmen wollen, was das Leben uns präsentiert.

In unserer heutigen Zeit ist es doch so, dass alle anders sein sollen, als sie sind. Auch das verhindert, dass Du dich selbst erkennst, und die Medien arbeiten doch fleißig mit daran.

Frauen sollen andere Haare, größere Oberweite haben, schlanker, im Job erfolgreicher sein, usw... Bei Männern ist es ja auch nicht anders. Ständig bekommen wir gezeigt, wie wir zu sein haben, welches Auto wir fahren sollen, wo wir unser Geld anlegen müssen und welcher Joghurt uns schlank und glücklich macht.

Tja, das sind die Botschaften der Werbung, die immerwährendes Glück beim Erreichen versprechen. Allerdings ändern sich die zu erreichenden Botschaften ständig. Du hast den Wagen Modell X gekauft und schon kommt die neue Werbung, die besagt, Du musst das Modell Y jetzt kaufen, um noch glücklicher zu sein. Da soll mal einer zufrieden sein! Und genau darum geht es ja. Wenn Du ständig im Gefühl des Mangels lebst, dann bist Du immer bereit, Neues zu kaufen, was dir verspricht, das Gefühl des Mangels in dir zu entfernen.

Immer soll es anders sein. Du bist nie in Ordnung, so wie Du bist. Ständig laufen Leute durch die Gegend, die wissen, wie Du in Ordnung bist. Kauf dies, tu das, sei so, sei anders. Ja wie denn jetzt? Du bist total verwirrt und zerstreut, und Du fängst an zu glauben, dass mit dir etwas nicht stimmt, weil Du ja all die Dinge niemals kaufen kannst. Und selbst wenn, dann wirst Du dich trotzdem innerlich leer fühlen, weil Du dich weit von dem entfernt hast, was Du wirklich bist.

Ich kenne dieses Gefühl, da ich auch so gelebt habe. Immer die neusten Trends, dickes Auto, Monaco Goldcard... Ich war innerlich total leer, weil ich glaubte, dass es anders besser ist. Aber wie anders?

Stell dir vor, Du sagst – *Mein rechtes Bein ist weg*, dann ist es immer noch da, ob es dir gefällt oder nicht. Oder Du hast eine Krankheit, die Du verleugnest. Das ist ja nicht so einfach, denn oft zeigt das Leiden und der Schmerz uns genau, was echt und was unecht in deinem Leben ist. Wenn Du allerdings sagst – *Ich will das nicht*, obwohl es da ist, dann leistest Du Widerstand gegen das, was ist, also gegen das Leben, und dein Leiden wird sich vergrößern.

Hör auf, gegen das, was in deinem Leben ist, Widerstand zu leisten.

Nimm alles mit offenen Armen an, Du kannst die Wirklichkeit nicht verleugnen, Du kannst dich nicht gegen den Regen auflehnen oder gegen den Wind. Das macht doch keinen Sinn, oder? Die Dinge sind, wie sie sind. Und wenn Du lernst, sie anzunehmen, dann kommt eine neue Energie ins Spiel, die dir, wenn nötig, helfen kann zu akzeptieren und zu verändern.

*Vor allem akzeptiere dich. So wie Du bist, bist Du völlig in Ordnung. Du kannst nicht anders sein. Und wenn Du lernst dich anzunehmen, dann findest Du Frieden in dir. Dann brauchst Du niemanden mehr, der dir sagt, was Du tun sollst und wie Du sein sollst. Das klingt nach Rebellion und das ist es auch. Es ist eine innere Rebellion, die dir deine Freiheit bringt. Du wirst ein erwachsener Mensch, der mit sich im Frieden ist und der Verantwortung für sein Leben trägt.*

*Du bist dann kein ängstlicher Mensch mehr, der von der Meinung und dem Wohlwollen anderer abhängig ist. Du weißt, was für dich stimmt, tief in deinem Herzen. Und weil Du keine Angst vor dem Leben mehr hast, bist Du frei. Also bedenke:*
*Um zu werden, wie man sein will, muss man erst sein wollen, wie man ist – (Laotse)*

Unser Verstand mit seinen Denkstrategien spielt ständig neue Spiele mit uns, und es ist sehr schwer, sie zu durchschauen. Doch letztendlich liegt die Wurzel immer im Denken und Du musst genau hinschauen und beobachten, welche Gedanken gerade wieder dafür sorgen, dass es dir schlecht geht. Es gibt noch ein sehr bekanntes Spiel des Verstandes, das Du bestimmt auch kennst.

## Durchhalten als Überlebensstrategie

Heute war ich bei einer Bekannten im Büro, die ich in einem hundeelenden Zustand angetroffen habe, weil ihr der Job und alles drum herum zu anstrengend und schwer geworden ist. Sie sagte mir, dass sie schon seit Monaten leidet. Im Moment schlief sie schlecht, war sehr unkonzentriert und mit ihren Gedanken öfter mal woanders. Das sollte ich bei dem gemeinsamen Treffen bitte entschuldigen. Aber es wäre ja bald Wochenende und dann wird es ja besser. Sie hat dann endlich Zeit für sich, außerdem hat sie bald Urlaub und darauf freut sie sich schon das ganze Jahr über.

Sie entschuldigte sich bei mir quasi dafür, dass sie nicht anwesend und in ihren Gedanken woanders ist. So irgendwo zwischen Vergangenheit (hätte ich mir bloß diesen Job nicht aufgehalst) und Zukunft (bald ist endlich Wochenende und der Urlaub steht ja vor der Tür).

Ich habe dann mit ihr ein längeres Gespräch geführt und ihr erklärt, was sie da gerade für einen Unsinn treibt.

Ich habe ihr Folgendes gesagt:
„Du machst einen Job, in dem Du unglücklich bist und dein Verstand tröstet dich damit, dass bald Wochenende ist? Das heißt, Du hältst durch, bis endlich Wochenende ist und

denkst dir, dass Du dich dann erholen kannst. Und wahrscheinlich grübelst Du am Wochenende über deinen Job nach und wie schlimm alles ist und ehe Du dich versiehst, ist schon wieder Montag."

„Ja genau", sagte sie.

„Das heißt, Du lebst für dein Wochenende, wo Du in Gedanken glücklich bist und in der Woche bist Du sozusagen nur auf Autopilot mit dem Programm *Sei stark und halte durch.*"

Was soll der Quatsch? Und wenn das Wochenende dann nicht so toll war, dann hilft dir dein Verstand und sagt dir: *Ist ja nicht so schlimm, hast ja bald Urlaub.*

Dein Verstand macht also aus deiner Arbeit ein Problem. Wenn Du genug leidest, eilt er zu Hilfe und sagt Ist ja bald Wochenende, und somit lebst Du von Wochenende zu Wochenende. Wenn das dann auch nicht hilft, sagt er dir, *dass der Urlaub bald da ist.*

Du rettest dein Leben also über die Woche oder bis zum nächsten Urlaub. Das nennt man Überleben. Was ist denn mit der Zeit dazwischen? Warum machst Du dir denn so ein Programm? Das ist doch kein Leben?

Ja, so retten sich viele Menschen über den Tag, über das Wochenende oder über das Jahr. Und weißt Du was? Wenn sie dann endlich Urlaub haben, dann fahren sie dorthin, wo alle sind. Dazu fahren sie alle zur gleichen Zeit los und stehen dann gemeinsam im Stau.

Immerhin sind sie da nicht alleine und können sich über all die anderen aufregen, die hier herumstehen. Wenn sie dann an ihrem Urlaubsort angekommen sind, stellen sie fest, dass es ziemlich voll ist und dass sie mit all den anderen am Strand liegen oder auf dem Campingplatz sind.

Das ist echt verrückt. Da willst Du dich erholen und all die anderen sind auch da. Na ja, zumindest bist Du hier unter den Gleichgesinnten, die dieselbe Idee wie Du hatten.

Das macht doch echt keinen Sinn!? Leben findet **jetzt** statt und nicht nur am Wochenende oder im Urlaub. Du musst dich nicht mit Gedanken trösten, dass es irgendwann besser wird.

Auf diesen kleinen Vortrag sagte meine Bekannte, dass ihr die Kraft fehlt und wo sie diese Kraft denn hernehmen soll? Ich sagte ihr, dass ihr Film, den sie dreht, ihre Kraft und die dazugehörigen Gedanken verbraucht.

Dein Verstand dreht den Film „*wie schlimm alles ist*" und Du stellst dir vor, wie Du nichts an deiner Situation verändern kannst. Daraufhin fühlst Du dich als Opfer, hilflos und traurig, ja, Du bist sogar frustriert. Und das alles nur, weil Du deinen Verstand machen lässt, was er will. Und kurz bevor dir die Luft ausgeht, geht er hin und tröstet dich mit der Aussicht auf ein besseres Leben in der Zukunft.

Also wirklich, wie lange willst Du das noch machen? Wenn Du deinen Verstand beobachtest und siehst, was er da macht und wie er dich in einem Meer von Gedanken gefangen hält, dann steigst Du einfach aus und kommst zurück nach hier und jetzt. Wenn Du damit aufhörst, deine Energie durch Gedanken zu verschwenden und stattdessen schaust, was Du jetzt tun willst, dann hast Du in der Gegenwart genug Kraft, um die nötige Veränderung durchzustehen.

Stell dir vor, jeder dieser Gedanken, die dich stechen, ist eine Mücke. Was machen Mücken? Ja richtig, sie stechen dich und das tut weh, und vor allem juckt es dich.

Also, wenn da so viele Gedanken (Mücken) sind, und das können am Tag ja schon mal ein paar hundert oder tausend sein, dann wird es dich mächtig stechen und jucken.

Aber was machen denn die Mücken noch? Sie saugen dein Blut (Energie) aus. Jeder dieser Gedanken, die dich stechen und dein Blut saugen, nehmen dir deine Energie. Und wenn es sehr viele sind, hast Du bald keine Kraft mehr.

Ja, so läuft das mit den Mücken (Gedanken). Schau dir besorgte Menschen an, die immer nur über ihre Probleme grübeln. Sie können nicht ruhig sitzen oder stehen. Das ist ja auch kein Wunder, wenn sie ständig gestochen werden. Daher kommt bestimmt der Spruch *„Der hat Hummeln im Hintern."* Stell dir das mal vor, da sind statt Mücken jetzt Hummeln in deinem Hintern, für jeden negativen Gedanken eine. Da würdest Du doch verrückt werden und dich auch noch ständig am Hintern kratzen!

Dann gehst Du zum Arzt und schilderst ihm das Problem. Er wird dir bestimmt kein Insektenspray verschreiben, sondern etwas geben, um dich ruhig zu stellen. Er weiß da auch keinen Rat. Nein, er kennt das Problem ja selber. Weil ihn ja diese Mücken auch stechen und antreiben. Was soll er denn da machen? Wie kann er dir denn helfen, wenn er selbst Hummeln im Hintern hat?

Du musst aufhören, dich zu kratzen und zu jucken. Geh nach innen und schau dir deine Mücken (Gedanken) an. Was sticht dich? Es sind nicht die Gedanken, sondern **Du** bist es! Denn Du glaubst deinen Gedanken einfach und stellst sie nicht in Frage. Du lässt diesen ganzen Mückenschwarm einfach so in deinem Kopf herumsausen. Oder den Hummelschwarm im Hintern.

Du bist nicht deine Gedanken! Der Weg besteht darin, dich nicht mit deinen Gedanken zu identifizieren.

Geh nach innen, setz dich auf deinen visuellen Berg und beobachte einfach deine Gedanken. Wie Wolken, die vorüberziehen – und schon hast Du genug Distanz zu ihnen. Deine Hummeln und Mücken werden am Himmel vorüberziehen – und auch die vielen Wolken (Gedanken) werden weniger – und sich am Ende gar auflösen.

Du wirst feststellen, dass da in dir Frieden herrscht, denn Du beobachtest jetzt völlig urteilsfrei. Die Sonne kommt heraus und Du kannst den klaren Himmel in Frieden genießen.

Jetzt haben die Mücken und Hummeln keine Lust mehr auf dich und suchen sich einen anderen Hintern. Davon gibt es ja auf dieser Erde, Gott sei Dank, genug. Du bist jetzt sozusagen sorgen-, mücken- und hummelfrei.

Bedenke, dass niemals etwas in der Zukunft oder in der Vergangenheit stattfinden wird, sondern immer nur **Jetzt**. Zukunft und Vergangenheit finden nur in deinem Kopf statt.

## Von großen und kleinen Sorgen

Ein erfolgreicher Geschäftsmann ging nach vierzig Jahren fleißiger Arbeit in Rente. Er hatte sich auf diesen Moment gefreut und wollte seine Ruhe genießen. Er wollte malen, schreiben und sich um seinen Stall kümmern, in dem er verschiedene Tiere hielt. Am selben Abend steht seine Tochter vor der Türe mit ihren beiden kleinen Zwillingen und weint.

„Was ist los?", fragt er.

„Mein Mann, der Thomas, hat mich verlassen, kann ich bei euch bleiben?", antwortet die Tochter.

Die Mutter ruft sofort aus dem Hintergrund: „Aber sicher mein Liebes."

Ab jetzt ist es vorbei mit der Ruhe. Die Kinder schreien den ganzen Tag und alle streiten sich. An einem Nachmittag ging der Rentner auf Anraten eines Freundes zu einem weisen Mann.

Der weise Mann fragte den Rentner, was denn los sei.

„Ich halte das nicht mehr aus! Den ganzen Tag schreien die Kinder, meine Frau ist genervt und streitet sich nur noch mit mir und meine Tochter weint den ganzen Tag. Ich werde noch verrückt. Jetzt habe ich endlich Zeit und kann mein Leben doch nicht mehr genießen. Ich würde alles tun um das Problem zu lösen."

„Alles?", fragt der weise Mann.

„Ja, wirklich alles", antwortet der Rentner.

„Hast du Tiere?", fragt der Weise.

„Ja, ich habe zwei Ziegen, Hühner und ein kleines Schwein im Stall."

„Nun gut, bist du bereit, meinem Rat zu folgen?", sagt der Weise.

„Ja doch, ich will alles tun, was du sagst, wenn es hilft", entgegnet der Rentner.

„Geh nach Hause und hol all deine Tiere zu dir ins Haus. Du wirst dich dort um sie kümmern und in einer Woche kommst du wieder hierher."

„Das soll helfen?", fragt der Rentner.

„Tu, was ich dir gesagt habe und komme in einer Woche wieder", sagt der weise Mann darauf.

Der Rentner ging nach Hause und befolgte den Rat des weisen Mannes. Als die Woche herum war, kam der Rentner wieder. Er sah total genervt und fertig aus.

„Was ist los?", fragt der weise Mann.

„Ich halte das nicht mehr aus. Was soll das für ein Rat gewesen sein? Den ganzen Tag das Gegacker der Hühner, die Kinder und das Gemecker der Ziegen, das bringt mich um. Und dann noch dieses Schwein, das nur herumläuft und quiekt. Ich kann nicht mehr schlafen und ich dreh bald durch."

„Nun gut", sprach der Weise, „Bist du bereit, weiterhin meinem Rat zu folgen?"

„Was soll noch Schlimmeres kommen?", sagt der Rentner.

„Geh nach Hause und bring all deine Tiere wieder in den Stall und komm dann übermorgen wieder her", sprach der Weise.

Der Rentner lief nach Hause und tat, was der Weise ihm gesagt hatte. Am übernächsten Tag kam er zurück.

„Und, wie geht es dir?", fragt der Weise.

„ Wunderbar, diese Ruhe, keine Tiere im Haus und alles ist viel besser. Ich kann wieder schlafen und wir alle fühlen uns friedlicher. Seit ich die Tiere zurückgebracht habe, sind alle froh und glücklich", antwortet der Rentner.

Und so ging der Rentner wieder nach Hause und war zufrieden mit seinem Leben.

Warum schreibe ich diese Geschichte wohl?

Wir machen oft aus einer Mücke einen Elefanten und beklagen uns anstatt zufrieden zu sein, dass wir am Leben sind und viele gute und schöne Dinge erleben dürfen. Also, wenn Du dir mal wieder selbst Stress machst, denk an die Hühner, Ziegen und Schweine.

Und denk immer daran:

*Eine Sorge vertreibt tausend Freuden. Doch eine Freude vertreibt tausend Sorgen.*

An dieser Stelle möchte ich dir die kleine Übung im nächsten Kapitel mit dem Namen „Auf dem Berg" einmal genauer vorstellen.

Diese Übung ist aus meinem Mentaltraining. Nimm dir dafür 10 Minuten Zeit. Wenn Du ein Aufnahmegerät hast, sprich sie langsam darauf und mach sie jeden Tag zu einer bestimmten Zeit, an der Du Ruhe hast und dich niemand stört.

## Auf dem Berg

Setze dich bequem auf einen Stuhl oder in einen Sessel. Schau dich noch einmal um. Wenn Du so weit bist, schließt Du deine Augen.

Nimm alle Geräusche wahr die Du hörst. Sie können dir dabei helfen, den Zustand zu finden, der völlige Ruhe bedeutet.

Nimm einen tiefen Atemzug. Lass beim Ausatmen alle Restspannung los.

Spüre die Unterlage, auf der Du sitzt, dein Gesäß und spüre dein Körpergewicht.

Spüre deinen Rücken, die Wirbelsäule.

Spüre deine Beine, die Füße am Boden.

Jetzt geh mit deiner Aufmerksamkeit in deine Arme und Hände.

Nimm dich jetzt ganz wahr, wie Du da sitzt.

Lass jetzt in dir ein Bild von einer schönen Landschaft entstehen.

Es ist ein schöner Frühlingsmorgen und Du stehst auf einer grünen Wiese.

Vor dir ist ein hoher Berg. Um den Berg herum windet sich ein Pfad, den Du jetzt betrittst, um den Berg zu besteigen.

Du spürst mit jedem Schritt, den Du höher hinauf steigst, dass die Luft klarer wird und dass Du dich frischer und vitaler fühlst.

Mit leicht federnden Schritten kommst Du oben an.

Du siehst den klaren Himmel und fühlst den leichten, warmen Frühlingswind auf deiner Haut.

Am Rande des Berges siehst Du einen schönen Platz, der extra für dich hergerichtet ist.

Du setzt dich dorthin und genießt diese absolute Ruhe.

Du schaust in den Himmel und siehst einige Wolken aufkommen.

Alle Gedanken, die noch in dir sind, gibst Du jetzt in diese Wolken.

Du stellst dir vor, dass die Gedanken am Himmel vorüberziehen und Du beobachtest jetzt, welche Gedanken da vorüberziehen.

Bleib einfach still sitzen und beobachte, ohne einzugreifen.

Sei einfach nur der Beobachter.

Nach einiger Zeit spürst Du eine Ruhe in dir und Du genießt es einfach, da zu sitzen und deine Gedanken zu beobachten.

*(Nach etwa 3 – 10 Minuten beginnt die Rückkehr)*

Langsam wird es Zeit, wieder zurückzukehren.

Bring dir was immer Du brauchst von dort oben mit.

Ruhe, Kraft, Gelassenheit, Frieden...

Du stehst langsam auf, erfüllt von Klarheit und Frische.

So gestimmt, machst Du dich auf den Weg zurück.

Du genießt den Abstieg. Wenn Du unten wieder ankommst, lässt Du die inneren Bilder verblassen, schließt sie ganz.

Um zurück zu kommen, atmest Du jetzt tief ein. Bewege die Hände und Füße, recke und strecke dich.

Du wirst mit ruhiger und klarer Kraft zurück sein.

## Das Leben macht Spaß und Freude!

Bestimmt kennst Du auch diese Vorstellungen von „frommen" und „heiligen" Menschen, die in völliger Wahrheit und Entzückung dasitzen, die keine Freude mehr brauchen und die glauben, dass Ausflippen, Tanzen, lautes Lachen und Blödsinn machen alles Zeichen für ein wildes und nicht sittsames Leben sind. Viele Menschen glauben, wenn sich Mönche oder gläubige Menschen aus dem irdischen Leben zurückgezogen haben, sie automatisch keine Probleme mehr und den Frieden auf Erden gefunden haben. Oder man muss in einem Berg auf dem Himalaja leben, um die Wahrheit zu finden und erleuchtet zu werden. Das mag in einigen Fällen ja stimmen, aber was ist mit dir und den Millionen von Menschen wie Du und ich?

Ich finde, dass es keinen besseren Ort gibt und keine bessere Situation als die, in der Du bist, um aufzuwachen. Deine Arbeit, deine Familie oder Partnerschaft, deine Kinder, deine Lebenssituation - all das erfordert deine Klarheit und kann zu einem wunderschönen Lied in deinem Leben werden, wenn Du bewusst bist und liebevoll handelst.

Du bist einzigartig und schön und Du hast viele Fähigkeiten und Talente, die dich ausmachen. Schenk sie dem Leben und der Gemeinschaft. Der Friedhof ist voll von all den Menschen, die ihre Talente versteckt und nie gelebt haben. Das Leben ist ein Tanz und Du bist der Choreograph.

*Sei was Du bist. Wenn Du Freude empfindest, dann freu dich – wenn Du traurig bist, dann weine – wenn Du lustig bist, dann lache – wenn Du feiern willst, dann tu das. Das*

*Leben ist keine Einschränkung und die Grenzen bestimmst Du selbst in allen Dingen. Doch achte immer auf das rechte Maß. Wenn Du einen guten Draht zu dir selbst hast und dich spürst, wenn Du dein Leben fühlst und auf die Stimme in deinem Herzen hörst, dann weißt Du am besten, wie Du zu leben hast.*

An dieser Stelle noch eine Lebensweisheit von einem meiner Helden der Kindheit, der Millionen Menschen zum Lachen gebracht hat und es mit diesen Zeilen auf den Punkt bringt. Diese Zeilen haben mein Herz sehr berührt und vielleicht finden sie auch den Weg in dein Herz.

## Lebensweisheit von Charlie Chaplin

– Lebensweisheit entsteht durch Lebenserfahrung. Die folgenden Worte schrieb der großartige Schauspieler und Lebenskünstler Charlie Chaplin an seinem 70. Geburtstag am 16. April 1959:

*„Als ich mich wirklich selbst zu lieben begann, habe ich verstanden, dass ich immer zur richtigen Zeit am richtigen Ort bin und dass alles, was geschieht, richtig ist, weil es ist, wie es ist, von da an konnte ich ruhig sein. Heute weiß ich, das nennt man* **»VERTRAUEN«.**

*Als ich mich wirklich selbst zu lieben begann, konnte ich erkennen, dass emotionaler Schmerz und Leid nur Warnung für mich sind, gegen meine eigene Wahrheit zu leben. Heute weiß ich, das nennt man* **»AUTHENTISCH-SEIN«.**

*Als ich mich wirklich selbst zu lieben begann, habe ich verstanden, wie sehr es jemanden beschämt, ihm meine Wünsche aufzuzwingen, obwohl ich wusste, dass weder die Zeit reif, noch der Mensch dazu bereit war, auch wenn ich selbst dieser Mensch war. Heute weiß ich, das nennt man* **»SELBSTACHTUNG«.**

*Als ich mich wirklich selbst zu lieben begann, habe ich aufgehört, mich nach einem anderen Leben zu sehnen und konnte sehen, dass alles um mich herum eine Aufforderung zum Wachsen war. Heute weiß ich, das nennt man* **»REIFE«.**

*Als ich mich wirklich selbst zu lieben begann, habe ich aufgehört, mich meiner freien Zeit zu berauben und ich habe aufgehört, weiter grandiose Projekte für die Zukunft zu entwerfen. Heute mache ich nur das, was mir Spaß und Freude bereitet, was ich liebe und mein Herz zum Lachen bringt, auf meine eigene Art und Weise und in meinem Tempo. Heute weiß ich, das nennt man* **»EHRLICHKEIT«.**

*Als ich mich wirklich selbst zu lieben begann, habe ich mich von allem befreit, was nicht gesund für mich war, von Speisen, Menschen, Dingen, Situationen und von allem, das mich immer wieder hinunterzog, weg von mir selbst. Anfangs nannte ich das* »GESUNDEN EGOISMUS«, *aber heute weiß ich, das ist* **»SELBSTLIEBE«.**

*Als ich mich wirklich selbst zu lieben begann, habe ich aufgehört, immer recht haben zu wollen; so habe ich mich weniger geirrt. Heute habe ich erkannt, das nennt man* **»EINFACH-SEIN«.**

*Als ich mich wirklich selbst zu lieben begann, habe ich mich geweigert, weiter in der Vergangenheit zu leben und mich um meine Zukunft zu sorgen, jetzt lebe ich nur mehr in diesem Augenblick, wo ALLES stattfindet. So lebe ich heute jeden Tag und nenne es* **»VOLLKOMMENHEIT«. "**

## Mein letztes Wort an dich, lieber Leser/liebe Leserin

Alles hat ein Ende, auch dieses Buch. Ich hoffe, dass es dich unterhalten hat und dir neue Blickwinkel für dein Leben gegeben hat. Vielleicht stellst Du fest, dass dein Sein gar nicht so unerträglich ist, wenn Du darin verweilst. Eins ist dir jetzt hoffentlich klar: Du bist heute genau an dem Punkt in deinem Leben, wo Du dich hingedacht hast.

Denn bedenke, alles, was Du ab jetzt denkst und tust und die Entscheidungen, die Du heute triffst, werden einen Einfluss auf deine nächsten zwanzig oder dreißig Jahre haben.

Ob Du mehr Zeit mit deinen Freunden verbringen willst oder dir eine neue Ausbildung suchst, um in eine neue Berufung zu gehen, es sind die Entscheidungen, die Du ab jetzt triffst, die dein Leben bewusst beeinflussen werden.

Also sei bewusst und folge deinem Herzen. Ich wünsche dir Liebe, Klarheit, Kraft und Gesundheit auf deinem Weg und vielleicht lernen wir uns ja mal in einem meiner Seminare kennen.

Von Herzen, Uwe

## Über den Autor

Uwe Trevisan, geboren am 06.02.1964 in Köln Lindenthal.

Er ist Therapeut für mentales Training, Entspannungs- und Gesundheitslehre, Trainer für gewaltfreie Kommunikation, Antigewalt-, Konflikt- und Deeskalationstrainer.

Seit 1996 leitet er Seminare und Kurse, Trainings- und Ausbildungsgruppen in den Bereichen: mentales Training, Meditation und Entspannung, Körperarbeit, Persönlichkeitsentwicklung, Opferarbeit mit Kindern, Jugendlichen und Erwachsenen, Antigewalt-, Konflikt- und Deeskalationstraining.

Er lebt mit seiner Frau in der Nähe von Köln, dort schreibt er Bücher, Songtexte und gibt Seminare.

Ausführliche Informationen über seine Angebote erhalten Sie im Internet unter www.safety-energetics.de, bzw. über sein Büro, Hohner Straße 18, 53819 Neunkirchen Seelscheid. Rückmeldungen zu diesem Buch schicken Sie bitte an: trevisan@safety-energetics.de

## Literaturhinweise:

Beattie, Melody: Kraft zum Loslassen. Tägliche Meditationen für die Innere Heilung, München, 1991

Boerner, Moritz: Byron Katies The Work. Der einfache Weg zum befreiten Leben, München, 1999

Bradschaw, John: Das Kind in uns. Wie finde ich zu mir selbst, München, 1992

Chopich, Erika u. J. Paul, Margaret: Aussöhnung mit dem inneren Kind, Freiburg, 1993

Dethlefsen, Thorwald. u. Dahlke, Rüdiger: Krankheit als Weg. Deutung und Be-Deutung der Krankheitsbilder, München, 1983

Hellinger, Bert: Ordnungen der Liebe. Ein Kursbuch von Bert Hellinger, Heidelberg, 2001

Jampolsky, Gerald G.: Lieben heißt die Angst verlieren, München, 1996

Lowen, Alexander: Bio-Energetik. Therapie der Seele durch Arbeit mit dem Körper, Hamburg, 1979

Osho: Buddah sprach. Die Herausforderungen des Lebens annehmen, München, 2005

Osho: Ego. Von der Illusion zur Freiheit, München, 2003

Pásztor, Susann. u. Gens, Klaus-Dieter: Ich höre was, das du nicht sagst. Gewaltfreie Kommunikation in Beziehungen, Paderborn, 2004

Rosenberg, Marshall B.: Gewaltfreie Kommunikation. Aufrichtig und einfühlsam miteinander sprechen, Paderborn, 2002

Salvesen, Christian: ADVAITA. Vom Glück, mit sich und der Welt eins zu sein, Bern, 2003

Scheurmann, Erich: DER PAPALAGI. Die Reden des Südseehäuptlings Tuiavii aus Tiavea, Zürich, 2000

Tausch, Rheinhard u. Tausch, Anne–Marie: Wege zu uns und anderen, Hamburg 1988

Thich Nhat Hanh: Ein Lotus erblüht im Herzen. Die Kunst des Achtsamen Lebens, München, 1992

## Über tredition

Der tredition Verlag wurde 2006 in Hamburg gegründet. Seitdem hat tredition Hunderte von Büchern veröffentlicht. Autoren können in wenigen leichten Schritten print-Books, e-Books und audio-Books publizieren. Der Verlag hat das Ziel, die beste und fairste Veröffentlichungsmöglichkeit für Autoren zu bieten.

tredition wurde mit der Erkenntnis gegründet, dass nur etwa jedes 200. bei Verlagen eingereichte Manuskript veröffentlicht wird. Dabei hat jedes Buch seinen Markt, also seine Leser. tredition sorgt dafür, dass für jedes Buch die Leserschaft auch erreicht wird

Autoren können das einzigartige Literatur-Netzwerk von tredition nutzen. Hier bieten zahlreiche Literatur-Partner (das sind Lektoren, Übersetzer, Hörbuchsprecher und Illustratoren) ihre Dienstleistung an, um Manuskripte zu verbessern oder die Vielfalt zu erhöhen. Autoren vereinbaren unabhängig von tredition mit Literatur-Partnern die Konditionen ihrer Zusammenarbeit und können gemeinsam am Erfolg des Buches partizipieren.

Das gesamte Verlagsprogramm von tredition ist bei allen stationären Buchhandlungen und Online-Buchhändlern wie z. B. Amazon erhältlich. e Books stehen bei den führenden Online-Portalen (z. B. iBook-Store von Apple) zum Verkauf.

Seit 2009 bietet tredition sein Verlagskonzept auch als sogenanntes „White-Label" an. Das bedeutet, dass andere Personen oder Institutionen risikofrei und unkompliziert selbst zum Herausgeber von Büchern und Buchreihen unter eigener Marke werden können.

Mittlerweile zählen zahlreiche renommierte Unternehmen, Zeitschriften-, Zeitungs- und Buchverlage, Universitäten, Forschungseinrichtungen, Unternehmensberatungen zu den Kunden von tredition. Unter www.tredition-corporate.de bietet tredition vielfältige weitere Verlagsleistungen speziell für Geschäftskunden an.

tredition wurde mit mehreren Innovationspreisen ausgezeichnet, u. a. Webfuture Award und Innovationspreis der Buch-Digitale.

tredition ist Mitglied im Börsenverein des Deutschen Buchhandels.